本书由浙江省财政资助出版

中国语言资源保护工程

浙江方言资源典藏

海盐

张　薇　著

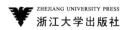

ZHEJIANG UNIVERSITY PRESS
浙江大学出版社

鱼鳞石塘(海盐县武原镇海塘),2018年,张薇摄

靖海门(海盐县武原镇海滨公园),2018年,张薇摄

绮园(海盐县武原镇绮园路),2018 年,张薇摄

绮园广场(海盐县武原镇绮园广场),2018 年,张薇摄

张乐平纪念馆（海盐县武原镇文昌东路），2018 年，张薇摄

张元济图书馆（海盐县武原镇文昌东路），2018 年，张薇摄

街景(海盐县武原镇滨海东路),2018年,张薇摄

住宅新区(海盐县武原镇海滨住宅小区),2018年,张薇摄

海盐民宅(海盐县武原镇杨家弄),2018年,张薇摄

镇海塔(海盐县武原镇天宁寺),2018年,张薇摄

天宁寺(海盐县武原镇天宁寺),2018 年,张薇摄

千佛阁(海盐县武原镇天宁寺),2018 年,张薇摄

沈荡大桥(海盐县沈荡镇),2018年,张薇摄

调查摄录现场(海盐第二高级中学),2016年,黄晓东摄

走访发音人(海盐县武原镇杨家弄),2016 年,张圣英摄

团队合影(海盐第二高级中学),2016 年,张薇摄

序

　　浙江省的方言资源具有丰富性、濒危性和未开发性的特点,急需开展大规模的全面深入的调查研究。几十年来,浙江省方言研究人才辈出,然而很多专家都在省外工作。浙江方言的调查研究一直缺乏总体规划和集体行动,故而除了一些个人自发的研究以外,很少有成系列的调查报告和研究成果,与一些兄弟省(区、市)相比,反而远远落在了后面,这不能不说是一件十分遗憾的事。

　　近年来,随着语保工程的深入开展,浙江方言调查迎来了一个高潮。在浙江省教育厅、浙江省语言文字工作委员会办公室统一有力的领导下,在全省方言专业工作者的共同努力下,浙江省的语保工作开展得有声有色,成绩斐然,很多方面都走在了全国的前列。如省财政的配套支持、《浙江语保》杂志的出版、"浙江乡音"平台的建设、人才队伍的(汇聚)整合等方面,在全国来看都是具有创新性或领先性的。仅拿人才队伍来说,经过这几年的持续培养锻炼,一大批年轻的方言工作者迅速成长。2018 年年底,浙江省语言学会方言研究会成立时,会员人数已达到 60 多人,可以说目前是浙江省历史上方言研究力量最为强盛的时期。

　　这次"浙江方言资源典藏"丛书的编写出版,就是浙江省语保工程成果的一次大展示。全省 88 个方言调查点,一点一本,每本包含概况、语音、词汇、语法、话语、口头文化,体系已相当完备,同时还配有许多生动的图片和高质量的音像语料,显示出该丛书与时俱进的一面。尽管篇幅还稍显单薄，话语材料也没有全部转写成音标，但各个方言调查点（其中包括许多从未报道过的方言调查点）的基本面貌已经呈现出来了，这对于今后更加详细深入的研究来说，无疑奠定了一个很好的基础。特别值得一提的是，"浙江方言资源典藏"丛书是全国首个以省为单位编写出版的语言资源成果。

我最近提出了浙江方言工作的四大任务：队伍建设、调查研究、保护传承、开发应用。这四个方面有的处于起步阶段，有的尚处于基本空白的状态，可谓任重道远。方言及其文化的濒危和快速消亡无疑是令人痛心的，而这也是时代给我们方言工作者提出的一项不可推卸的课题。从调查研究的角度，可以说我们赶上了一个大有作为的历史机遇。只要抓住机遇，脚踏实地去干，我们一定能够共同书写出一部浙江方言文化的鸿篇巨制，为后人留下一笔丰厚的非物质文化遗产。在此，我也预祝浙江省的方言工作者能够继续推出更多更好的研究成果。

是为序。

中国语言资源保护研究中心主任　曹志耘

2018 年 12 月

前　言

"浙江方言资源典藏"丛书是"中国语言资源保护工程·浙江汉语方言调查"项目的成果汇编,是集体工作的结晶。

一、项目目标

"中国语言资源保护工程"是教育部、国家语言文字工作委员会2015年启动的以语言资源调查、保存、展示和开发利用等为核心的国家工程。首席专家为中国语言资源保护研究中心主任曹志耘教授。"中国语言资源保护工程·浙江汉语方言调查"项目负责人为浙江省教育厅语管处副处长、省语委办副主任李斌。"中国语言资源保护工程·浙江汉语方言调查"项目设77个方言调查点,浙江省在此基础上另增了11个方言调查点。本项目有如下目标:(1)记录以市、县(市、区)为代表点的方言;(2)以音像手段保存各地的方言。本项目设置的调查点覆盖了浙江的主要方言:吴方言、闽方言、徽方言和畲话。历史上对浙江汉语方言进行比较全面的调查,主要有两次:一次是1964—1966年的调查,调查的成果后来结集成《浙江省语言志》(上、下);另一次是2002—2005年的调查,后来出版了《汉语方言地图集》,但是语料并未出版。这次是第三次,与前两次相比,这次调查不仅利用了音像等现代化手段,而且覆盖面更广,每个市、县(市、区)用统一的调查材料至少调查一个地点;调查材料更加详尽细致,包括语音、词汇、语法、话语、口头文化等方面。

二、编纂缘起

在中国语言资源保护研究中心和浙江省语言文字工作委员会的领导和推动下，"中国语言资源保护工程·浙江汉语方言调查"项目进展顺利。浙江语言资源保护工程团队一致认为，调查成果对一般读者来说有一定的可读性，对语言学界来说具有重要的学术价值。在征得中国语言资源保护研究中心的同意后，项目负责人李斌开始积极推动和筹划出版"浙江方言资源典藏"丛书，并得到了浙江语言资源保护工程团队各位专家的热烈响应。叶晗教授积极联系出版社，最终确定由浙江大学出版社出版。

三、语料来源

"浙江方言资源典藏"丛书所有语料均来自浙江语言资源保护工程团队的实地调查，调查手册为《中国语言资源调查手册·汉语方言》（商务印书馆 2015 年 7 月第 1 版），调查内容包括方言的概况、语音、词汇、语法、话语、口头文化，以及地方普通话。考虑到地方普通话语料的特殊性，本丛书未予以收录。我们除了将浙江语言资源保护工程团队所调查的材料进行进一步核对之外，还补充了一些材料。语音部分调查了老年男性（正文中简称为"老男"）以及青年男性（正文中简称为"青男"）的音系和 1000 个单字音；词汇部分以老年男性为发音人，调查了 1200 个词语；语法部分以老年男性为发音人，调查了 50 个语法例句；话语部分分别调查了老年男性、老年女性（正文中简称为"老女"）、青年男性、青年女性（正文中简称为"青女"）各 20 分钟的话题讲述，以及上述发音人之间的 20 分钟的对话；口头文化部分调查了摄录时间不少于 20 分钟的规定故事、其他故事、歌谣和自选条目。

四、丛书体例

1.音系。按照方言学界惯例排列,声母按发音部位分行,按发音方法分列。韵母按四呼分列,按韵尾分行,同类型的韵母按主要元音开口度的大小分行。声调标调值。例字的白读音使用单下划线,文读音使用双下划线。零声母符号[ø]除用于音系外,实际标音一律省略;调值及送气符号"ʰ"须上标。

2.单字。按"果、假、遇、蟹、止、效、流、咸、深、山、臻、宕、江、曾、梗、通"十六摄排序,同摄先分开合口,再分一二三四等,摄、呼、等、韵相同再按"帮(非)、滂(敷)、並(奉)、明(微);端、透、定、泥(娘)、来,精、清、从、心、邪;知、彻、澄,庄、初、崇、生,章、昌、船、书、禅,日;见、溪、群、疑,晓、匣,影、云、以"三十六字母排序,摄、呼、等、韵、声相同再按中古"平、上、去、入"四声排序。

有文白异读则白读在前,文读在后,分别在音标后加注小字"白、文";自由变读在音标后注小字"又";口语不用,只用于书面语的注小字"读字"。

3.词汇。词条按意义范畴分类,按实际发音注音。连读调只记实际调值,不标单字调。儿化、小称音只记实际读音,不标出本音。其他音变也只记实际读音,不标本音。

用字一般使用现行规范字,有本字可用者一律使用本字,本字不明者用方言同音字,同时在该字右上角用上标"="标明。既无本字又无同音字的用方框"□"表示。一律不使用训读字,尽量不使用俗字。合音字尽量使用已有现成字形的字,例如"甭、覅、甮"等;如方言无现成字形的合音字,用原形加"[ ]"表示。"並、眮、煠、隯、盪"等异体字或繁体字是音韵学、方言学中具有特殊含义的专用字,本丛书予以保留。

一个词条有多种说法时，按常用度由高到低排序，用单竖线"|"间隔；各种说法的性质不同时，音标后加注小字"旧、新、儿、多、少、土、雅"等；一个词条无对应说法时，注明"（无）"。

4.语法、话语、口头文化一律只记实际读音；方言转写使用楷体字，普通话译文使用宋体字。

5.单字、词汇、语法例句及其释例基本依据《中国语言资源调查手册·汉语方言》。

本丛书使用国际音标标音，各种音标符号形体繁复，浙江大学出版社的编辑团队克服困难，精心编校，尽心尽力，是特别需要表示感谢的。

目　录

第一章　概　况

一、地理位置

海盐县位于浙江省北部杭嘉湖平原，东濒杭州湾，西南邻海宁市，北连平湖市和嘉兴市秀洲区。东经 120°43′21″～121°02′55″，北纬 30°21′47″～30°28′29″。距上海 118 千米、杭州 98 千米。下辖 9 个镇（街道），陆地面积 534.73 平方千米，海湾面积 537.90 平方千米。户籍总人口约 38 万（2017 年年底）①。县治武原镇。

海盐素以"鱼米之乡、丝绸之府、礼仪之邦、旅游之地"著称。1985 年被国务院列入沿海经济开放区，是中国综合实力百强县。

二、历史沿革

距今 5000 多年前，县境就有先民从事农牧渔猎活动。

秦王政二十五年（公元前 222）置县。因"海滨广斥，盐田相望"而得名。海盐县是浙江最早的建制县之一。

---

① 见海盐人民政府关于海盐概况的介绍。http://www.haiyan.gov.cn。

建县以来,海盐曾四徙县治,六析其境。

秦末县治陷为湖(柘湖),迁至武原乡。

东汉永建(126—131)中,县治又陷为湖(当湖),南迁至齐景乡山旁。建安五至八年(200—203)析海盐西南境、由拳(嘉兴)南境置海昌县(今海宁市)。

东晋咸康七年(341),县治迁至马嗥城。

南北朝梁天监六年(507),析县东北境置前京县。梁中大通六年(534)至大同元年(535),再析县东北境置胥浦县。

唐开元五年(717),迁县治于今地(武原)。天宝十年(751),割海盐北境、嘉兴东境、昆山南境置华亭县。

元元贞元年(1295),升为海盐州。

明洪武二年(1369),复降为县。宣德五年(1430),析武原、齐景、华亭、大易4个乡置平湖县。

中华人民共和国成立后,1950年5月,狮岭乡3个行政村划属海盐县,平湖县10个行政村划属海盐县。1958年11月21日,撤销海盐县建制,区域并入海宁县,其中西塘桥、海塘、元通3个乡划归平湖县。1961年12月15日,复置海盐县,辖2个镇16个公社,狮岭乡仍属海宁县。1983年,撤销公社建乡。1985年,被国务院列入沿海经济开放区,下辖武原、澉浦、秦山等8个镇。1999年、2001年、2005年屡次调整行政区划。2010年,海盐县对部分镇行政区划进行调整,撤销武原镇、秦山镇建制,分别设立武原街道、秦山街道;撤销西塘桥镇建制,设立元通街道、西塘桥街道,其中西塘桥街道与海盐经济开发区合署办公。区划调整后,海盐县辖武原、秦山、元通、西塘桥4个街道,沈荡、百步、于城、澉浦、通元5个镇。

三、方言概况

　　海盐境内的方言主要为海盐话,属吴语太湖片苏嘉湖小片(据《中国语言地图集》第 2 版)。该地区曾因交通闭塞而被称为"交通末梢",因而,海盐话受其他语言或方言的影响相对较小。海盐方言内部依据胡明扬(1992:156)分为三个小区:中部方言,以武原、沈荡、于城等乡镇为代表;南部方言,以通元、澉浦等乡镇为代表;北部方言,以西塘桥、横港为代表。

四、发音人简介

姓名	性别	出生年月	文化程度	职业	出生地
王国翼	男	1952 年 1 月	中师	教师	南塘街
朱垸熠	男	1992 年 12 月	大专	公务员	河滨路
张圣英	女	1951 年 1 月	初中	工人	中大街
富晓燕	女	1980 年 7 月	大专	财会	大雷村

第二章　语　音

一、音　系

(一)老男音系

1.声母(25个,包括零声母在内)

p 八兵	pʰ 派片	b 爬病肥	m 麦明味问	f 飞风副蜂	v 肥饭味问
t 多东	tʰ 讨天	d 甜毒	n 脑南		l 老蓝连路
ts 资早租酒张竹争装纸	tsʰ 刺草寸抽拆抄初车春			s 丝三酸山双手书	z 字贼坐祠茶事床船顺十城
tɕ 清主九	tɕʰ 轻	dʑ 全谢柱权	ȵ 年泥热软		ɕ 想响
k 高	kʰ 开	g 共			x 好灰
∅ 熬月活县安温王云用药					

说明：

全浊声母逢上声时实际带明显的内爆音色彩,次浊声母带较弱的内爆音色彩。连读时,在前字保留内爆音,作后字无。

2.韵母(41 个,包括自成音节的[m][n][əl])

ɿ 猪师丝试	i 米二飞耳	u 歌坐过苦	y 雨鬼
ɑ 牙瓦排鞋	iɑ 写	uɑ 快	
o 茶	io 油		
ɔ 宝饱	iɔ 笑桥		
ɛ 开山	iɛ 盐年	au 关惯还	
e 赔对豆走		ue 威罪灰	
ɤ 南半短		uɤ 官	yɤ 靴权
ã 糖床双	iã 王讲	uã	
ɛ̃ 硬争	iɛ̃ 响	uɛ̃ 横	
ən 深根寸春 灯升	in 心新病星	uən 滚	yn 云
oŋ 东	ioŋ 兄用		
aʔ 盒塔鸭法 辣八白尺	iaʔ 贴药	uaʔ 刮	
ɔʔ 活骨托郭壳 学北国谷六绿			yɔʔ 月橘局
əʔ 十出直色	iəʔ 接急热节 七一锡		
m 姆			
n 五			
əl 耳			

说明：

(1)[u][y] 二韵唇形略展,[u]韵发音时两腮略鼓。

(2)[ɑ][iɑ][uɑ]三韵中的[ɑ]舌位略前。

(3)[iɛ]韵中的[ɛ]舌位较高,实际音值为[ᴇ]。

(4)[ã][iã][uã]三韵带较弱的[ŋ]。

(5)[ən][in][uən][yn]四韵中的[n]及[n]韵,舌位较后。

(6)[iəʔ]韵中的[ə]舌位较前较高。

(7)[iɛ̃]中的[ɛ]开口较大;[iɛ̃]韵有时候读作[iã]韵,应是受普通话影响。

(8)[aʔ][iaʔ][uaʔ]韵中的[a]舌位较高较后,实际为[ɐ]。

3.声调(7个)

阴平	53	东该灯风通开天春
阳平	31	门龙牛油铜皮糖红
上声	423	懂古鬼九统苦讨草买老五有动罪近后
阴去	334	冻怪半四痛快寸去
阳去	213	卖路硬乱洞地饭树
全阴入	5	谷百搭节急
阳入	23	哭拍塔切刻六麦叶月毒白盒罚

说明:

(1)阳平[31]前头略升,末尾较高,实际值近[232]。

(2)上声[423]升得不太明显,起点低于[5]。

(3)阴去[334]常常升得不明显。

(4)全阴入[5]为短促调,略降,实际调值为[54]。

4.两字组连读变调规律

海盐方言两字组的连调规律见下表。表中各栏的上一行是单字调,下一行是连读调,空白处表示连读调与单字调同。

海盐方言两字组连读变调表

后字 前字	阴平 53	阳平 31	阴上 423	阳上 423	阴去 334	阳去 213	阴入 5	阳入 23
阴平 53	53　53 开　车 55 飞　机	53　31 开　门 55　21 清　明	53　423 21 工　厂	53　423 21 公　里	53　334 开　店 21 书　记	53　213 生　病 21 车　站	53　5 55 钢　笔	53　23 55　5 生　日 55　21 开　学
阳平 31	31　53 24 良　心	31　31 24　53 农　民	31　423 24　53 门　口	31　423 24　53 牛　奶	31　334 24　53 驼　背	31　213 24　53 名　字 24 排　队	31　5 24　21 颜　色 24　5 留　级	31　23 24　21 农　业
阴上 423	423　53 53 火　车	423　31 53 草　鞋	423　423 53 手　表 53　213 厂　长 53　334 水　果	423　423 53　334 起　码	423　334 53　53 水　库 53 写　信	423　213 53　334 手　艺 53 写　字	423　5 53　5 赌　博	423　23 53　5 转　业
阳上 423	423　53 53 老　师	423　31 53 象　棋	423　423 53　213 老　虎 53 动　手	423　423 53　213 远　近 53 犯　罪	423　334 53　213 满　意 53 买　票	423　213 53　213 马　路 13　21 社　会	423　5 53 美　国 21 道　德	423　23 53　5 老　实 21 技　术
阴去 334	334　53 55 汽　车 33 唱　歌	334　31 55　21 算　盘 33 过　年	334　423 55　21 报　纸 55 放　火	334　423 55　21 送　礼 55 制　造	334　334 55　21 会　计 55 种　菜	334　213 55　21 政　治 55 救　命 55　334 过　夜	334　5 55　21 信　息	334　23 55　21 四　月 55 中　毒
阳去 213	213　53 13　21 地　方 55　21 用　功	213　31 13　21 大　门 24　53 调　查	213　423 13　21 代　表 55　53 县　长	213　423 13　21 大　雨 55　21 糯　米	213　334 13　21 位　置 21 饭　店	213　213 13　21 电　话	213　5 21 办　法	213　23 21　5 树　叶

续表

后字 前字	阴平 53		阳平 31		阴上 423		阳上 423		阴去 334		阳去 213		阴入 5		阳入 23	
阴入 5	5 国	53 家	5 发 53 骨头 23 铁	31 财 门	5 发 黑 23 发	423 火 334 板 213 展	5 黑	423 马	5 节 23 出	334 气 213 去	5 铁 质	213 路 213 334 量	5 节 23 出	5 约 国	5 复	23 习 5
阳入 23	23 立	53 冬	23 石	31 头	23 墨 23 物	423 213 水 423 213 理			23 力	334 213 气	23 木	213 匠	23 蜡	5 烛	23 十	23 5 六

5.儿化、小称音变规律

无。

6.其他主要音变规律

无。

7. 据《调查手册》之外的语料补充的声韵调音位

无。

(二)青男音系

1.声母(25个,包括零声母在内)

p 八兵	pʰ 派片	b 爬病肥 味问	m 麦明 味问	f 飞风 副蜂	v 肥饭 味问
t 多东	tʰ 讨天	d 甜毒	n 脑南		l 老蓝 连路

ts 资早租 酒张竹 争装纸	tsʰ 刺草寸 抽拆抄 初车春	s 丝三酸 山双手 书	z 字贼坐 祠茶事 床船顺 十城
tɕ 清主九	tɕʰ 轻	dʑ 全谢 柱权　　ȵ 热软	ɕ 想响
k 高	kʰ 开	g 共	x 好灰
Ø 熬月活 县安温 王云用 药			

说明：

全浊声母逢上声时实际带明显的内爆音色彩,次浊声母带较弱的内爆音色彩。连读时,在前字保留内爆音,作后字无。

2.韵母(41 个,包括自成音节的[m][n][əl])

ɿ 猪师丝试	i 米二飞耳	u 歌坐过苦	y 雨鬼
ɑ 牙瓦排鞋	iɑ 写	uɑ 快	
o 茶	io 油		
ɔ 宝饱	iɔ 笑桥		
ɛ 开山	iɛ 盐年	uɛ 关惯还	
e 赔对豆走		ue 威灰	
ɤ 南半短		uɤ 官	yɤ 靴权
ã 糖床双	iã	uã 王讲	
ɛ̃ 硬争	iɛ̃ 响	uɛ̃ 横	
ən 深根寸春灯升	in 心新病星	uən 滚	yn 云
oŋ 东	ioŋ 兄用		
aʔ 盒塔鸭法 辣八白尺	iaʔ 贴药	uaʔ 刮	

əʔ 活骨托郭壳　　　　　　　　　　　　yɔʔ 月橘局
　学北国谷六绿
əʔ 十出直色　　　　　iəʔ 接急热节
　　　　　　　　　　　七一锡

m 姆

n 五

əl 耳

说明：

(1)[u][y]二韵唇形略展,[u]韵发音时两腮略鼓。

(2)[ɑ][iɑ][uɑ]三韵中的[ɑ]舌位略前。

(3)[iɛ]韵中的[ɛ]舌位较高,实际音值为[ʒ]。

(4)[ã][iã][uã]二韵带较弱的[ŋ]。

(5)[ən][in][uən][yn]四韵中的[n]及[n]韵,舌位较后。

(6)[iəʔ]韵中的[ə]舌位较前较高。

(7)[iɛ̃]中的[ɛ]开口较大;[iɛ̃]韵有时候读作[iɑ]韵,应是受普通话影响。

(8)[aʔ][iaʔ][uaʔ]韵中的[a]舌位较高较后,实际为[ɐ]。

3. 声调(7 个)

阴平	53	东该灯风通开天春
阳平	31	门龙牛油铜皮糖红
上声	423	懂古鬼九统苦讨草买老五有动罪近后
阴去	334	冻怪半四痛快寸去
阳去	213	卖路硬乱洞地饭树
全阴入	5	谷百搭节急
阳入	23	哭拍塔切刻六麦叶月毒白盒罚

说明：

（1）阳平［31］前头略升，末尾较高，实际值近［232］。

（2）上声［423］升得不太明显，起点低于［5］。

（3）阴去［334］常常升得不明显。

（4）全阴入［5］为短促调，略降，实际调值为［54］。

二、单　字

编号	单　字	音韵地位	老男音	青男音
0001	多	果开一平歌端	tu^{53}	tu^{53}
0002	拖	果开一平歌透	t^{h}u^{53}	t^{h}u^{53}
0003	大~小	果开一去歌定	du^{213}	du^{213}白 dɑ^{213}文
0004	锣	果开一平歌来	lu^{31}	lu^{31}
0005	左	果开一上歌精	tsu^{423}	tsu^{423}
0006	歌	果开一平歌见	ku^{53}	ku^{53}
0007	个	果开一去歌见	kəʔ^5	kəʔ^{5}一~ kɛ^{334}~把
0008	可	果开一上歌溪	k^{h}o^{423}	k^{h}o^{423}
0009	鹅	果开一平歌疑	u^{31}	u^{31}
0010	饿	果开一去歌疑	u^{213}	u^{213}
0011	河	果开一平歌匣	u^{31}	u^{31}
0012	茄	果开三平戈群	kɑ^{53}	gɑ^{53}
0013	破	果合一去戈滂	p^{h}u^{334}	p^{h}u^{334}
0014	婆	果合一平戈並	bu^{31}	bu^{31}
0015	磨动词	果合一平戈明	mo^{31}	mo^{31}

续表

编号	单　字	音韵地位	老男音	青男音
0016	磨名词	果合一去戈明	mo²¹³	mo²¹³
0017	躲	果合一上戈端	（无）	（无）
0018	螺	果合一平戈来	lu³¹	lu³¹
0019	坐	果合一上戈从	zu⁴²³	zu⁴²³
0020	锁	果合一上戈心	su⁴²³	su⁴²³
0021	果	果合一上戈见	ku⁴²³	ku⁴²³
0022	过~来	果合一去戈见	ku³³⁴	ku³³⁴
0023	课	果合一去戈溪	kʰu³³⁴	kʰu³³⁴
0024	火	果合一上戈晓	fu⁴²³	xu⁴²³
0025	货	果合一去戈晓	fu³³⁴	xu³³⁴
0026	祸	果合一上戈匣	u⁴²³	u³³⁴
0027	靴	果合三平戈晓	ɕyɤ⁵³	ɕyɤ⁵³
0028	把量词	假开二上麻帮	po⁴²³	po⁴²³
0029	爬	假开二平麻並	（无）	bo³¹
0030	马	假开二上麻明	mo⁴²³	mo⁴²³
0031	骂	假开二去麻明	mo²¹³	mo²¹³
0032	茶	假开二平麻澄	zo³¹	zo³¹
0033	沙	假开二平麻生	so⁵³	so⁵³
0034	假真~	假开二上麻见	kɑ⁴²³	kɑ⁴²³
0035	嫁	假开二去麻见	kɑ³³⁴	kɑ³³⁴
0036	牙	假开二平麻疑	ɑ³¹	ɑ³¹
0037	虾	假开二平麻晓	xɤ⁵³	xɤ⁵³
0038	下方位词	假开二上麻匣	o⁴²³	o⁴²³
0039	夏春~	假开二去麻匣	o³³⁴	o³³⁴

续表

编号	单　字	音韵地位	老男音	青男音
0040	哑	假开二上麻影	o^{423}	o^{423}
0041	姐	假开三上麻精	（无）	（无）
0042	借	假开三去麻精	tɕia^{334}	tɕia^{334}
0043	写	假开三上麻心	ɕia^{423}	ɕia^{423}
0044	斜	假开三平麻邪	dʑia^{31}	dʑia^{31}
0045	谢	假开三去麻邪	dʑia^{213}	dʑia^{213}
0046	车～辆	假开三平麻昌	tsʰo^{53}	tsʰo^{53}
0047	蛇	假开三平麻船	zo^{31}	zo^{31}
0048	射	假开三去麻船	za^{213}～尿:小便 zɤ^{213}～箭	za^{213}～尿:小便 zɤ^{213}～箭
0049	爷	假开三平麻以	ia^{31}	ia^{31}
0050	野	假开三上麻以	ia^{423}	ia^{423}
0051	夜	假开三去麻以	ia^{334}	ia^{334}
0052	瓜	假合二平麻见	ko^{53}	ko^{53}
0053	瓦名词	假合二上麻疑	o^{423}	o^{423}
0054	花	假合二平麻晓	xo^{53}	xo^{53}
0055	化	假合二去麻晓	xo^{334}	xo^{334}
0056	华中～	假合二平麻匣	o^{31}	o^{31}
0057	谱家～	遇合一上模帮	pʰu^{53}	pʰu^{53}
0058	布	遇合一去模帮	pu^{334}	pu^{334}
0059	铺动词	遇合一平模滂	pʰu^{53}	pʰu^{53}
0060	簿	遇合一上模并	bu^{423}	bu^{423}
0061	步	遇合一去模并	bu^{213}	bu^{213}
0062	赌	遇合一上模端	tu^{423}	tu^{423}

续表

编号	单　字	音韵地位	老男音	青男音
0063	土	遇合一上模透	t^hu^{423}	t^hu^{423}
0064	图	遇合一平模定	du^{31}	du^{31}
0065	杜	遇合一上模定	du^{423}	du^{423}
0066	奴	遇合一平模泥	nu^{31}	nu^{31}
0067	路	遇合一去模来	lu^{213}	lu^{213}
0068	租	遇合一平模精	tsu^{53}	tsu^{53}
0069	做	遇合一去模精	tsu^{334}	tsu^{334}
0070	错对~	遇合一去模清	ts^ho^{53}	ts^ho^{53}
0071	箍~桶	遇合一平模见	ku^{53}	ku^{53}
0072	古	遇合一上模见	ku^{423}	ku^{423}
0073	苦	遇合一上模溪	k^hu^{423}	k^hu^{423}
0074	裤	遇合一去模溪	k^hu^{334}	k^hu^{334}
0075	吴	遇合一平模疑	u^{31}	u^{31}
0076	五	遇合一上模疑	n^{423}	n^{423}
0077	虎	遇合一上模晓	fu^{423}	fu^{423}
0078	壶	遇合一平模匣	u^{31}	u^{31}
0079	户	遇合一上模匣	u^{213}	u^{213}
0080	乌	遇合一平模影	u^{53}	u^{53}
0081	女	遇合三上鱼泥	$ȵy^{423}$	$ȵy^{423}$
0082	吕	遇合三上鱼来	ly^{423}	ly^{423}
0083	徐	遇合三平鱼邪	$dʑi^{31}$	$dʑi^{31}$
0084	猪	遇合三平鱼知	$ts^hʅ^{53}$	$ts^hʅ^{53}$
0085	除	遇合三平鱼澄	$dʑy^{31}$	$zʅ^{31}$白 $dʑy^{31}$文

编号	单 字	音韵地位	老男音	青男音
0086	初	遇合三平鱼初	$\text{ts}^\text{h}\text{u}^{53}$	$\text{ts}^\text{h}\text{u}^{53}$
0087	锄	遇合三平鱼崇	$\text{z}\text{ʅ}^{31}$白 zu^{31}文	$\text{z}\text{ʅ}^{31}$白 dʑy^{31}文
0088	所	遇合三上鱼生	so^{423}	so^{423}
0089	书	遇合三平鱼书	ɕy^{53}	ɕy^{53}
0090	鼠	遇合三上鱼书	$\text{tɕ}^\text{h}\text{y}^{334}$	$\text{tɕ}^\text{h}\text{y}^{423}$
0091	如	遇合三平鱼日	dʑy^{31}	lu^{31}
0092	举	遇合三上鱼见	tɕy^{423}	tɕy^{423}
0093	锯名词	遇合三去鱼见	ke^{334}	ke^{334}
0094	去	遇合三去鱼溪	$\text{tɕ}^\text{h}\text{i}^{334}$	$\text{tɕ}^\text{h}\text{i}^{334}$
0095	渠~道	遇合三平鱼群	dʑy^{31}	dʑy^{31}
0096	鱼	遇合三平鱼疑	n^{31}	n^{31}
0097	许	遇合三上鱼晓	ɕy^{423}	ɕy^{423}
0098	余剩~，多~	遇合三平鱼以	y^{31}	y^{31}
0099	府	遇合三上虞非	fu^{423}	fu^{423}
0100	付	遇合三去虞非	fu^{334}	fu^{334}
0101	父	遇合三上虞奉	u^{213}	u^{213}
0102	武	遇合三上虞微	u^{423}	u^{423}
0103	雾	遇合三去虞微	u^{213}	u^{334}
0104	取	遇合三上虞清	$\text{tɕ}^\text{h}\text{y}^{423}$	$\text{tɕ}^\text{h}\text{y}^{423}$
0105	柱	遇合三上虞澄	dʑy^{423}	dʑy^{423}
0106	住	遇合三去虞澄	dʑy^{213}	dʑy^{213}
0107	数动词	遇合三上虞生	ɕy^{423}	ɕy^{423}
0108	数名词	遇合三去虞生	su^{334}	su^{334}

续表

编号	单　字	音韵地位	老男音	青男音
0109	主	遇合三上虞章	$t\varphi y^{423}$	$t\varphi y^{423}$
0110	输	遇合三平虞书	φy^{53}	φy^{53}
0111	竖	遇合三上虞禅	$dz y^{423}$	$dz y^{423}$
0112	树	遇合三去虞禅	$dz y^{213}$	$dz y^{213}$
0113	句	遇合三去虞见	$t\varphi y^{334}$	$t\varphi y^{334}$
0114	区地~	遇合三平虞溪	$t\varphi^h y^{53}$	$t\varphi^h y^{53}$
0115	遇	遇合三去虞疑	$\textrm{ɲ}y^{213}$	y^{423}
0116	雨	遇合三上虞云	y^{423}	y^{423}
0117	芋	遇合三去虞云	y^{334}	y^{334}
0118	裕	遇合三去虞以	y^{334}	y^{334}
0119	胎	蟹开一平咍透	$t^h\varepsilon^{53}$	$t^h\varepsilon^{53}$
0120	台戏~	蟹开一平咍定	$d\varepsilon^{31}$	$d\varepsilon^{31}$
0121	袋	蟹开一去咍定	$d\varepsilon^{213}$	$d\varepsilon^{213}$
0122	来	蟹开一平咍来	$l\varepsilon^{31}$	$l\varepsilon^{31}$
0123	菜	蟹开一去咍清	$ts^h\varepsilon^{334}$	$ts^h\varepsilon^{334}$
0124	财	蟹开一平咍从	$z\varepsilon^{31}$	$z\varepsilon^{31}$
0125	该	蟹开一平咍见	$k\varepsilon^{53}$	$k\varepsilon^{53}$
0126	改	蟹开一上咍见	$k\varepsilon^{423}$	$k\varepsilon^{423}$
0127	开	蟹开一平咍溪	$k^h\varepsilon^{53}$	$k^h\varepsilon^{53}$
0128	海	蟹开一上咍晓	$x\varepsilon^{423}$	$x\varepsilon^{423}$
0129	爱	蟹开一去咍影	ε^{334}	ε^{334}
0130	贝	蟹开一去泰帮	pe^{334}	pe^{334}
0131	带动词	蟹开一去泰端	$t\alpha^{334}$	$t\alpha^{334}$
0132	盖动词	蟹开一去泰见	$k\varepsilon^{334}$	$k\varepsilon^{334}$

续表

编号	单 字	音韵地位	老男音	青男音
0133	害	蟹开一去泰匣	ε^{213}	ε^{213}
0134	拜	蟹开二去皆帮	pa^{334}	pa^{334}
0135	排	蟹开二平皆並	ba^{31}	ba^{31}
0136	埋	蟹开二平皆明	ma^{31}	ma^{31}~怨 ma^{53}动
0137	戒	蟹开二去皆见	ka^{334}	ka^{334}
0138	摆	蟹开二上佳帮	pa^{423}	pa^{423}
0139	派	蟹开二去佳滂	p^ha^{334}	p^ha^{334}
0140	牌	蟹开二平佳並	ba^{31}	ba^{31}
0141	买	蟹开二上佳明	ma^{423}	ma^{423}
0142	卖	蟹开二去佳明	ma^{213}	ma^{213}
0143	柴	蟹开二平佳崇	za^{31}	za^{31}
0144	晒	蟹开二去佳生	so^{334}	so^{334}
0145	街	蟹开二平佳见	ka^{53}	ka^{53}
0146	解~开	蟹开二上佳见	ga^{423}白 tɕia^{423}文	ga^{423}白 tɕia^{423}文
0147	鞋	蟹开二平佳匣	a^{31}	a^{31}
0148	蟹	蟹开二上佳匣	xa^{423}	xa^{423}
0149	矮	蟹开二上佳影	a^{423}	a^{423}
0150	败	蟹开二去夬並	ba^{213}	ba^{213}
0151	币	蟹开三去祭並	bi^{213}	bi^{213}
0152	制~造	蟹开三去祭章	tsʅ^{334}	tsʅ^{334}
0153	世	蟹开三去祭书	sʅ^{334}	sʅ^{334}
0154	艺	蟹开三去祭疑	ȵi^{213}	ȵi^{213}

续表

编号	单字	音韵地位	老男音	青男音
0155	米	蟹开四上齐明	mi^{423}	mi^{423}
0156	低	蟹开四平齐端	ti^{53}	ti^{53}
0157	梯	蟹开四平齐透	t^hi^{53}	t^hi^{53}
0158	剃	蟹开四去齐透	t^hi^{334}	t^hi^{334}
0159	弟	蟹开四上齐定	di^{423}	di^{213}
0160	递	蟹开四去齐定	di^{31}	di^{213}
0161	泥	蟹开四平齐泥	$ȵi^{31}$	$ȵi^{31}$
0162	犁	蟹开四平齐来	li^{31}	li^{31}
0163	西	蟹开四平齐心	$ɕi^{53}$	$ɕi^{53}$
0164	洗	蟹开四上齐心	$ɕi^{423}$	$ɕi^{423}$
0165	鸡	蟹开四平齐见	$tɕi^{53}$	$tɕi^{53}$
0166	溪	蟹开四平齐溪	$tɕ^hi^{53}$	$ɕi^{53}$
0167	契	蟹开四去齐溪	$tɕ^hi^{53}$	$tɕ^hi^{334}$
0168	系联~	蟹开四去齐匣	$ɕi^{53}$	$ɕi^{334}$
0169	杯	蟹合一平灰帮	pe^{53}	pe^{53}
0170	配	蟹合一去灰滂	p^he^{334}	p^he^{334}
0171	赔	蟹合一平灰并	be^{31}	be^{31}
0172	背~诵	蟹合一去灰并	be^{213}	be^{213}
0173	煤	蟹合一平灰明	me^{31}	me^{31}
0174	妹	蟹合一去灰明	me^{213}	me^{213}
0175	对	蟹合一去灰端	te^{334}	te^{334}
0176	雷	蟹合一平灰来	le^{31}	le^{31}
0177	罪	蟹合一上灰从	zue^{423}	zue^{423}
0178	碎	蟹合一去灰心	$sɛ^{334}$	$sɛ^{423}$

续表

编号	单 字	音韵地位	老男音	青男音
0179	灰	蟹合一平灰晓	xue⁵³	xue⁵³
0180	回	蟹合一平灰匣	ue³¹	ue³¹
0181	外	蟹合一去泰疑	ɑ²¹³	ɑ²¹³
0182	会开~	蟹合一去泰匣	ue²¹³	ue²¹³
0183	怪	蟹合二去皆见	kuɑ³³⁴	kuɑ³³⁴
0184	块	蟹合一去皆溪	kʰuɑ³³⁴	kʰue³³⁴
0185	怀	蟹合二平皆匣	gɑ³¹白 uɛ³¹文	gɑ³¹白 uɛ³¹文
0186	坏	蟹合二去皆匣	uɑ³³⁴	uɑ³³⁴
0187	拐	蟹合二上佳见	kuɑ⁴²³	kuɑ⁴²³
0188	挂	蟹合二去佳见	ko³³⁴	ko³³⁴
0189	歪	蟹合二平佳晓	xuɑ⁵³	xuɑ⁵³
0190	画	蟹合二去佳匣	o²¹³	o²¹³
0191	快	蟹合二去夬溪	kʰuɑ³³⁴	kʰuɑ³³⁴
0192	话	蟹合二去夬匣	o²¹³	o³³⁴
0193	岁	蟹合三去祭心	sue³³⁴	se³³⁴
0194	卫	蟹合三去祭云	ue²¹³	ue³³⁴
0195	肺	蟹合三去废敷	fi³³⁴	fi³³⁴
0196	桂	蟹合四去齐见	kue³³⁴	kue³³⁴
0197	碑	止开三平支帮	pe⁵³	pe⁵³
0198	皮	止开三平支并	bi³¹	bi³¹
0199	被~子	止开三上支并	bi⁴²³	bi⁴²³
0200	紫	止开三上支精	tsɿ⁴²³	tsɿ⁴²³
0201	刺	止开三去支清	tsʰɿ³³⁴	tsʰɿ³³⁴

续表

编号	单　字	音韵地位	老男音	青男音
0202	知	止开三平支知	$tsʅ^{53}$	$tsʅ^{53}$
0203	池	止开三平支澄	$zʅ^{31}$	$zʅ^{31}$
0204	纸	止开三上支章	$tsʅ^{423}$	$tsʅ^{423}$
0205	儿	止开三平支日	n^{31}白 $əl^{31}$文	n^{31}白 $əl^{31}$文
0206	寄	止开三去支见	ke^{334}	ke^{334}
0207	骑	止开三平支群	$dʑy^{31}$	$dʑi^{31}$
0208	蚁	止开三上支疑	$ȵiəʔ^{23}$	in^{31}
0209	义	止开三去支疑	$ȵi^{213}$	$ŋi^{213}$
0210	戏	止开三去支晓	$ɕi^{334}$	$ɕi^{334}$
0211	移	止开三平支以	i^{31}	i^{31}
0212	比	止开三上脂帮	pi^{423}	pi^{423}
0213	屁	止开三去脂滂	$pʰi^{334}$	$pʰi^{334}$
0214	鼻	止开三去脂並	$biəʔ^{23}$	$biəʔ^{23}$
0215	眉	止开三平脂明	mi^{31}	mi^{31}
0216	地	止开三去脂定	di^{213}	di^{213}
0217	梨	止开三平脂来	li^{31}	li^{31}
0218	资	止开三平脂精	$tsʅ^{53}$	$tsʅ^{53}$
0219	死	止开三上脂心	$ɕi^{423}$	$ɕi^{423}$
0220	四	止开三去脂心	$sʅ^{334}$	$sʅ^{334}$
0221	迟	止开三平脂澄	$zʅ^{31}$	$zʅ^{31}$
0222	师	止开三平脂生	$sʅ^{53}$	$sʅ^{53}$
0223	指	止开三上脂章	$tsʅ^{423}$	$tsʅ^{423}$
0224	二	止开三去脂日	$ȵi^{213}$	$ȵi^{213}$

续表

编号	单 字	音韵地位	老男音	青男音
0225	饥～饿	止开三平脂见	$tɕi^{53}$	$tɕi^{53}$
0226	器	止开三去脂溪	$tɕ^hi^{334}$	$tɕ^hi^{334}$
0227	姨	止开三平脂以	i^{31}	i^{31}
0228	李	止开二上之来	li^{423}	li^{423}
0229	子	止开三上之精	$tsɿ^{423}$	$tsɿ^{423}$
0230	字	止开三去之从	$zɿ^{213}$	$zɿ^{213}$
0231	丝	止开三平之心	$sɿ^{53}$	$sɿ^{53}$
0232	祠	止开三平之邪	$zɿ^{31}$	$zɿ^{31}$
0233	寺	止开三去之邪	$zɿ^{213}$	$zɿ^{213}$
0234	治	止开三去之澄	$zɿ^{213}$	$zɿ^{213}$
0235	柿	止开三上之崇	$zɿ^{423}$	$zɿ^{423}$
0236	事	止开三去之崇	$zɿ^{213}$	$zɿ^{213}$
0237	使	止开三上之生	$sɿ^{423}$	$sɿ^{423}$
0238	试	止开三去之书	$sɿ^{334}$	$sɿ^{334}$
0239	时	止开三平之禅	$zɿ^{31}$	$zɿ^{31}$
0240	市	止开三上之禅	$zɿ^{423}$	$zɿ^{423}$
0241	耳	止开三上之日	$ȵi^{423}$	$ȵi^{423}$
0242	记	止开三去之见	$tɕi^{334}$	$tɕi^{334}$
0243	棋	止开三平之群	$dʑi^{31}$	$dʑi^{31}$
0244	喜	止开三上之晓	$ɕi^{423}$	$ɕi^{423}$
0245	意	止开三去之影	i^{334}	i^{334}
0246	几～个	止开三上微见	$tɕi^{423}$	$tɕi^{423}$
0247	气	止开三去微溪	$tɕ^hi^{334}$	$tɕ^hi^{334}$
0248	希	止开三平微晓	$ɕi^{53}$	$ɕi^{53}$

续表

编号	单 字	音韵地位	老男音	青男音
0249	衣	止开三平微影	i⁵³	i⁵³
0250	嘴	止合三上支精	tsɿ⁴²³	tsɿ⁴²³
0251	随	止合三平支邪	zue³¹	ze³¹
0252	吹	止合三平支昌	tsʰɿ⁵³	tsʰɿ⁵³
0253	垂	止合三平支禅	zue³¹ 又 zue²¹³ 又	ze³¹
0254	规	止合三平支见	kue⁵³	kue⁵³
0255	亏	止合三平支溪	kʰue⁵³	tɕʰy⁵³ kʰue⁵³
0256	跪	止合三上支群	dʑy⁴²³	dʑy⁴²³
0257	危	止合三平支疑	ue³¹	ue³¹
0258	类	止合三去脂来	le²¹³	le²¹³
0259	醉	止合三去脂精	tsue³³⁴	tsue³³⁴
0260	追	止合三平脂知	tsue⁵³	tsue⁵³
0261	锤	止合三平脂澄	zue³¹	zue³¹
0262	水	止合三上脂书	sɿ⁴²³	sɿ⁴²³
0263	龟	止合三平脂见	tɕy⁵³	tɕy⁵³
0264	季	止合三去脂见	tɕi³³⁴	tɕi³³⁴
0265	柜	止合三去脂群	gue²¹³ 读字	kue³³⁴ 读字
0266	位	止合三去脂云	ue²¹³	ue³³⁴
0267	飞	止合三平微非	fi⁵³	fi⁵³
0268	费	止合三去微敷	fi³³⁴ vi²¹³ 姓	fi³³⁴ vi²¹³ 姓
0269	肥	止合三平微奉	bi³¹ 白 vi³¹ 文	bi³¹ 白 vi³¹ 文

编号	单　字	音韵地位	老男音	青男音
0270	尾	止合三上微微	mi^{423}	mi^{423}
0271	味	止合三去微微	mi^{213}	vi^{213}
0272	鬼	止合三上微见	$t\textctc y^{423}$白 kue^{423}文	$t\textctc y^{423}$白 kue^{423}文
0273	贵	止合三去微见	$t\textctc y^{334}$白 kue^{334}文	$t\textctc y^{334}$白 kue^{334}文
0274	围	止合三平微云	y^{31}白 ue^{31}文	y^{31}白 ue^{31}文
0275	胃	止合三去微云	ue^{213}	ue^{213}
0276	宝	效开一上豪帮	$p\mathrm{ɔ}^{423}$	$p\mathrm{ɔ}^{423}$
0277	抱	效开一上豪并	$b\mathrm{ɔ}^{423}$	$b\mathrm{ɔ}^{423}$
0278	毛	效开一平豪明	$m\mathrm{ɔ}^{31}$	$m\mathrm{ɔ}^{31}$
0279	帽	效开一去豪明	$m\mathrm{ɔ}^{213}$	$m\mathrm{ɔ}^{213}$
0280	刀	效开一平豪端	$t\mathrm{ɔ}^{53}$	$t\mathrm{ɔ}^{53}$
0281	讨	效开一上豪透	$t^h\mathrm{ɔ}^{423}$	$t^h\mathrm{ɔ}^{423}$
0282	桃	效开一平豪定	$d\mathrm{ɔ}^{31}$	$d\mathrm{ɔ}^{31}$
0283	道	效开一上豪定	$d\mathrm{ɔ}^{423}$	$d\mathrm{ɔ}^{423}$
0284	脑	效开一上豪泥	$n\mathrm{ɔ}^{423}$	$n\mathrm{ɔ}^{423}$
0285	老	效开一上豪来	$l\mathrm{ɔ}^{423}$	$l\mathrm{ɔ}^{423}$
0286	早	效开一上豪精	$ts\mathrm{ɔ}^{423}$	$ts\mathrm{ɔ}^{423}$
0287	灶	效开一去豪精	$ts\mathrm{ɔ}^{334}$	$ts\mathrm{ɔ}^{334}$
0288	草	效开一上豪清	$ts^h\mathrm{ɔ}^{334}$	$ts^h\mathrm{ɔ}^{423}$
0289	糙	效开一去豪清	$ts^h\mathrm{ɔ}^{53}$	$ts^h\mathrm{ɔ}^{53}$
0290	造	效开一上豪从	$z\mathrm{ɔ}^{423}$	$z\mathrm{ɔ}^{423}$

续表

编号	单 字	音韵地位	老男音	青男音
0291	嫂	效开一上豪心	sɔ⁴²³	sɔ⁴²³
0292	高	效开一平豪见	kɔ⁵³	kɔ⁵³
0293	靠	效开一去豪溪	kʰɔ³³⁴	kʰɔ³³⁴
0294	熬	效开一平豪疑	ɔ³¹	ɔ³¹
0295	好~坏	效开一上豪晓	xɔ⁴²³	xɔ⁴²³
0296	号名词	效开一去豪匣	ɔ²¹³	ɔ²¹³
0297	包	效开二平肴帮	pɔ⁵³	pɔ⁵³
0298	饱	效开二上肴帮	pɔ⁴²³	pɔ⁴²³
0299	炮	效开二去肴滂	pʰɔ³³⁴	pʰɔ³³⁴
0300	猫	效开二平肴明	mɔ³¹	mɔ³¹
0301	闹	效开二去肴泥	nɔ²¹³	nɔ²¹³
0302	罩	效开二去肴知	tsɔ³³⁴	tsɔ³³⁴
0303	抓用手~牌	效开二平肴庄	tsɑ⁵³	tsɑ⁵³
0304	找~零钱	效开二上肴庄	tsɔ⁴²³	tsɔ⁴²³
0305	抄	效开二平肴初	tsʰɔ⁵³	tsʰɔ⁵³
0306	交	效开二平肴见	kɔ⁵³白 tɕiɔ⁵³文	kɔ⁵³白 tɕiɔ⁵³文
0307	敲	效开二平肴溪	kʰɔ⁵³	kʰɔ⁵³
0308	孝	效开二去肴晓	xɔ³³⁴白 ɕiɔ³³⁴文	xɔ³³⁴白 ɕiɔ³³⁴文
0309	校学~	效开二去肴匣	iɔ²¹³	iɔ²¹³
0310	表手~	效开三上宵帮	piɔ⁵³	piɔ⁴²³
0311	票	效开三去宵滂	pʰiɔ³³⁴	pʰiɔ³³⁴
0312	庙	效开三去宵明	miɔ²¹³	miɔ²¹³

续表

编号	单 字	音韵地位	老男音	青男音
0313	焦	效开三平宵精	tɕiɔ⁵³	tɕiɔ⁵³
0314	小	效开三上宵心	ɕiɔ⁴²³	ɕiɔ⁴²³
0315	笑	效开三去宵心	ɕiɔ³³⁴	ɕiɔ³³⁴
0316	朝~代	效开三平宵澄	zɔ³¹	zɔ³¹
0317	照	效开三去宵章	tsɔ³³⁴	tsɔ³³⁴
0318	烧	效开三平宵书	sɔ⁵³	sɔ⁵³
0319	绕~线	效开三去宵日	ȵiɔ⁴²³	ȵiɔ²¹³
0320	桥	效开三平宵群	dʑiɔ³¹	dʑiɔ³¹
0321	轿	效开三去宵群	dʑiɔ²¹³	dʑiɔ²¹³
0322	腰	效开三平宵影	iɔ⁵³	iɔ⁵³
0323	要重~	效开三去宵影	iɔ³³⁴	iɔ³³⁴
0324	摇	效开三平宵以	iɔ³¹	iɔ³¹
0325	鸟	效开四上萧端	tiɔ⁴²³	tiɔ⁴²³
0326	钓	效开四去萧端	tiɔ³³⁴	tiɔ³³⁴
0327	条	效开四平萧定	diɔ³¹	diɔ³¹
0328	料	效开四去萧来	liɔ²¹³	liɔ²¹³
0329	箫	效开四平萧心	ɕiɔ⁵³	ɕiɔ⁵³
0330	叫	效开四去萧见	tɕiɔ³³⁴	tɕiɔ³³⁴
0331	母丈~,舅~	流开一上侯明	m²¹³	m⁴²³
0332	抖	流开一上侯端	te⁴²³	te⁴²³
0333	偷	流开一平侯透	tʰe⁵³	tʰe⁵³
0334	头	流开一平侯定	de³¹	de³¹
0335	豆	流开一去侯定	de²¹³	de²¹³
0336	楼	流开一平侯来	le³¹	le³¹

续表

编号	单 字	音韵地位	老男音	青男音
0337	走	流开一上侯精	tse⁴²³	tse⁴²³
0338	凑	流开一去侯清	tsʰe³³⁴	tsʰe³³⁴
0339	钩	流开一平侯见	ke⁵³	ke⁵³
0340	狗	流开一上侯见	ke⁴²³	ke⁴²³
0341	够	流开一去侯见	ke³³⁴	ke³³⁴
0342	口	流开一上侯溪	kʰe⁴²³	kʰe⁴²³
0343	藕	流开一上侯疑	e⁴²³	e⁴²³
0344	后前~	流开一上侯匣	e⁴²³	e⁴²³
0345	厚	流开一上侯匣	e⁴²³	e⁴²³
0346	富	流开三去尤非	fu³³⁴	fu³³⁴
0347	副	流开三去尤敷	fu³³⁴	fu³³⁴
0348	浮	流开三平尤奉	u³¹	vu³¹
0349	妇	流开三上尤奉	u²¹³	fu²¹³
0350	流	流开三平尤来	le³¹	le³¹
0351	酒	流开三上尤精	tse⁴²³	tse⁴²³
0352	修	流开三平尤心	se⁵³	se⁵³
0353	袖	流开三去尤邪	ze²¹³	ze²¹³
0354	抽	流开三平尤彻	tsʰe⁵³	tsʰe⁵³
0355	绸	流开三平尤澄	ze⁵³	ze³¹
0356	愁	流开三平尤崇	ze³¹	ze³¹
0357	瘦	流开三去尤生	se³³⁴	se³³⁴
0358	州	流开三平尤章	tse⁵³	tse⁵³
0359	臭香~	流开三去尤昌	tsʰe³³⁴	tsʰe³³⁴
0360	手	流开三上尤书	se⁴²³	se⁴²³

续表

编号	单 字	音韵地位	老男音	青男音
0361	寿	流开三去尤禅	ze^{213}	ze^{213}
0362	九	流开三上尤见	$tɕio^{423}$	$tɕio^{423}$
0363	球	流开三平尤群	$dʑio^{31}$	$dʑio^{31}$
0364	舅	流开三上尤群	$dʑio^{423}$	$dʑio^{423}$
0365	旧	流开三去尤群	$dʑio^{213}$	$dʑio^{213}$
0366	牛	流开三平尤疑	$ȵio^{31}$	$ȵio^{31}$
0367	休	流开三平尤晓	$ɕio^{53}$	$ɕio^{53}$
0368	优	流开三平尤影	io^{53}	io^{53}
0369	有	流开三上尤云	io^{423}	io^{423}
0370	右	流开三去尤云	io^{334}	io^{334}
0371	油	流开三平尤以	io^{31}	io^{31}
0372	丢	流开三平幽端	（无）	（无）
0373	幼	流开三去幽影	io^{334}	io^{334}
0374	贪	咸开一平覃透	$tʰɤ^{53}$	$tʰɤ^{53}$
0375	潭	咸开一平覃定	$dɤ^{31}$	$dɤ^{31}$
0376	南	咸开一平覃泥	$nɤ^{31}$	$nɤ^{31}$
0377	蚕	咸开一平覃从	$zɤ^{31}$	$zɤ^{31}$
0378	感	咸开一上覃见	$kɤ^{423}$	$kɤ^{423}$
0379	含～一口水	咸开一平覃匣	$ɤ^{31}$	$ɤ^{31}$
0380	暗	咸开一去覃影	$ɤ^{334}$	$ɤ^{334}$
0381	搭	咸开一入合端	$taʔ^{5}$	$taʔ^{5}$
0382	踏	咸开一入合透	$daʔ^{23}$	$daʔ^{23}$
0383	拉	咸开一入合来	$lɑ^{53}$	$lɑ^{53}$
0384	杂	咸开一入合从	$zaʔ^{23}$	$zaʔ^{23}$

续表

编号	单　字	音韵地位	老男音	青男音
0385	鸽	咸开一入合见	$kə\textipa{P}^5$	$kə\textipa{P}^5$
0386	盒	咸开一入合匣	$a\textipa{P}^{23}$	$a\textipa{P}^{23}$
0387	胆	咸开一上谈端	$t\varepsilon^{423}$	$t\varepsilon^{423}$
0388	毯	咸开一上谈透	$t^h\varepsilon^{423}$	$t^h\varepsilon^{423}$
0389	淡	咸开一上谈定	$d\varepsilon^{423}$	$d\varepsilon^{423}$
0390	蓝	咸开一平谈来	$l\varepsilon^{31}$	$l\varepsilon^{31}$
0391	三	咸开一平谈心	$s\varepsilon^{53}$	$s\varepsilon^{53}$
0392	甘	咸开一平谈见	$k\gamma^{53}$	$k\gamma^{53}$
0393	敢	咸开一上谈见	$k\gamma^{423}$	$k\gamma^{423}$
0394	喊	咸开一上谈晓	$x\varepsilon^{334}$	$x\varepsilon^{334}$
0395	塔	咸开一入盍透	$t^h a\textipa{P}^{23}$	$t^h a\textipa{P}^{23}$
0396	蜡	咸开一入盍来	$la\textipa{P}^{23}$	$la\textipa{P}^{23}$
0397	赚	咸开二去咸澄	$z\varepsilon^{423}$	$z\varepsilon^{213}$
0398	杉~木	咸开二平咸生	$s\varepsilon^{53}$	$s\varepsilon^{53}$
0399	减	咸开二上咸见	$k\varepsilon^{423}$	$k\varepsilon^{423}$
0400	咸~淡	咸开二平咸匣	ε^{31}	ε^{31}
0401	插	咸开二入洽初	$ts^h a\textipa{P}^{23}$	$ts^h a\textipa{P}^{23}$
0402	闸	咸开二入洽崇	$za\textipa{P}^{23}$	$za\textipa{P}^{23}$
0403	夹~子	咸开二入洽见	$ka\textipa{P}^5$	$ka\textipa{P}^5$
0404	衫	咸开二平衔生	$s\varepsilon^{53}$	$s\varepsilon^{53}$
0405	监	咸开二平衔见	$k\varepsilon^{53}$	$k\varepsilon^{53}$
0406	岩	咸开二平衔疑	$\textipa{n}i\varepsilon^{31}$	$i\varepsilon^{31}$
0407	甲	咸开二入狎见	$t\textctc ia\textipa{P}^5$	$t\textctc ia\textipa{P}^5$
0408	鸭	咸开二入狎影	$a\textipa{P}^5$	$a\textipa{P}^5$

编号	单　字	音韵地位	老男音	青男音
0409	黏~液	咸开三平盐泥	ȵiɛ⁵³	ȵiɛ⁵³
0410	尖	咸开三平盐精	tɕiɛ⁵³	tɕiɛ⁵³
0411	签~名	咸开三平盐清	tɕʰiɛ⁵³	tɕʰiɛ⁵³
0412	占~领	咸开三去盐章	tsɤ⁵³	tsɤ³³⁴
0413	染	咸开三上盐日	ȵiɛ⁴²³	ȵiɛ⁴²³
0414	钳	咸开三平盐群	dʑiɛ³¹	dʑiɛ³¹
0415	验	咸开三去盐疑	ȵiɛ²¹³	ȵiɛ²¹³
0416	险	咸开三上盐晓	ɕiɛ⁴²³	ɕiɛ⁴²³
0417	厌	咸开三去盐影	iɛ³³⁴	iɛ³³⁴
0418	炎	咸开三平盐云	iɛ³¹	iɛ³¹
0419	盐	咸开三平盐以	iɛ³¹	iɛ³¹
0420	接	咸开三入叶精	tɕiəʔ⁵	tɕiəʔ⁵
0421	折~叠	山开三入薛章	tsəʔ⁵	tsəʔ⁵
0422	叶树~	咸开三入叶以	iəʔ²³	iəʔ²³
0423	剑	咸开三去严见	tɕiɛ³³⁴	tɕiɛ³³⁴
0424	欠	咸开三去严溪	tɕʰiɛ³³⁴	tɕʰiɛ³³⁴
0425	严	咸开三平严疑	ȵiɛ³¹	ȵiɛ³¹
0426	业	咸开三入业疑	ȵiəʔ²³	ȵiəʔ²³白 iəʔ²³文
0427	点	咸开四上添端	tiɛ⁴²³	tiɛ⁴²³
0428	店	咸开四去添端	tiɛ³³⁴	tiɛ³³⁴
0429	添	咸开四平添透	tʰiɛ⁵³	tʰiɛ⁵³
0430	甜	咸开四平添定	diɛ³¹	diɛ³¹
0431	念	咸开四去添泥	ȵiɛ²¹³	ȵiɛ²¹³

续表

编号	单 字	音韵地位	老男音	青男音
0432	嫌	咸开四平添匣	$iɛ^{31}$	$iɛ^{31}$
0433	跌	咸开四入帖端	$tiəʔ^{5}$	$tiəʔ^{5}$
0434	贴	咸开四入帖透	$t^hiaʔ^{23}$	$t^hiaʔ^{23}$
0435	碟	咸开四入帖定	$diaʔ^{23}$	$diaʔ^{23}$
0436	协	咸开四入帖匣	$iaʔ^{23}$	$iaʔ^{23}$
0437	犯	咸合三上凡奉	$vɛ^{423}$	$vɛ^{423}$
0438	法	咸合三入乏非	$faʔ^{5}$	$faʔ^{5}$
0439	品	深开三上侵滂	p^hin^{423}	p^hin^{423}
0440	林	深开三平侵来	lin^{31}	lin^{31}
0441	浸	深开三去侵精	$tɕin^{334}$	$tɕin^{334}$
0442	心	深开三平侵心	$ɕin^{53}$	$ɕin^{53}$
0443	寻	深开三平侵邪	$dʑin^{31}$	$dʑin^{31}$
0444	沉	深开三平侵澄	$zən^{213}$	$zən^{213}$
0445	参人～	咸开一平侵生	$sən^{53}$	$sən^{53}$
0446	针	深开三平侵章	$tsən^{53}$	$tsən^{53}$
0447	深	深开三平侵书	$sən^{53}$	$sən^{53}$
0448	任责～	深开三去侵日	$zən^{213}$	$zən^{213}$
0449	金	深开三平侵见	$tɕin^{53}$	$tɕin^{53}$
0450	琴	深开三平侵群	$dʑin^{31}$	$dʑin^{31}$
0451	音	深开三平侵影	in^{53}	in^{53}
0452	立	深开三入缉来	$liəʔ^{23}$	$liəʔ^{23}$
0453	集	深开三入缉从	$dʑiəʔ^{23}$	$dʑiəʔ^{23}$
0454	习	深开三入缉邪	$dʑiəʔ^{23}$	$dʑiəʔ^{23}$
0455	汁	深开三入缉章	$tsəʔ^{5}$	$tsəʔ^{5}$

编号	单　字	音韵地位	老男音	青男音
0456	十	深开三入缉禅	zəʔ²³	zəʔ²³
0457	入	深开三入缉日	zəʔ²³	zəʔ²³
0458	急	深开三入缉见	tɕiəʔ⁵	tɕiəʔ⁵
0459	及	深开三入缉群	dziəʔ²³	dziəʔ²³
0460	吸	深开三入缉晓	ɕiəʔ⁵	ɕiəʔ⁵
0461	单简~	山开一平寒端	tɛ⁵³	tɛ⁵³
0462	炭	山开一去寒透	tʰɛ³³⁴	tʰɛ³³⁴
0463	弹~琴	山开一平寒定	dɛ³¹	dɛ³¹
0464	难~易	山开一平寒泥	nɛ³¹	nɛ³¹
0465	兰	山开一平寒来	lɛ³¹	lɛ³¹
0466	懒	山开一上寒来	lɛ⁴²³	lɛ⁴²³
0467	烂	山开一去寒来	lɛ²¹³	lɛ²¹³
0468	伞	山开一上寒心	sɛ³³⁴	sɛ³³⁴
0469	肝	山开一平寒见	kɤ⁵³	kɤ⁵³
0470	看~见	山开一去寒溪	kʰɤ³³⁴	kʰɤ³³⁴
0471	岸	山开一去寒疑	ɤ²¹³	ɤ²¹³
0472	汉	山开一去寒晓	xɤ³³⁴	xɤ³³⁴
0473	汗	山开一去寒匣	ɤ²¹³	ɤ²¹³
0474	安	山开一平寒影	ɤ⁵³	ɤ⁵³
0475	达	山开一入曷定	daʔ²³	daʔ²³
0476	辣	山开一入曷来	laʔ²³	laʔ²³
0477	擦	山开一入曷清	tsʰaʔ²³	tsʰaʔ²³
0478	割	山开一入曷见	kəʔ⁵	kəʔ⁵
0479	渴	山开一入曷溪	kʰəʔ²³读字	kʰəʔ²³读字

续表

编号	单　字	音韵地位	老男音	青男音
0480	扮	山开二去山帮	pɛ³³⁴	pɛ³³⁴
0481	办	山开二去山並	bɛ²¹³	bɛ²¹³
0482	铲	山开二上山初	tsʰɛ⁴²³	tsʰɔ⁵³白 tsʰɛ⁴²³文
0483	山	山开二平山生	sɛ⁵³	sɛ⁵³
0484	产~妇	山开二上山生	so⁴²³	so⁴²³
0485	间房~,一~房	山开二平山见	kɛ⁵³	kɛ⁵³
0486	眼	山开二上山疑	ɛ⁴²³	ɛ⁴²³
0487	限	山开二上山匣	ɛ⁴²³	ɛ⁴²³
0488	八	山开二入黠帮	paʔ⁵	paʔ⁵
0489	扎	山开二入黠庄	tsaʔ⁵	tsaʔ⁵
0490	杀	山开二入黠生	saʔ⁵	saʔ⁵
0491	班	山开二平删帮	pɛ⁵³	pɛ⁵³
0492	板	山开二上删帮	pɛ⁴²³	pɛ⁴²³
0493	慢	山开二去删明	mɛ⁴²³	mɛ²¹³
0494	奸	山开二平删见	kɛ⁵³白 tɕiɛ⁵³文	kɛ⁵³
0495	颜	山开二平删疑	ɛ³¹	ɛ³¹
0496	瞎	山开二入辖晓	xaʔ⁵	xaʔ⁵
0497	变	山开三去仙帮	piɛ³³⁴	piɛ³³⁴
0498	骗欺~	山开三去仙滂	pʰiɛ³³⁴	pʰiɛ³³⁴
0499	便方~	山开三去仙並	biɛ²¹³	biɛ²¹³
0500	棉	山开三平仙明	miɛ³¹	miɛ³¹
0501	面~孔	山开三去仙明	miɛ²¹³	miɛ²¹³

续表

编号	单 字	音韵地位	老男音	青男音
0502	连	山开三平仙来	liɛ³¹	liɛ³¹
0503	剪	山开三上仙精	tɕiɛ⁴²³	tɕiɛ⁴²³
0504	浅	山开三上仙清	tɕʰiɛ⁴²³	tɕʰiɛ⁴²³
0505	钱	山开三平仙从	dziɛ³¹	dziɛ³¹
0506	鲜	山开三平仙心	ɕiɛ⁵³	ɕiɛ⁵³
0507	线	山开三去仙心	ɕiɛ³³⁴	ɕiɛ³³⁴
0508	缠	山开三平仙澄	zɤ³¹	zɤ³¹
0509	战	山开三去仙章	tsɤ³³⁴	tsɤ³³⁴
0510	扇名词	山开三去仙书	sɤ³³⁴	sɤ³³⁴
0511	善	山开三上仙禅	zɤ⁴²³	zɤ⁴²³白 zɤ²¹³文
0512	件	山开三上仙群	dziɛ²¹³	tɕiɛ³³⁴
0513	延	山开三平仙以	iɛ³¹	iɛ³¹
0514	别~人	山开三入薛帮	biəʔ²³	biəʔ²³
0515	灭	山开三入薛明	miəʔ²³	miəʔ²³
0516	列	山开三入薛来	liəʔ²³	liəʔ²³
0517	撤	山开三入薛彻	tsʰəʔ²³	tsʰəʔ²³
0518	舌	山开三入薛船	zəʔ²³	zəʔ²³
0519	设	山开三入薛书	səʔ⁵	səʔ⁵
0520	热	山开三入薛日	ȵiəʔ²³	ȵiəʔ²³
0521	杰	山开三入薛群	dziəʔ²³	dziəʔ²³
0522	孽	山开三入薛疑	ȵiəʔ²³	ȵiəʔ²³
0523	建	山开三去元见	tɕiɛ³³⁴	tɕiɛ³³⁴
0524	健	山开三去元群	dziɛ²¹³	dziɛ²¹³

续表

编号	单 字	音韵地位	老男音	青男音
0525	言	山开三平元疑	$i\epsilon^{31}$	$i\epsilon^{31}$
0526	歇	山开三入月晓	$\varphi i\vartheta?^{5}$	$\varphi i\vartheta?^{5}$
0527	扁	山开四上先帮	$pi\epsilon^{423}$	$pi\epsilon^{423}$
0528	片	山开四去先滂	$p^{h}i\epsilon^{334}$	$p^{h}i\epsilon^{334}$
0529	面~条	山开四去先明	$mi\epsilon^{213}$	$mi\epsilon^{213}$
0530	典	山开四上先端	$ti\epsilon^{423}$	$ti\epsilon^{423}$
0531	天	山开四平先透	$t^{h}i\epsilon^{53}$	$t^{h}i\epsilon^{53}$
0532	田	山开四平先定	$di\epsilon^{31}$	$di\epsilon^{31}$
0533	垫	山开四去先定	$di\epsilon^{213}$	$di\epsilon^{213}$
0534	年	山开四平先泥	$\eta_{i}i\epsilon^{31}$	$\eta_{i}i\epsilon^{31}$
0535	莲	山开四平先来	$li\epsilon^{31}$	$li\epsilon^{31}$
0536	前	山开四平先从	$dzi\epsilon^{31}$	$dzi\epsilon^{31}$
0537	先	山开四平先心	$\varphi i\epsilon^{53}$	$\varphi i\epsilon^{53}$
0538	肩	山开四平先见	$t\varphi i\epsilon^{53}$	$t\varphi i\epsilon^{53}$
0539	见	山开四去先见	$t\varphi i\epsilon^{334}$	$t\varphi i\epsilon^{334}$
0540	牵	山开四平先溪	$t\varphi^{h}i\epsilon^{53}$	$t\varphi^{h}i\epsilon^{53}$
0541	显	山开四上先晓	$\varphi i\epsilon^{423}$	$\varphi i\epsilon^{423}$
0542	现	山开四去先匣	$i\epsilon^{213}$	$i\epsilon^{213}$
0543	烟	山开四平先影	$i\epsilon^{53}$	$i\epsilon^{53}$
0544	憋	山开四入屑滂	$pi\vartheta?^{5}$	$pi\vartheta?^{5}$
0545	篾	山开四入屑明	$mi\vartheta?^{23}$	$mi\vartheta?^{23}$
0546	铁	山开四入屑透	$t^{h}i\vartheta?^{23}$	$t^{h}i\vartheta?^{23}$
0547	捏	山开四入屑泥	$\eta_{i}ia?^{23}$	$\eta_{i}ia?^{23}$
0548	节	山开四入屑精	$t\varphi i\vartheta?^{5}$	$t\varphi i\vartheta?^{5}$

续表

编号	单字	音韵地位	老男音	青男音
0549	切动词	山开四入屑清	$t\varepsilon^{h}i\mathrm{e}\mathrm{ʔ}^{23}$	$t\varepsilon^{h}i\mathrm{e}\mathrm{ʔ}^{23}$
0550	截	山开四入屑从	$dz i\mathrm{e}\mathrm{ʔ}^{23}$	$dz i\mathrm{e}\mathrm{ʔ}^{23}$
0551	结	山开四入屑见	$t\varepsilon i\mathrm{e}\mathrm{ʔ}^{5}$	$t\varepsilon i\mathrm{e}\mathrm{ʔ}^{5}$
0552	搬	山合一平桓帮	$p\gamma^{53}$	$p\gamma^{53}$
0553	半	山合一去桓帮	$p\gamma^{334}$	$p\gamma^{334}$
0554	判	山合一去桓滂	$p^{h}\gamma^{334}$	$p^{h}\gamma^{334}$
0555	盘	山合一平桓并	$b\gamma^{31}$	$b\gamma^{31}$
0556	满	山合一上桓明	$m\gamma^{423}$	$m\gamma^{423}$
0557	端~午	山合一平桓端	$t\gamma^{53}$	$t\gamma^{53}$
0558	短	山合一上桓端	$t\gamma^{423}$	$t\gamma^{423}$
0559	断绳~了	山合一上桓定	$d\gamma^{423}$	$d\gamma^{423}$
0560	暖	山合一上桓泥	$n\gamma^{423}$	$n\gamma^{423}$
0561	乱	山合一去桓来	$l\gamma^{213}$	$l\gamma^{213}$
0562	酸	山合一平桓心	$s\gamma^{53}$	$s\gamma^{53}$
0563	算	山合一去桓心	$s\gamma^{334}$	$s\gamma^{334}$
0564	官	山合一平桓见	$ku\gamma^{53}$	$ku\gamma^{53}$
0565	宽	山合一平桓溪	$k^{h}u\gamma^{53}$	$k^{h}u\gamma^{53}$
0566	欢	山合一平桓晓	$xu\gamma^{53}$	$xu\gamma^{53}$
0567	完	山合一平桓匣	$u\gamma^{31}$	$u\gamma^{31}$
0568	换	山合一去桓匣	$u\gamma^{334}$	$u\gamma^{334}$
0569	碗	山合一上桓影	$u\gamma^{423}$	$u\gamma^{423}$
0570	拨	山合一入末帮	$p\mathrm{ɔ}\mathrm{ʔ}^{5}$	$p\mathrm{ɔ}\mathrm{ʔ}^{5}$
0571	泼	山合一入末滂	$p^{h}\mathrm{ə}\mathrm{ʔ}^{23}$	$p^{h}\mathrm{ə}\mathrm{ʔ}^{23}$
0572	末	山合一入末明	$m\mathrm{ɔ}\mathrm{ʔ}^{23}$	$m\mathrm{ɔ}\mathrm{ʔ}^{23}$

续表

编号	单 字	音韵地位	老男音	青男音
0573	脱	山合一入末透	$t^h\partial ?^{23}$	$t^h\partial ?^{23}$
0574	夺	山合一入末定	$d\partial ?^{23}$	$d\partial ?^{23}$
0575	阔	山合一入末溪	$k^h ɔ ?^{23}$	$k^h ɔ ?^{23}$
0576	活	山合一入末匣	$ɔ ?^{23}$	$ɔ ?^{23}$
0577	顽~皮,~固	山合二平山疑	$uɤ^{213}$	$uɤ^{31}$
0578	滑	山合二入黠匣	$ua?^{23}$	$ua?^{23}$
0579	挖	山合二入黠影	$ua?^{5}$	$ua?^{5}$
0580	闩	山合二平删生	$sɤ^{53}$	$sɤ^{53}$
0581	关~门	山合二平删见	$kuɛ^{53}$	$kuɛ^{53}$
0582	惯	山合二去删见	$kuɛ^{334}$	$guɛ^{213}$
0583	还动词	山合二平删匣	$uɛ^{31}$	$uɛ^{31}$
0584	还副词	山合二平删匣	$ɛ^{53}$	$ɛ^{53}$
0585	弯	山合二平删影	$uɛ^{53}$	$uɛ^{53}$
0586	刷	山合二入辖生	$s\partial ?^{5}$	$s\partial ?^{5}$
0587	刮	山合二入辖见	$kua?^{5}$	$kua?^{5}$
0588	全	山合三平仙从	$dziɛ^{31}$	$dziɛ^{31}$
0589	选	山合三上仙心	$ɕiɛ^{423}$	$ɕiɛ^{423}$
0590	转~眼,~送	山合三上仙知	$tsɤ^{423}$	$tsɤ^{423}$
0591	传~下来	山合三平仙澄	$zɤ^{31}$	$zɤ^{31}$
0592	传~记	山合三去仙澄	$zɤ^{31}$	$zɤ^{31}$
0593	砖	山合三平仙章	$tsɤ^{53}$	$tsɤ^{53}$
0594	船	山合三平仙船	$zɤ^{31}$	$zɤ^{31}$
0595	软	山合三上仙日	$ȵyɤ^{423}$	$ȵyɤ^{423}$
0596	卷~起	山合三上仙见	$tɕyɤ^{423}$	$tɕyɤ^{423}$

编号	单　字	音韵地位	老男音	青男音
0597	圈圆~	山合三平仙溪	tɕʰyɤ⁵³	tɕʰyɤ⁵³
0598	权	山合三平仙群	dʑyɤ³¹	dʑyɤ³¹
0599	圆	山合三平仙云	yɤ³³⁴	yɤ³¹
0600	院	山合三去仙云	yɤ³³⁴	yɤ³³⁴
0601	铅~笔	山合三平仙以	kʰɛ⁵³	kʰɛ⁵³
0602	绝	山合三入薛从	dziəʔ²³	dziəʔ²³
0603	雪	山合三入薛心	ɕiəʔ⁵	ɕiəʔ⁵
0604	反	山合三上元非	fɛ⁴²³	fɛ⁴²³
0605	翻	山合三平元敷	fɛ⁵³	fɛ⁵³
0606	饭	山合三去元奉	vɛ²¹³	vɛ²¹³
0607	晚	山合三上元微	mɛ⁴²³白 vɛ⁴²³文	mɛ⁴²³白 uɛ⁴²³文
0608	万麻将牌	山合三去元微	vɛ²¹³	vɛ²¹³
0609	劝	山合三去元溪	tɕʰyɤ³³⁴	tɕʰyɤ³³⁴
0610	原	山合三平元疑	ȵyɤ³¹	ȵyɤ³¹
0611	冤	山合三平元影	yɤ⁵³	yɤ⁵³
0612	园	山合三平元云	yɤ³¹	yɤ³¹
0613	远	山合三上元云	yɤ⁴²³	yɤ⁴²³
0614	发头~	山合三入月非	faʔ⁵	faʔ⁵
0615	罚	山合三入月奉	vaʔ²³	vaʔ²³
0616	袜	山合三入月微	maʔ²³	maʔ²³
0617	月	山合三入月疑	yɔʔ²³	yɔʔ²³
0618	越	山合三入月云	yɔʔ²³	yɔʔ²³
0619	县	山合四去先匣	yɤ³³⁴	yɤ³³⁴

续表

编号	单　字	音韵地位	老男音	青男音
0620	决	山合四入屑见	tɕyɔʔ⁵	tɕyɔʔ⁵
0621	缺	山合四入屑溪	tɕʰyɔʔ⁵	tɕʰyɔʔ²³
0622	血	山合四入屑晓	ɕyɔʔ⁵	ɕyɔʔ⁵
0623	吞	臻开一平痕透	tʰən⁵³	tʰən⁵³
0624	根	臻开一平痕见	kən⁵³	kən⁵³
0625	恨	臻开一去痕匣	ən²¹³	ən²¹³
0626	恩	臻开一平痕影	ən⁵³	ən⁵³
0627	贫	臻开三平真並	bin³¹	bin³¹
0628	民	臻开三平真明	min³¹	min³¹
0629	邻	臻开三平真来	lin³¹	lin³¹
0630	进	臻开三去真精	tɕin³³⁴	tɕin³³⁴
0631	亲~人	臻开三平真清	tɕʰin⁵³	tɕʰin⁵³
0632	新	臻开三平真心	ɕin⁵³	ɕin⁵³
0633	镇	臻开三去真知	tsən³³⁴	tsən³³⁴
0634	陈	臻开三平真澄	zən³¹	zən³¹
0635	震	臻开三去真章	tsən³³⁴	tsən³³⁴
0636	神	臻开三平真船	zən³¹	zən³¹
0637	身	臻开三平真书	sən⁵³	sən⁵³
0638	辰	臻开三平真禅	zən³¹	zən³¹
0639	人	臻开三平真日	ȵin³¹白 zən³¹文	ȵin³¹白 zən³¹文
0640	认	臻开三去真日	ȵin²¹³	ȵin²¹³
0641	紧	臻开三上真见	tɕin⁴²³	tɕin⁴²³
0642	银	臻开三平真疑	ȵin³¹	ȵin³¹

编号	单　字	音韵地位	老男音	青男音
0643	印	臻开三去真影	in³³⁴	in³³⁴
0644	引	臻开三上真以	in⁴²³	in⁴²³
0645	笔	臻开三入质帮	piəʔ⁵	piəʔ⁵
0646	匹	臻开三入质滂	pʰiəʔ²³	pʰiəʔ⁵
0647	密	臻开三入质明	miəʔ²³	miəʔ⁵
0648	栗	臻开三入质来	liəʔ²³	liəʔ²³
0649	七	臻开三入质清	tɕʰiəʔ²³	tɕʰiəʔ²³
0650	侄	臻开三入质澄	zəʔ²³	zəʔ²³
0651	虱	臻开三入质生	səʔ⁵	səʔ⁵
0652	实	臻开三入质船	zəʔ²³	zəʔ²³
0653	失	臻开三入质书	səʔ⁵	səʔ⁵
0654	日	臻开三入质日	ȵiəʔ²³ 白 zəʔ²³ 文	ȵiəʔ²³ 白 zəʔ²³ 文
0655	吉	臻开三入质见	tɕiəʔ⁵	tɕiəʔ⁵
0656	一	臻开三入质影	iəʔ⁵	iəʔ⁵
0657	筋	臻开三平殷见	tɕin⁵³	tɕin⁵³
0658	劲有~	臻开三去殷见	dʑin²¹³	dʑin²¹³
0659	勤	臻开三平殷群	dʑin³¹	dʑin³¹
0660	近	臻开三上殷群	dʑin⁴²³	dʑin⁴²³
0661	隐	臻开三上殷影	in⁴²³	in⁴²³
0662	本	臻合一上魂帮	pən⁴²³	pən⁴²³
0663	盆	臻合一平魂並	bən³¹	bən³¹
0664	门	臻合一平魂明	mən³¹	mən³¹
0665	墩	臻合一平魂端	tən⁵³	tən⁵³

续表

编号	单　字	音韵地位	老男音	青男音
0666	嫩	臻合一去魂泥	lən²¹³	lən²¹³
0667	村	臻合一平魂清	tsʰən⁵³	tsʰən⁵³
0668	寸	臻合一去魂清	tsʰən³³⁴	tsʰən³³⁴
0669	蹲	臻合一平魂从	tən⁵³	tən⁵³
0670	孙~子	臻合一平魂心	sən⁵³	sən⁵³
0671	滚	臻合一上魂见	kuən⁴²³	kuən⁴²³
0672	困	臻合一去魂溪	kʰuən⁴²³	kʰuən⁴²³
0673	婚	臻合一平魂晓	xuən⁵³	xuən⁵³
0674	魂	臻合一平魂匣	uən³¹	uən³¹
0675	温	臻合一平魂影	uən⁵³	uən⁵³
0676	卒棋子	臻合一入没精	tsəʔ⁵	tsəʔ⁵
0677	骨	臻合一入没见	kɔʔ⁵	kɔʔ⁵
0678	轮	臻合三平谆来	lən³¹	lən³¹
0679	俊	臻合三去谆精	tɕyn⁵³	tɕyn³³⁴
0680	笋	臻合三上谆心	sən⁴²³	sən⁴²³
0681	准	臻合三上谆章	tsən⁴²³	tsən⁴²³
0682	春	臻合三平谆昌	tsʰən⁵³	tsʰən⁵³
0683	唇	臻合三平谆船	zən³¹	zən³¹
0684	顺	臻合三去谆船	zən²¹³	zən²¹³
0685	纯	臻合三平谆禅	zən²¹³	zən²¹³
0686	闰	臻合三去谆日	zən²¹³	zən²¹³
0687	均	臻合三平谆见	tɕyn⁵³	tɕyn⁵³
0688	匀	臻合三平谆以	yn³¹	yn³¹
0689	律	臻合三入术来	liəʔ²³	liəʔ²³

编号	单　字	音韵地位	老男音	青男音
0690	出	臻合三入术昌	tsʰə$ʔ^{23}$	tsʰə$ʔ^{23}$
0691	橘	臻合三入术见	tɕyɔ$ʔ^{5}$	tɕyɔ$ʔ^{5}$
0692	分动词	臻合三平文非	fən^{53}	fən^{53}
0693	粉	臻合三上文非	fən^{423}	fən^{423}
0694	粪	臻合三去文非	fən^{334}	fən^{334}
0695	坟	臻合三平文奉	vən^{31}	vən^{31}
0696	蚊	臻合三平文微	mən^{31}	mən^{31}
0697	问	臻合三去文微	mən^{213}	mən^{213}
0698	军	臻合三平文见	tɕyn^{53}	tɕyn^{53}
0699	裙	臻合三平文群	dʑyn^{31}	dʑyn^{31}
0700	熏	臻合三平文晓	ɕyn^{53}	ɕyn^{53}
0701	云~彩	臻合三平文云	yn^{31}	yn^{31}
0702	运	臻合三去文云	yn^{334}	yn^{334}
0703	佛~像	臻合三入物奉	və$ʔ^{23}$	və$ʔ^{23}$
0704	物	臻合三入物微	və$ʔ^{23}$	və$ʔ^{5}$ 白 u^{334} 文
0705	帮	宕开一平唐帮	pɑ̃^{53}	pɑ̃^{53}
0706	忙	宕开一平唐明	mɑ̃^{31}	mɑ̃^{31}
0707	党	宕开一上唐端	tɑ̃^{423}	tɑ̃^{423}
0708	汤	宕开一平唐透	tʰɑ̃^{53}	tʰɑ̃^{53}
0709	糖	宕开一平唐定	dɑ̃^{31}	dɑ̃^{31}
0710	浪	宕开一去唐来	lɑ̃^{213}	lɑ̃^{213}
0711	仓	宕开一平唐清	tsʰɑ̃^{53}	tsʰɑ̃^{53}
0712	钢名词	宕开一平唐见	kuɑ̃^{53}	kuɑ̃^{53}

续表

编号	单　字	音韵地位	老男音	青男音
0713	糠	宕开一平唐溪	$k^hu\tilde{ɑ}^{53}$	$k^hu\tilde{ɑ}^{53}$
0714	薄形容词	宕开一入铎并	$bɔʔ^{23}$	$bɔʔ^{23}$
0715	摸	宕开一入铎明	$mɔʔ^{23}$	$mɔʔ^{23}$
0716	托	宕开一入铎透	$t^hɔʔ^{23}$	$t^hɔʔ^{23}$
0717	落	宕开一入铎来	$lɔʔ^{23}$	$lɔʔ^{23}$
0718	作	宕开一入铎精	$tsɔʔ^{5}$	$tsɔʔ^{5}$
0719	索	宕开一入铎心	$sɔʔ^{5}$	$sɔʔ^{5}$
0720	各	宕开一入铎见	$kɔʔ^{5}$	$kɔʔ^{5}$
0721	鹤	宕开一入铎匣	$ɔʔ^{23}$	（无）
0722	恶形容词,入声	宕开一入铎影	$ɔʔ^{5}$	$ɔʔ^{5}$
0723	娘	宕开三平阳泥	$ȵi\tilde{ɛ}^{31}$	$ȵi\tilde{ɛ}^{31}$
0724	两斤~	宕开三上阳来	$li\tilde{ɛ}^{423}$	$li\tilde{ɛ}^{423}$
0725	亮	宕开三去阳来	$li\tilde{ɛ}^{213}$	$li\tilde{ɛ}^{213}$
0726	浆	宕开三平阳精	$tɕi\tilde{ɛ}^{53}$	$tɕi\tilde{ɛ}^{53}$
0727	抢	宕开三上阳清	$tɕi\tilde{ɛ}^{423}$	$tɕi\tilde{ɛ}^{423}$
0728	匠	宕开三去阳从	$dʑi\tilde{ɛ}^{213}$	$dʑi\tilde{ɛ}^{423}$
0729	想	宕开三上阳心	$ɕi\tilde{ɛ}^{423}$	$ɕi\tilde{ɛ}^{423}$
0730	像	宕开三上阳邪	$dʑi\tilde{ɛ}^{423}$	$dʑi\tilde{ɛ}^{423}$
0731	张量词	宕开三平阳知	$ts\tilde{ɛ}^{53}$	$ts\tilde{ɛ}^{53}$
0732	长~短	宕开三平阳澄	$z\tilde{ɛ}^{31}$	$z\tilde{ɛ}^{31}$
0733	装	宕开三平阳庄	$ts\tilde{ɑ}^{53}$	$ts\tilde{ɑ}^{53}$
0734	壮	宕开三去阳庄	$ts\tilde{ɑ}^{334}$	$ts\tilde{ɑ}^{334}$
0735	疮	宕开三平阳初	$ts^h\tilde{ɑ}^{53}$	$ts^h\tilde{ɑ}^{53}$
0736	床	宕开三平阳崇	$z\tilde{ɑ}^{31}$	$z\tilde{ɑ}^{31}$

编号	单　字	音韵地位	老男音	青男音
0737	霜	宕开三平阳生	$s\tilde{\alpha}^{53}$	$s\tilde{\alpha}^{53}$
0738	章	宕开三平阳章	$ts\tilde{\alpha}^{53}$	$ts\tilde{\alpha}^{53}$
0739	厂	宕开三上阳昌	$ts^h\tilde{\varepsilon}^{423}$	$ts^h\tilde{\varepsilon}^{423}$
0740	唱	宕开三去阳昌	$ts^h\tilde{\alpha}^{334}$	$ts^h\tilde{\alpha}^{334}$
0741	伤	宕开三平阳书	$s\tilde{\alpha}^{53}$	$s\tilde{\alpha}^{53}$
0742	尝	宕开三平阳禅	$z\tilde{\alpha}^{31}$	$z\tilde{\alpha}^{31}$
0743	上~去	宕开三上阳禅	$z\tilde{\alpha}^{423}$	$z\tilde{\alpha}^{423}$
0744	让	宕开三去阳日	$\eta i\tilde{\varepsilon}^{213}$	$\eta i\tilde{\varepsilon}^{213}$
0745	姜生~	宕开三平阳见	$t\varphi i\tilde{\varepsilon}^{53}$	$t\varphi i\tilde{\varepsilon}^{53}$
0746	响	宕开三上阳晓	$\varphi i\tilde{\varepsilon}^{423}$	$\varphi i\tilde{\varepsilon}^{423}$
0747	向	宕开三去阳晓	$\varphi i\tilde{\varepsilon}^{334}$	$\varphi i\tilde{\varepsilon}^{334}$
0748	秧	宕开三平阳影	$i\tilde{\varepsilon}^{53}$	$i\tilde{\varepsilon}^{53}$
0749	痒	宕开三上阳以	$i\tilde{\varepsilon}^{423}$	$i\tilde{\varepsilon}^{423}$
0750	样	宕开三去阳以	$i\tilde{\varepsilon}^{334}$	$i\tilde{\varepsilon}^{334}$
0751	雀	宕开三入药精	$t\varphi^h ia\math{?}^{23}$	$t\varphi^h ia\math{?}^{23}$
0752	削	宕开三入药心	$\varphi ia\math{?}^{5}$	$\varphi ia\math{?}^{5}$
0753	着火~了	宕开三入药知	$za\math{?}^{23}$	$za\math{?}^{23}$
0754	勺	宕开三入药禅	$z\mathcal{o}\math{?}^{23}$	$z\mathcal{o}\math{?}^{23}$
0755	弱	宕开三入药日	$za\math{?}^{23}$	（无）
0756	脚	宕开三入药见	$t\varphi ia\math{?}^{5}$	$t\varphi ia\math{?}^{5}$
0757	约	宕开三入药影	$ia\math{?}^{5}$	$ia\math{?}^{5}$
0758	药	宕开三入药以	$ia\math{?}^{23}$	$ia\math{?}^{23}$
0759	光~线	宕合一平唐见	$ku\tilde{\alpha}^{53}$	$ku\tilde{\alpha}^{53}$
0760	慌	宕合一平唐晓	$xu\tilde{\alpha}^{53}$	$xu\tilde{\alpha}^{53}$

续表

编号	单 字	音韵地位	老男音	青男音
0761	黄	宕合一平唐匣	$u\widetilde{ɑ}^{31}$	$u\widetilde{ɑ}^{31}$
0762	郭	宕合一入铎见	$kɔʔ^5$	$kɔʔ^5$
0763	霍	宕合一入铎晓	$xɔʔ^5$	$xɔʔ^5$
0764	方	宕合三平阳非	$f\widetilde{ɑ}^{53}$	$f\widetilde{ɑ}^{53}$
0765	放	宕合三去阳非	$f\widetilde{ɑ}^{334}$	$f\widetilde{ɑ}^{334}$
0766	纺	宕合三上阳敷	$f\widetilde{ɑ}^{423}$	$f\widetilde{ɑ}^{423}$
0767	房	宕合三平阳奉	$u\widetilde{ɑ}^{31}$	$v\widetilde{ɑ}^{31}$
0768	防	宕合三平阳奉	$b\widetilde{ɑ}^{31}$	$b\widetilde{ɑ}^{31}$
0769	网	宕合三上阳微	$moŋ^{423}$白 $m\widetilde{ɑ}^{423}$文	$moŋ^{423}$
0770	筐	宕合三平阳溪	$k^hu\widetilde{ɑ}^{53}$	$k^hu\widetilde{ɑ}^{53}$
0771	狂	宕合三平阳群	$gu\widetilde{ɑ}^{31}$	$gu\widetilde{ɑ}^{31}$
0772	王	宕合三平阳云	$u\widetilde{ɑ}^{31}$	$u\widetilde{ɑ}^{31}$
0773	旺	宕合三去阳云	$i\widetilde{ɑ}^{213}$白 $u\widetilde{ɑ}^{213}$文	$i\widetilde{ɑ}^{213}$白 $u\widetilde{ɑ}^{213}$文
0774	缚	宕合三入药奉	（无）	（无）
0775	绑	江开二上江帮	$p\widetilde{ɑ}^{423}$	$p\widetilde{ɑ}^{423}$
0776	胖	江开二去江滂	$p^h\widetilde{ɑ}^{334}$	$p^h\widetilde{ɑ}^{334}$
0777	棒	江开二上江并	$boŋ^{423}$白 $b\widetilde{ɑ}^{31}$文	$boŋ^{423}$白 $b\widetilde{ɑ}^{213}$文
0778	桩	江开二平江知	$ts\widetilde{ɑ}^{53}$	$ts\widetilde{ɑ}^{53}$
0779	撞	江开二去江澄	$z\widetilde{ɑ}^{213}$	$z\widetilde{ɑ}^{213}$
0780	窗	江开二平江初	$ts^h\widetilde{ɑ}^{53}$	$ts^h\widetilde{ɑ}^{53}$
0781	双	江开二平江生	$s\widetilde{ɑ}^{53}$	$s\widetilde{ɑ}^{53}$

编号	单字	音韵地位	老男音	青男音
0782	江	江开二平江见	$ku\tilde{\alpha}^{53}$白 $tɕi\tilde{\varepsilon}^{53}$文	$tɕi\tilde{\varepsilon}^{53}$
0783	讲	江开二上江见	$ku\tilde{\alpha}^{423}$	$ku\tilde{\alpha}^{423}$
0784	降投~	江开二平江匣	$tɕi\tilde{\varepsilon}^{334}$	$tɕi\tilde{\varepsilon}^{334}$
0785	项	江开二上江匣	$\tilde{\alpha}^{423}$	$\tilde{\alpha}^{423}$
0786	剥	江开二入觉帮	$pɔʔ^5$	$pɔʔ^5$
0787	桌	江开二入觉知	$tsɔʔ^5$	$tsɔʔ^5$
0788	镯	江开二入觉崇	$zɔʔ^{23}$	$zɔʔ^{23}$
0789	角	江开二入觉见	$kɔʔ^5$	$kɔʔ^5$
0790	壳	江开二入觉溪	$k^hɔʔ^{23}$	$k^hɔʔ^{23}$
0791	学	江开二入觉匣	$ɔʔ^{23}$白 $yɔʔ^5$文	$ɔʔ^{23}$
0792	握	江开二入觉影	$ɔʔ^5$	$ɔʔ^5$
0793	朋	曾开一平登并	$b\tilde{\varepsilon}^{31}$	$b\tilde{\varepsilon}^{31}$
0794	灯	曾开一平登端	$tən^{53}$	$tən^{53}$
0795	等	曾开一上登端	$tən^{423}$	$tən^{423}$
0796	凳	曾开一去登端	$tən^{334}$	$tən^{334}$
0797	藤	曾开一平登定	$dən^{31}$	$dən^{31}$
0798	能	曾开一平登泥	$lən^{31}$	$nən^{31}$
0799	层	曾开一平登从	$zən^{31}$	$zən^{31}$
0800	僧	曾开一平登心	$sən^{53}$	$sən^{53}$
0801	肯	曾开一上登溪	$kuən^{423}$	$kuən^{423}$
0802	北	曾开一入德帮	$pɔʔ^5$	$pɔʔ^5$
0803	墨	曾开一入德明	$mɔʔ^{23}$	$mɔʔ^{23}$

续表

编号	单　字	音韵地位	老男音	青男音
0804	得	曾开一入德端	tə$ʔ^5$	tə$ʔ^5$
0805	特	曾开一入德定	də$ʔ^{23}$	də$ʔ^{23}$
0806	贼	曾开一入德从	zə$ʔ^{23}$	zə$ʔ^{23}$
0807	塞	曾开一入德心	sə$ʔ^5$	sə$ʔ^5$
0808	刻	曾开一入德溪	k^{h}ə$ʔ^{23}$	k^{h}ə$ʔ^{23}$
0809	黑	曾开一入德晓	xə$ʔ^5$	xə$ʔ^5$
0810	冰	曾开三平蒸帮	pin^{53}	pin^{53}
0811	证	曾开三去蒸章	tsən^{423}	tsən^{334}
0812	秤	曾开三去蒸昌	ts^{h}ən^{334}	ts^{h}ən^{334}
0813	绳	曾开三平蒸船	zən^{31}	zən^{31}
0814	剩	曾开三去蒸船	zən^{213}	（无）
0815	升	曾开三平蒸书	sən^{53}	sən^{53}
0816	兴高~	曾开三去蒸晓	ɕin^{53}	ɕin^{334}
0817	蝇	曾开三平蒸以	in^{53}	in^{31}
0818	逼	曾开三入职帮	piə$ʔ^5$	piə$ʔ^5$
0819	力	曾开三入职来	liə$ʔ^{23}$	liə$ʔ^{23}$
0820	息	曾开三入职心	ɕiə$ʔ^5$	ɕiə$ʔ^5$
0821	直	曾开三入职澄	zə$ʔ^{23}$	zə$ʔ^{23}$
0822	侧	曾开三入职庄	tsə$ʔ^5$ 白 ts^{h}ə$ʔ^{23}$ 文	tsə$ʔ^5$ 白 ts^{h}ə$ʔ^{23}$ 文
0823	测	曾开三入职初	ts^{h}ə$ʔ^{23}$	ts^{h}ə$ʔ^{23}$
0824	色	曾开三入职生	sə$ʔ^5$	sə$ʔ^5$
0825	织	曾开三入职章	tsə$ʔ^5$	tsə$ʔ^5$
0826	食	曾开三入职船	zə$ʔ^5$	zə$ʔ^5$

续表

编号	单 字	音韵地位	老男音	青男音
0827	式	曾开三入职书	sə?⁵	sə?⁵
0828	极	曾开三入职群	dziə?²³	tɕiə?⁵
0829	国	曾合一入德见	kɔ?⁵	kɔ?⁵
0830	或	曾合一入德匣	ɔ?²³	ɔ?²³
0831	猛	梗开二上庚明	mɛ̃³³⁴	mɛ̃³³⁴
0832	打	梗开二上庚端	tɛ̃⁵³	tɛ̃⁵³
0833	冷	梗开二上庚来	lɛ̃⁴²³	lɛ̃⁴²³
0834	生	梗开二平庚生	sɛ̃⁵³ 白 sən⁵³ 文	sɛ̃⁵³ 白 sən⁵³ 文
0835	省~长	梗开二上庚生	sɛ̃⁴²³	sɛ̃⁴²³
0836	更三~,打~	梗开二平庚见	kɛ̃⁵³	kən⁵³
0837	梗	梗开二上庚见	kɛ̃⁴²³	kɛ̃⁴²³
0838	坑	梗开二平庚溪	kʰɛ̃⁵³	kʰɛ̃⁵³
0839	硬	梗开二去庚疑	ɛ̃²¹³	ɛ̃²¹³
0840	行~为,~走	梗开二平庚匣	in³¹	in³¹
0841	百	梗开二入陌帮	pa?⁵	pa?⁵
0842	拍	梗开二入陌滂	pʰa?²³	pʰa?²³
0843	白	梗开二入陌並	ba?²³	ba?²³
0844	拆	梗开二入陌彻	tsʰa?²³	tsʰa?²³
0845	择	梗开二入陌澄	zə?²³	zə?²³
0846	窄	梗开二入陌庄	tsa?⁵	tsa?⁵
0847	格	梗开二入陌见	ka?⁵ 白 kə?⁵ 文	ka?⁵
0848	客	梗开二入陌溪	kʰa?²³	kʰa?²³

续表

编号	单 字	音韵地位	老男音	青男音
0849	额	梗开二入陌疑	$a\mathrm{?}^{23}$白 $\mathrm{e}\mathrm{?}^{23}$文	$a\mathrm{?}^{23}$白 $\mathrm{e}\mathrm{?}^{23}$文
0850	棚	梗开二平耕並	$b\tilde{\epsilon}^{31}$	$b\tilde{\epsilon}^{31}$
0851	争	梗开二平耕庄	$ts\tilde{\epsilon}^{53}$白 $ts\mathrm{e}n^{53}$文	$ts\tilde{\epsilon}^{53}$
0852	耕	梗开二平耕见	$k\tilde{\epsilon}^{53}$白	（无）
0853	麦	梗开二入麦明	$ma\mathrm{?}^{23}$	$ma\mathrm{?}^{23}$
0854	摘	梗开二入麦知	$tsa\mathrm{?}^{5}$	（无）
0855	策	梗开二入麦初	$ts^{h}a\mathrm{?}^{5}$	$ts^{h}a\mathrm{?}^{5}$
0856	隔	梗开二入麦见	$ka\mathrm{?}^{5}$	$ka\mathrm{?}^{5}$
0857	兵	梗开三平庚帮	pin^{53}	pin^{53}
0858	柄	梗开三去庚帮	pin^{334}	pin^{334}
0859	平	梗开三平庚並	bin^{31}	bin^{31}
0860	病	梗开三去庚並	bin^{213}	bin^{213}
0861	明	梗开三平庚明	$m\mathrm{e}n^{31}$白 min^{31}文	$m\mathrm{e}n^{31}$白 min^{31}文
0862	命	梗开三去庚明	min^{213}	min^{213}
0863	镜	梗开三去庚见	$t\mathrm{\varsigma}in^{334}$	$t\mathrm{\varsigma}in^{334}$
0864	庆	梗开三去庚溪	$t\mathrm{\varsigma}^{h}in^{334}$	$t\mathrm{\varsigma}^{h}in^{334}$
0865	迎	梗开三平庚疑	$\mathrm{\eta}in^{31}$	$\mathrm{\eta}in^{31}$
0866	影	梗开三上庚影	in^{423}	in^{423}
0867	剧戏~	梗开三入陌群	$d\mathrm{z}i\mathrm{e}\mathrm{?}^{23}$	$d\mathrm{z}i\mathrm{e}\mathrm{?}^{23}$
0868	饼	梗开三上清帮	pin^{423}	pin^{423}
0869	名	梗开三平清明	min^{31}	min^{31}

续表

编号	单 字	音韵地位	老男音	青男音
0870	领	梗开三上清来	lin^{423}	lin^{423}
0871	井	梗开三上清精	tɕin^{423}	tɕin^{423}
0872	清	梗开三平清清	tɕʰin^{53}	tɕʰin^{53}
0873	静	梗开三上清从	dzin^{423}	dzin^{423}
0874	姓	梗开三去清心	ɕin^{334}	ɕin^{334}
0875	贞	梗开三平清知	tsən^{53}	tsən^{53}
0876	程	梗开三平清澄	zən^{31}	zən^{31}
0877	整	梗开三上清章	tsən^{423}	tsən^{423}
0878	正~反	梗开三去清章	tsən^{334}	tsən^{334}
0879	声	梗开三平清书	sɛ̃^{53}白 sən^{53}文	sɛ̃^{53}白 sən^{53}文
0880	城	梗开三平清禅	zən^{31}	zən^{31}
0881	轻	梗开三平清溪	tɕin^{53}	tɕin^{53}
0882	赢	梗开三平清以	yn^{31}	yn^{31}
0883	积	梗开三入昔精	tɕiəʔ^{5}	tɕiəʔ^{5}
0884	惜	梗开三入昔心	ɕiəʔ^{5}	ɕiəʔ^{5}
0885	席	梗开三入昔邪	dziəʔ^{23}	dziəʔ^{23}
0886	尺	梗开三入昔昌	tsʰaʔ^{23}	tsʰaʔ^{23}
0887	石	梗开三入昔禅	zaʔ^{23}	zaʔ^{23}
0888	益	梗开三入昔影	iəʔ^{23}	iəʔ^{23}
0889	瓶	梗开四平青並	bin^{31}	bin^{31}
0890	钉名词	梗开四平青端	tin^{53}	tin^{53}
0891	顶	梗开四上青端	tin^{423}	tin^{423}
0892	厅	梗开四平青透	tʰin^{53}	tʰin^{53}

续表

编号	单　字	音韵地位	老男音	青男音
0893	听～见	梗开四平青透	t^hin^{53}	t^hin^{53}
0894	停	梗开四平青定	din^{31}	din^{31}
0895	挺	梗开四上青定	t^hin^{423}	t^hin^{423}
0896	定	梗开四去青定	din^{213}	din^{213}
0897	零	梗开四平青来	lin^{31}	lin^{31}
0898	青	梗开四平青清	$tɕ^hin^{53}$	$tɕ^hin^{53}$
0899	星	梗开四平青心	$ɕin^{53}$	$ɕin^{53}$
0900	经	梗开四平青见	$tɕin^{53}$	$tɕin^{53}$
0901	形	梗开四平青匣	in^{31}	in^{31}
0902	壁	梗开四入锡帮	$piəʔ^5$	$piəʔ^5$
0903	劈	梗开四入锡滂	$p^hiəʔ^{23}$	$p^hiəʔ^{23}$
0904	踢	梗开四入锡透	$t^hiəʔ^{23}$	$t^hiəʔ^{23}$
0905	笛	梗开四入锡定	$diəʔ^{23}$	$diəʔ^{23}$
0906	历衣～	梗开四入锡来	$liəʔ^{23}$	$liəʔ^{23}$
0907	锡	梗开四入锡心	$ɕiəʔ^5$	$ɕiəʔ^5$
0908	击	梗开四入锡见	$tɕiəʔ^5$	$tɕiəʔ^5$
0909	吃	梗开四入锡溪	$tɕ^hiəʔ^{23}$白 $ts^həʔ^{23}$文	$tɕ^hiəʔ^{23}$白 $ts^həʔ^{23}$文
0910	横～竖	梗合二平庚匣	$u\tilde{ɛ}^{31}$	$u\tilde{ɛ}^{31}$
0911	划计～	梗合二入麦匣	$uaʔ^{23}$	$uaʔ^{23}$
0912	兄	梗合三平庚晓	$ɕioŋ^{53}$	$ɕioŋ^{53}$
0913	荣	梗合三平庚云	$ioŋ^{31}$	$ioŋ^{31}$
0914	永	梗合三上庚云	$ioŋ^{423}$	$ioŋ^{423}$
0915	营	梗合三平清以	in^{31}	in^{31}

编号	单 字	音韵地位	老男音	青男音
0916	蓬~松	通合一平东并	$boŋ^{31}$	$boŋ^{31}$
0917	东	通合一平东端	$toŋ^{53}$	$toŋ^{53}$
0918	懂	通合一上东端	$toŋ^{423}$	$toŋ^{423}$
0919	冻	通合一去东端	$toŋ^{334}$	$toŋ^{334}$
0920	通	通合一平东透	$t^hoŋ^{53}$	$t^hoŋ^{53}$
0921	桶	通合一上东透	$doŋ^{423}$	$doŋ^{423}$
0922	痛	通合一去东透	$t^hoŋ^{334}$	$t^hoŋ^{334}$
0923	铜	通合一平东定	$doŋ^{31}$	$doŋ^{31}$
0924	动	通合一上东定	$doŋ^{423}$	$doŋ^{423}$
0925	洞	通合一去东定	$doŋ^{213}$	$doŋ^{213}$
0926	聋	通合一平东来	$loŋ^{31}$	$loŋ^{31}$
0927	弄	通合一去东来	$loŋ^{213}$	$loŋ^{213}$
0928	粽	通合一去东精	$tsoŋ^{334}$	$tsoŋ^{334}$
0929	葱	通合一平东清	$ts^hoŋ^{53}$	$ts^hoŋ^{53}$
0930	送	通合一去东心	$soŋ^{334}$	$soŋ^{334}$
0931	公	通合一平东见	$koŋ^{53}$	$koŋ^{53}$
0932	孔	通合一上东溪	$k^hoŋ^{423}$	$k^hoŋ^{423}$
0933	烘~干	通合一平东晓	$xoŋ^{53}$	$xoŋ^{53}$
0934	红	通合一平东匣	$oŋ^{31}$	$oŋ^{31}$
0935	翁	通合一平东影	$oŋ^{53}$	$oŋ^{53}$
0936	木	通合一入屋明	$mɔʔ^{23}$	$mɔʔ^{23}$
0937	读	通合一入屋定	$dɔʔ^{23}$	$dɔʔ^{23}$
0938	鹿	通合一入屋来	$lɔʔ^{23}$	$lɔʔ^{23}$
0939	族	通合一入屋从	$zɔʔ^{23}$	$zɔʔ^{23}$

续表

编号	单字	音韵地位	老男音	青男音
0940	谷稻~	通合一入屋见	$ko\mathrm{\textipa{P}}^5$	$ko\mathrm{\textipa{P}}^5$
0941	哭	通合一入屋溪	$k^ho\mathrm{\textipa{P}}^{23}$	$k^ho\mathrm{\textipa{P}}^{23}$
0942	屋	通合一入屋影	$o\mathrm{\textipa{P}}^5$	$o\mathrm{\textipa{P}}^5$
0943	冬~至	通合一平冬端	$toŋ^{53}$	$toŋ^{53}$
0944	统	通合一去冬透	$t^hoŋ^{423}$	$t^hoŋ^{423}$
0945	脓	通合一平冬泥	$loŋ^{31}$	$loŋ^{31}$
0946	松~紧	通合一平冬心	$soŋ^{53}$	$soŋ^{53}$
0947	宋	通合一去冬心	$soŋ^{334}$	$soŋ^{334}$
0948	毒	通合一入沃定	$do\mathrm{\textipa{P}}^{23}$	$do\mathrm{\textipa{P}}^{23}$
0949	风	通合三平东非	$foŋ^{53}$	$foŋ^{53}$
0950	丰	通合三平东敷	$foŋ^{53}$	$foŋ^{53}$
0951	凤	通合三去东奉	$voŋ^{213}$	$voŋ^{213}$
0952	梦	通合三去东明	$moŋ^{213}$	$moŋ^{213}$
0953	中当~	通合三平东知	$tsoŋ^{53}$	$tsoŋ^{53}$
0954	虫	通合三平东澄	$zoŋ^{31}$	$zoŋ^{31}$
0955	终	通合三平东章	$tsoŋ^{53}$	$tsoŋ^{53}$
0956	充	通合三平东昌	$ts^hoŋ^{53}$	$ts^hoŋ^{53}$
0957	宫	通合三平东见	$koŋ^{53}$	$koŋ^{53}$
0958	穷	通合三平东群	$dzioŋ^{31}$	$dzioŋ^{31}$
0959	熊	通合三平东云	$ioŋ^{31}$	$ioŋ^{31}$
0960	雄	通合三平东云	$ioŋ^{31}$	$ioŋ^{31}$
0961	福	通合三入屋非	$fo\mathrm{\textipa{P}}^5$	$fo\mathrm{\textipa{P}}^5$
0962	服	通合三入屋奉	$vo\mathrm{\textipa{P}}^{23}$	$vo\mathrm{\textipa{P}}^{23}$
0963	目	通合三入屋明	$mo\mathrm{\textipa{P}}^{23}$	$mo\mathrm{\textipa{P}}^{23}$

续表

编号	单 字	音韵地位	老男音	青男音
0964	六	通合三入屋来	lɔʔ²³	lɔʔ²³
0965	宿住~,~舍	通合三入屋心	sɔʔ⁵	sɔʔ⁵
0966	竹	通合三入屋知	tsɔʔ⁵	tsɔʔ⁵
0967	畜~生	通合三入屋彻	tsʰɔʔ²³	（无）
0968	缩	通合三入屋生	sɔʔ⁵	sɔʔ⁵
0969	粥	通合三入屋章	tsɔʔ⁵	tsɔʔ⁵
0970	叔	通合三入屋书	sɔʔ⁵	sɔʔ⁵
0971	熟	通合三入屋禅	zɔʔ²³	zɔʔ²³
0972	肉	通合三入屋日	ȵyɔʔ²³	ȵyɔʔ²³
0973	菊	通合三入屋见	tɕyɔʔ⁵	tɕyɔʔ⁵
0974	育	通合三入屋以	yɔʔ²³	yɔʔ²³
0975	封	通合三平钟非	foŋ⁵³	foŋ⁵³
0976	蜂	通合三平钟敷	foŋ⁵³	foŋ⁵³
0977	缝一条~	通合三去钟奉	voŋ²¹³	voŋ²¹³
0978	浓	通合三平钟泥	ȵioŋ³¹	ȵioŋ³¹
0979	龙	通合三平钟来	loŋ³¹	loŋ³¹
0980	松~树	通合三平钟邪	soŋ⁵³	soŋ⁵³
0981	重轻~	通合三上钟澄	zoŋ⁴²³	zoŋ⁴²³
0982	肿	通合三上钟章	tsoŋ⁴²³	tsoŋ⁴²³
0983	种~树	通合三去钟章	tsoŋ³³⁴	tsoŋ³³⁴
0984	冲	通合三平钟昌	tsʰoŋ⁵³	tsʰoŋ⁵³
0985	恭	通合三平钟见	koŋ⁵³	koŋ⁵³
0986	共	通合三去钟群	goŋ²¹³	goŋ²¹³
0987	凶吉~	通合三平钟晓	ɕioŋ⁵³	ɕioŋ⁵³

续表

编号	单 字	音韵地位	老男音	青男音
0988	拥	通合三上钟影	ioŋ^{423}	ioŋ^{423}
0989	容	通合三平钟以	ioŋ^{31}	ioŋ^{31}
0990	用	通合三去钟以	ioŋ^{334}	ioŋ^{334}
0991	绿	通合三入烛来	lɔʔ^{23}	lɔʔ^{23}
0992	足	通合三入烛精	tsɔʔ^{5}	tsɔʔ^{5}
0993	烛	通合三入烛章	tsɔʔ^{5}	tsɔʔ^{5}
0994	赎	通合三入烛船	zɔʔ^{23}	zɔʔ^{23}
0995	属	通合三入烛禅	zɔʔ^{23}	zɔʔ^{23}
0996	褥	通合三入烛日	zɔ^{23}	（无）
0997	曲～折,歌～	通合三入烛溪	tɕʰyɔʔ^{23}	tɕʰyɔʔ^{23}
0998	局	通合三入烛群	dʑyɔʔ^{23}	dʑyɔʔ^{23}
0999	玉	通合三入烛疑	ȵyɔʔ^{23}	ȵyɔʔ^{23}
1000	浴	通合三入烛以	yɔʔ^{23}	yɔʔ^{23}

第三章　词　汇

一、天文地理

编号	词条	发音
0001	太阳~下山了	日头 ȵiəʔ²³ de³¹
0002	月亮~出来了	月亮 yɔ²³ li ɛ̃²¹³
0003	星星	星 ɕin⁵³
0004	云	云 yn⁵³
0005	风	风 foŋ⁵³
0006	台风	台风 dɛ²⁴ foŋ⁵³
0007	闪电名词	霍线 xoʔ⁵ ɕie³³⁴
0008	雷	雷 le⁵³
0009	雨	雨 y⁴²³
0010	下雨	落雨 lɔʔ²³ y⁴²³
0011	淋衣服被雨~湿了	落 lɔʔ²³
0012	晒~粮食	晒 so³³⁴
0013	雪	雪 ɕiəʔ⁵

续表

编号	词　条	发　音
0014	冰	冰 pin⁵³
0015	冰雹	冰雹 pin⁵³bɔ²¹
0016	霜	霜 sɑ̃⁵³
0017	雾	雾露 u¹³lu²¹
0018	露	露水 lu¹³sʅ²¹
0019	虹统称	鲎 xe³³⁴
0020	日食	天狗吃日头 tʰiɛ⁵³ke²¹tsʰə̃?²³n̠iə?²³de³¹
0021	月食	天狗吃月亮 tʰiɛ⁵³ke²¹tsʰə̃?²³yɔ?²³liɛ̃²¹³
0022	天气	天 tʰiɛ⁵³
0023	晴天~	晴 dzin³¹
0024	阴天~	阴 in⁵³
0025	旱天~	干 kɤ⁵³
0026	涝天~	发大水 fa?⁵du¹³sʅ²¹
0027	天亮	天亮 tʰiɛ⁵³liɛ̃²¹³
0028	水田	田 diɛ³¹
0029	旱地浇不上水的耕地	地 di²¹³
0030	田埂	田岸 diɛ²⁴ɤ⁵³
0031	路野外的	路 lu²¹³
0032	山	山 sɛ⁵³
0033	山谷	山坳 sɛ⁵⁵ɔ²¹
0034	江大的河	河 u³¹
0035	溪小的河	溪沟 tɕʰi⁵⁵ke⁵³山涧
0036	水沟儿较小的水道	垄沟 loŋ²⁴ke⁵³
0037	湖	湖 u³¹

续表

编号	词　条	发　音
0038	池塘	池塘 $z\text{ʅ}^{24} d\tilde{ɑ}^{53}$
0039	水坑儿地面上有积水的小洼儿	水潭 $s\text{ʅ}^{53} dɣ^{31}$
0040	洪水	大水 $du^{13} s\text{ʅ}^{21}$
0041	淹被水~了	没 $moʔ^{23}$
0042	河岸	河滩头 $u^{24} t^{h}ɛ^{55} de^{21}$
0043	坝拦河修筑拦水的	坝 po^{334}较大｜堰 $iɛ^{334}$较小
0044	地震	地震 $di^{13} tsən^{21}$
0045	窟窿小的	洞洞 $doŋ^{13} doŋ^{21}$
0046	缝儿统称	缝 $voŋ^{213}$穿透性的｜路 lu^{213}未穿通
0047	石头统称	石头 $zaʔ^{23} de^{31}$
0048	土统称	泥 $ȵi^{31}$
0049	泥湿的	泥 $ȵi^{31}$
0050	水泥旧称	水泥 $s\text{ʅ}^{53} ȵi^{31}$
0051	沙子	沙 so^{53}
0052	砖整块的	砖头 $tsɣ^{55} de^{21}$
0053	瓦整块的	屋条 $ɔʔ^{5} diɔ^{53}$
0054	煤	煤 me^{31}
0055	煤油	洋油 $i\tilde{ɛ}^{24} io^{53}$
0056	炭木炭	炭 $t^{h}ɛ^{334}$
0057	灰燃烧后剩下的粉末	灰 xue^{53}
0058	灰尘桌面上的	灰尘 $xue^{55} zən^{21}$较小,较轻｜蓬尘 $boŋ^{24} zən^{53}$较大,较重
0059	火	火 fu^{423}
0060	烟烧火形成的	烟 $iɛ^{53}$

续表

编号	词　条	发　音
0061	失火	火烧 fu^{53} $sɔ^{53}$
0062	水	水 $sʅ^{423}$
0063	凉水	冷水 $lɛ̃^{53}$ $sʅ^{213}$
0064	热水如洗脸的热水，不是指喝的开水	暖水 $nɤ^{53}$ $sʅ^{213}$
0065	开水喝的	茶 zo^{31} ｜ 开水 $kʰɛ^{53}$ $sʅ^{21}$
0066	磁铁	吸铁石 $ɕiəʔ^{5}$ $tʰiəʔ^{5}$ $zaʔ^{5}$

二、时间方位

编号	词　条	发　音
0067	时候吃饭的～	辰光 $zən^{24}$ $kuɑ̃^{53}$
0068	什么时候	啥辰光 $sɑ^{55}$ $zən^{24}$ $kuɑ̃^{53}$
0069	现在	马上 $mɑ^{53}$ $zɛ̃^{213}$ ｜ 羿辰光 $gəʔ^{23}$ $zən^{21}$ $kuɑ̃^{334}$
0070	以前十年～	以前 i^{53} $dziɛ^{31}$
0071	以后十年～	以后 i^{53} e^{423}
0072	一辈子	一世 $iəʔ^{5}$ $sʅ^{334}$
0073	今年	今年 $tɕin^{55}$ $ȵiɛ^{21}$
0074	明年	明年 min^{24} $ȵiɛ^{53}$
0075	后年	后年 e^{53} $ȵiɛ^{31}$
0076	去年	旧年 $dzio^{13}$ $ȵiɛ^{31}$
0077	前年	前年 $dziɛ^{24}$ $ȵiɛ^{21}$
0078	往年过去的年份	前头两年 $dziɛ^{24}$ de^{53} $liɛ̃^{53}$ $ȵiɛ^{31}$

编号	词 条	发 音
0079	年初	年头浪 ȵiɛ²⁴de⁵⁵lɑ̃²¹
0080	年底	年底 ȵiɛ²⁴ti⁵³
0081	今天	今朝 tsən⁵⁵tsɔ⁵³
0082	明天	明朝 mən²⁴tsɔ⁵³
0083	后天	后日 e⁵³ȵiə ʔ⁵
0084	大后天	大后日 du¹³e⁵³ȵiə ʔ⁵
0085	昨天	昨日儿子 zɔʔ²³ȵin²⁴tsɿ⁵³
0086	前天	前日子 dziɛ²⁴ȵiəʔ⁰tsɿ⁵³
0087	大前天	大前日 du¹³dziɛ²¹ȵiə ʔ²¹
0088	整天	一日天 iə ʔ⁵ȵiə ʔ⁵tʰiə⁵³
0089	每天	日常 ȵiəʔ²³zɛ̃³¹
0090	早晨	早晨 tsɔ⁵⁵zən³¹
0091	上午	上昼 zɑ̃²¹tse³³⁴
0092	中午	点心 tiɛ⁵³ɕin⁵³
0093	下午	晏来 ɛ⁵⁵lɛ²¹ ∣ 下昼 o⁵³tse²¹³
0094	傍晚	夜快 ia⁵⁵kʰuɑ²¹
0095	白天	日里 ȵiəʔ²³li²¹³
0096	夜晚 与白天相对,统称	夜来 ia⁵⁵lɛ²¹
0097	半夜	半夜北＝pɤ⁵⁵ia⁵⁵pɔʔ²¹
0098	正月 农历	正月 tsən⁵⁵yɔʔ⁵
0099	大年初一 农历	年初一 ȵiɛ²⁴tsʰu⁵³iə ʔ⁵
0100	元宵节	元宵节 yɤ²⁴ɕiɔ⁵⁵tɕiə ʔ²¹
0101	清明	清明 tɕʰin⁵⁵min²¹
0102	端午	端午 tɤ⁵³n²¹

续表

编号	词　条	发　音
0103	七月十五农历，节日名	七月半 tɕ^{h}iəʔ^{23} yɔʔ^{5} pɤ^{53}
0104	中秋	八月半 paʔ^{5} yɔʔ^{5} pɤ^{53} | 中秋节 tsoŋ^{55} tɕ^{h}io^{55} tɕiəʔ^{21}
0105	冬至	冬至 toŋ^{53} tsɿ^{21}
0106	腊月农历十二月	寒里 ɤ^{24} li^{53} | 十二月里 zəʔ^{21} ȵi^{213} yɔʔ^{5} li^{21}
0107	除夕农历	年三十 ȵiɛ^{21} sɛ^{55} zəʔ^{21}
0108	历书	历本 liəʔ^{23} pən^{213}
0109	阴历	阴历 in^{55} liəʔ^{5}
0110	阳历	阳历 iɛ̃^{24} liəʔ^{21}
0111	星期天	礼拜日 li^{53} pɑ^{21} ȵiəʔ^{5}
0112	地方	地方 di^{13} fɑ̃^{21}
0113	什么地方	啥乌$^{=}$堂$^{=}$ sɑ^{55} u^{55} dɑ̃^{21}
0114	家里	屋里 ɔʔ^{5} li^{334}
0115	城里	街浪 kɑ^{53} lɑ̃^{21}
0116	乡下	乡下头 ɕiɛ̃^{53} o^{21} de^{21}
0117	上面从～滚下来	上等 zɑ̃^{13} tən^{21}
0118	下面从～爬上去	下底 o^{53} ti^{53}
0119	左边	济$^{=}$面 tɕi^{55} miɛ^{21}
0120	右边	顺面 zən^{13} miɛ^{21}
0121	中间排队排在～	当中 tɑ̃^{55} tsoŋ^{53}
0122	前面排队排在～	前头 dʑiɛ^{24} de^{53}
0123	后面排队排在～	后头 e^{53} de^{31}
0124	末尾排队排在～	屁股头 p^{h}i^{55} k^{h}u^{21} de^{21}
0125	对面	对过 te^{55} ku^{21}

编号	词条	发音
0126	面前	门底 mən²⁴ ti⁵³
0127	背后	背后头 pe⁵⁵ e²¹ de²¹
0128	里面躲在~	里头 li⁵³ de³¹
0129	外面衣服晒在~	外头 a¹³ de²¹
0130	旁边	旁边 bã²⁴ piɛ⁵³
0131	上碗在桌子~	浪= lã̃⁰
0132	下凳子在桌子~	下底 o⁵³ ti⁵³
0133	边儿桌子的~	边浪= piɛ⁵³ lã̃⁰
0134	角儿桌子的~	角浪= kɔʔ⁵ lã̃³³⁴
0135	上去他~了	上去 zã̃⁵³ tɕʰi²¹³
0136	下来他~了	拉=脱= la⁵³ tʰəʔ⁵
0137	进去他~了	进去 tɕin⁵⁵ tɕʰi²¹
0138	出来他~了	出来 tsʰəʔ²³ le³¹
0139	出去他~了	出去 tsʰəʔ²³ tɕʰi²¹³
0140	回来他~了	回来 ue²⁴ lɛ⁵³
0141	起来天冷~了	起来 tɕʰi⁵³ lɛ⁵³

三、植　物

编号	词条	发音
0142	树	树 dʐy²¹³
0143	木头	木头 mɔʔ²³ de³¹
0144	松树统称	松树 soŋ⁵³ dʐy²¹

续表

编号	词 条	发 音
0145	柏树 统称	柏树 pa?⁵ dʑy³³⁴
0146	杉树	水杉 sʅ⁵³ sɛ⁵³
0147	柳树	杨柳树 iɛ̃²⁴ le⁵⁵ dʑy²¹
0148	竹子 统称	竹头 tsɔ?⁵ de⁵³
0149	笋	笋 sən⁴²³
0150	叶子	叶子 iə?²³ tsʅ²¹³
0151	花	花 xo⁵³
0152	花蕾 花骨朵	花蕊头 xo⁵⁵ ȵy²¹ de²¹
0153	梅花	腊梅花 la?²³ me⁵⁵ xo⁵³
0154	牡丹	牡丹花 me⁵³ tɛ⁵³ xo²¹
0155	荷花	荷花 u²⁴ xo⁵³
0156	草	草 tsʰɔ⁴²³
0157	藤	藤 dən³¹
0158	刺 名词	刺 tsʰʅ³³⁴
0159	水果	水果 sʅ⁵³ ku³³⁴
0160	苹果	苹果 bin²⁴ ku⁵³
0161	桃子	桃子 dɔ²⁴ tsʅ⁵³
0162	梨	梨 li³¹
0163	李子	李子 li⁵³ tsʅ²¹³
0164	杏	杏子 ɛ̃⁵³ tsʅ²¹³
0165	橘子	橘子 tɕyɔ?⁵ tsʅ³³⁴
0166	柚子	香抛 ⁼ɕiɛ̃⁵⁵ pʰɔ⁵³
0167	柿子	柿子 zʅ⁵³ tsʅ²¹³
0168	石榴	石榴 za?²³ le³¹

续表

编号	词　条	发　音
0169	枣	枣子 tsɔ⁵³tsʅ³³⁴
0170	栗子	栗子 liəʔ²³tsʅ²¹³
0171	核桃	蒲桃 bu²⁴dɔ⁵³
0172	银杏白果	白果 ba²³ku²¹³
0173	甘蔗	甘蔗 kɤ⁵³tsɔ²¹
0174	木耳	木耳 moʔ²³əl⁵³
0175	蘑菇野生的	蘑菇 mo²⁴ku⁵³
0176	香菇	香菇 ɕiɛ̃⁵⁵ku⁵³
0177	稻子指植物	水稻 sʅ⁵³dɔ³³⁴
0178	稻谷指籽实(脱粒后是大米)	谷 kɔʔ⁵
0179	稻草指脱粒后的	稻柴 dɔ⁵³zɑ³¹
0180	大麦指植物	大麦 du²¹maʔ⁵
0181	小麦指植物	小麦 ɕiɔ⁵³maʔ⁵
0182	麦秸脱粒后的	麦柴 maʔ²³zɑ³¹
0183	谷子指植物(籽实脱粒后是小米)	(无)
0184	高粱指植物	掼⁼粟 guɛ¹³sɔʔ²¹
0185	玉米指成株的植物	玉粟 y⁵⁵sɔʔ²¹
0186	棉花指植物	棉花 miɛ²⁴xo⁵³
0187	油菜油料作物,不是蔬菜	油菜 io²⁴tsʰɛ⁵³
0188	芝麻	芝麻 tsʅ⁵⁵mo²¹
0189	向日葵指植物	向日葵 ɕiɛ̃⁵⁵zəʔ²¹gue²¹
0190	蚕豆	蚕豆 zɤ²⁴de⁵³
0191	豌豆	寒豆 ɤ²⁴de⁵³
0192	花生指果实,注意婉称	长生果 zɑ̃²⁴sən⁵⁵ku²¹

续表

编号	词　条	发　音
0193	黄豆	毛豆 mɔ²⁴de⁵³
0194	绿豆	绿豆 lɔʔ²³de²¹³
0195	豇豆长条形的	裙带豆 dʑyn²⁴tɑ⁵⁵de²¹
0196	大白菜东北~	胶菜 tɕiɔ⁵³tsʰɛ²¹
0197	包心菜卷心菜,圆白菜,指球形的	包心菜 pɔ⁵⁵ɕin⁵⁵tsʰɛ²¹
0198	菠菜	菠菜 pu⁵³tsʰɛ²¹
0199	芹菜	芹菜 dʑin²⁴tsʰɛ⁵³
0200	莴笋	莴苣笋 u⁵⁵dʐy⁵⁵sən²¹
0201	韭菜	韭菜 tɕiɔ⁵³tsʰɛ³³⁴
0202	香菜芫荽	香菜 ɕiɛ̃⁵³tsʰɛ²¹
0203	葱	葱 tsʰoŋ⁵³
0204	蒜	蒜头 sɤ⁵⁵de²¹
0205	姜	嫩姜 lən¹³tɕiɛ̃²¹生姜 | 老姜 lɔ⁵³tɕiɛ̃⁵³
0206	洋葱	洋葱头 iɛ̃²⁴tsʰoŋ⁵⁵de²¹
0207	辣椒统称	辣茄 lɑʔ²³gɑ³¹
0208	茄子统称	落苏 lɔʔ²³su⁵³
0209	西红柿	番茄 fɛ⁵⁵kɑ⁵³
0210	萝卜统称	萝卜 lo²⁴bu²¹
0211	胡萝卜	洋花萝卜 iɛ̃²⁴xo⁵⁵lo²⁴bu²¹
0212	黄瓜	黄瓜 uɑ̃²⁴ko⁵³
0213	丝瓜无棱的	丝瓜 sɿ⁵⁵ko⁵³
0214	南瓜扁圆形或梨形,成熟时赤褐色	南瓜 nɤ²⁴ko⁵³
0215	荸荠	地蹄 di²¹di⁵⁵

续表

编号	词　条	发　音
0216	红薯统称	山薯 sɛ⁵⁵dzy²¹
0217	马铃薯	洋山薯 iɛ̃²⁴sɛ⁵⁵dzy²¹
0218	芋头	芋艿 y⁵⁵nɑ²¹
0219	山药圆柱形的	山药 sɛ⁵⁵iaʔ⁵
0220	藕	藕 e⁴²³

四、动　物

编号	词　条	发　音
0221	老虎	老虎 lɔ⁵³fu²¹³
0222	猴子	活⁼狲 ɔʔ²³sən⁵³
0223	蛇统称	蛇 zo³¹
0224	老鼠家里的	老鼠 lɔ⁵³tɕʰy²¹³ ｜ 夜先生 ia⁵⁵ɕiɛ²¹sɛ̃²¹婉称
0225	蝙蝠	蝙蝠 piɛ⁵³fɔʔ⁵
0226	鸟儿飞鸟,统称	鸟 tiɔ⁴²³
0227	麻雀	麻鸟 mo²⁴tiɔ⁵³
0228	喜鹊	喜鹊 ɕi⁵³tɕʰiaʔ⁵
0229	乌鸦	赖⁼鸦 lɑ¹³o²¹
0230	鸽子	鸽子 kəʔ⁵tsɿ³³⁴
0231	翅膀鸟的,统称	翼膀 iəʔ²³pɑ̃²¹³
0232	爪子鸟的,统称	脚爪板 tɕiaʔ⁵tsɔ⁵⁵pɛ²¹
0233	尾巴	尾巴 mi⁵³po⁵³
0234	窝鸟的	寠 kʰu⁵³

续表

编号	词　条	发　音
0235	虫子 统称	虫 zoŋ³¹
0236	蝴蝶 统称	蝴蝶 u²¹ diaʔ²³
0237	蜻蜓 统称	蜻蜓 tɕʰin⁵⁵ din²¹
0238	蜜蜂	蜜蜂 miəʔ²³ foŋ⁵³
0239	蜂蜜	蜜糖 miəʔ²³ dɑ̃³¹
0240	知了 统称	柴＝知了 zɑ²⁴ tsɿ⁵⁵ liə²¹
0241	蚂蚁	蚂蚁子 mo⁵⁵ ȵiəʔ⁵ tsɿ²¹
0242	蚯蚓	曲蟮 tyɔʔ²³ zɤ²¹³
0243	蚕	蚕宝宝 zɤ²⁴ pɔ⁵⁵ pɔ²¹
0244	蜘蛛 会结网的	结＝蛛 tɕiə⁵ tɕy⁵³
0245	蚊子 统称	蚊子 mən²⁴ tsɿ⁵³
0246	苍蝇 统称	苍蝇 tsʰɑ̃⁵⁵ in²¹
0247	跳蚤 咬人的	蚤虱 tsɔ⁵³ səʔ²¹
0248	虱子	头虱 de²⁴ səʔ²¹
0249	鱼	鱼 n³¹
0250	鲤鱼	鲤鱼 li⁵³ n³¹
0251	鳙鱼 胖头鱼	大头鲢鱼 du¹³ de²¹ liɛ²⁴ n⁵³
0252	鲫鱼	鲫鱼 tɕiəʔ⁵ n⁵³
0253	甲鱼	甲鱼 tɕiaʔ⁵ n⁵³
0254	鳞 鱼的	屑 iɛ⁴²³
0255	虾 统称	虾 xɤ⁵³
0256	螃蟹 统称	蟹 xɑ⁴²³
0257	青蛙 统称	田鸡 diɛ²⁴ tɕi⁵³
0258	癞蛤蟆 表皮多疙瘩的	癞司＝lɑ¹³ sɿ²¹

续表

编号	词　条	发　音
0259	马	马 mɔ⁴²³
0260	驴	毛驴 mɔ²⁴ly⁵³
0261	骡	（无）
0262	牛	牛 ȵio³¹
0263	公牛 统称	雄牛 ioŋ²⁴ȵio⁵³
0264	母牛 统称	雌牛 tsʰʅ⁵⁵ȵio²¹
0265	放牛	放牛 fã̃³³ȵio³¹
0266	羊	羊 iɛ̃³¹
0267	猪	猪猡 tsʅ⁵⁵lu²¹
0268	种猪 配种用的公猪	公猪 koŋ⁵⁵tsi⁵³
0269	公猪 成年的,已阉的	肉猪 ȵyɔʔ²³tsʅ⁵³
0270	母猪 成年的,未阉的	母猪 m⁵³tsʅ⁵³
0271	猪崽	小猪猡 ɕiɔ⁵³tsʅ⁵⁵lu²¹
0272	猪圈	猪棚头 tsʅ⁵⁵bɛ̃⁵³de²¹
0273	养猪	养猪猡 iɛ̃⁵³tsʅ⁵⁵lu²¹
0274	猫	猫 mɔ³¹
0275	公猫	雄猫 ioŋ²⁴mɔ⁵³
0276	母猫	雌猫 tsʰʅ⁵⁵mɔ²¹
0277	狗 统称	狗 ke⁴²³
0278	公狗	雄狗 ioŋ²⁴ke⁵³
0279	母狗	雌狗 tsʰʅ⁵⁵ke²¹
0280	叫狗～	叫 tɕiɔ³³⁴
0281	兔子	兔子 tʰu⁵⁵tsʅ²¹
0282	鸡	鸡 tɕi⁵³

续表

编号	词条	发音
0283	公鸡成年的，未阉的	雄鸡 ioŋ^{24}tɕi^{53}
0284	母鸡已下过蛋的	雌鸡 tsʰ ʅ^{55}tɕi^{53}
0285	叫公鸡~（即打鸣儿）	叫 tɕiɔ^{334}
0286	下鸡~蛋	生 sɛ̃^{53}
0287	孵~小鸡	伏 bu^{213}
0288	鸭	鸭 aʔ^{5}
0289	鹅	鹅 u^{31}
0290	阉~公的猪	阉 iɛ^{53}
0291	阉~母的猪	阉 iɛ^{53}
0292	阉~鸡	阉 iɛ^{53}
0293	喂~猪	喂 y^{334}
0294	杀猪统称，注意婉称	杀猪猡 saʔ^{5}tsʅ^{55}lu^{21}
0295	杀~鱼	杀 saʔ^{5}

五、房舍器具

编号	词条	发音
0296	村庄一个~	村 tsʰən^{53}
0297	胡同统称：一条~	弄堂 loŋ^{13}dɑ̃^{21}
0298	街道	街路 kɑ^{53}lu^{21}
0299	盖房子	造房子 zɔ^{55}uɑ̃^{24}tsʅ^{53}
0300	房子整座的，不包括院子	房子 uɑ̃^{24}tsʅ^{53}
0301	屋子房子里分隔而成的，统称	房间 uɑ̃^{24}kɛ^{53}

续表

编号	词　条	发　音
0302	卧室	房间 uɑ̃²⁴kɛ⁵³
0303	茅屋茅草等盖的	茅草棚 mɔ²⁴tsʰɔ⁵⁵bɛ̃²¹
0304	厨房	灶边间 tsɔ⁵⁵piɛ²¹kɛ²¹
0305	灶统称	灶头 tsɔ⁵⁵de²¹
0306	锅统称	镬子 ɔʔ²³tsɿ²¹³
0307	饭锅煮饭的	饭镬子 vɛ²¹ɔʔ⁵tsɿ²¹
0308	菜锅炒菜的	菜镬子 tsʰɛ⁵⁵ɔʔ²¹tsɿ²¹
0309	厕所旧式的,统称	茅坑 mɔ²⁴kʰɛ⁵³
0310	檩左右方向的	桁条 ɑ̃²⁴diɔ⁵³
0311	柱子	柱头 dʑy⁵³de³¹
0312	大门	大门 du¹³mən²¹
0313	门槛儿	雨=槛 y⁵³kʰɛ⁵³
0314	窗旧式的	窗 tsʰɑ̃⁵³
0315	梯子可移动的	扶=梯 u²⁴tʰi⁵³
0316	扫帚统称	扫帚 sɔ⁵⁵tse²¹
0317	扫地	扫地 sɔ⁵⁵di²¹³
0318	垃圾	赖=西= lɑ¹³ɕi²¹
0319	家具统称	家具 kɑ⁵³dʑy²¹
0320	东西我的～	东西 toŋ⁵⁵ɕi⁵³
0321	炕土、砖砌的,睡觉用	（无）
0322	床木制的,睡觉用	床 zɑ̃³¹
0323	枕头	枕头 tsən⁵³de³¹
0324	被子	被头 bi⁵³de³¹
0325	棉絮	棉花絮 miɛ²⁴xo⁵⁵ɕi²¹

续表

编号	词　条	发　音
0326	床单	被单 bi⁵⁵tɛ⁵³
0327	褥子	垫被 diɛ¹³bi²¹
0328	席子	席子 dziəʔ²³tsɿ²¹
0329	蚊帐	帐子 tsɛ̃⁵⁵tsɿ²¹
0330	桌子统称	台子 dɛ²¹tsɿ³³⁴
0331	柜子统称	橱 dzʑy³¹
0332	抽屉桌子的	抽斗 tsʰe⁵⁵te²¹
0333	案子长条形的	座ᵚ台 zu¹³dɛ²¹
0334	椅子统称	椅子 y⁵³tsɿ²¹³
0335	凳子统称	凳子 tən⁵⁵tsɿ²¹
0336	马桶有盖的	马桶 mo⁵³doŋ²¹³
0337	菜刀	切菜刀 tɕʰiəʔ²³tsʰɛ⁵⁵tɔ²¹
0338	瓢舀水的	舀勺 iɔʔ⁵³zɔʔ⁵
0339	缸	缸 kuɑ̃⁵³
0340	坛子装酒的~	甏 bɛ̃²¹³
0341	瓶子装酒的~	瓶 bin³¹
0342	盖子杯子的~	盖头 kɛ⁵⁵de²¹
0343	碗统称	碗 uɣ⁴²³
0344	筷子	筷 kʰuɛ⁵³
0345	汤匙	调钩 diɔ²⁴ke⁵³ ｜ 调羹 diɔ²⁴kɛ̃⁵³
0346	柴火统称	柴ᵚ zɑ³¹
0347	火柴	洋媚头 iɛ̃²⁴me⁵⁵de²¹
0348	锁	锁 so⁴²³
0349	钥匙	钥匙 iaʔ²³zɿ³¹

续表

编号	词　条	发　音
0350	暖水瓶	热水瓶 ȵiəʔ²³ sʅ²¹ bin³¹
0351	脸盆	面盆 miɛ¹³ bən²¹
0352	洗脸水	潮＝面水 zɔ²⁴ miɛ⁵⁵ sʅ²¹
0353	毛巾 洗脸用	潮＝面手巾 zɔ²⁴ miɛ⁵⁵ se⁵³ tɕin⁵³
0354	手绢	绢头 tɕyɤ⁵⁵ de²¹
0355	肥皂 洗衣服用	肥皂 bi²⁴ zɔ³¹
0356	梳子 旧式的,不是箟子	木梳 mɔʔ²³ ɕy⁵³
0357	缝衣针	碾＝线 ȵiɛ⁵³ ɕiɛ²¹³
0358	剪子	剪刀 tɕiɛ⁵³ tɔ⁵³
0359	蜡烛	蜡烛 laʔ²³ tsɔʔ⁵
0360	手电筒	电筒 diɛ¹³ doŋ²¹
0361	雨伞 挡雨的,统称	伞 sɛ³³⁴
0362	自行车	脚踏车 tɕiaʔ⁵ daʔ⁵ tsʰo⁵³

六、服饰饮食

编号	词　条	发　音
0363	衣服 统称	衣裳 i⁵⁵ zɑ̃²¹
0364	穿～衣服	着 tsaʔ⁵ 白｜穿 tshɤ⁵³
0365	脱～衣服	脱 tʰəʔ⁵
0366	系～鞋带	苏＝ su⁵³
0367	衬衫	衬衫 tsʰən⁵⁵ sɛ²¹
0368	背心 带两条杠的,内衣	汗背心 ɤ²¹ pe⁵⁵ ɕin²¹

续表

编号	词条	发音
0369	毛衣	毛衣 de²⁴zən⁵⁵sɛ²¹
0370	棉衣	棉衣 uɑ̃²⁴ɕi⁵³
0371	袖子	袖子 ze¹³tsɿ²¹kuɤ²¹
0372	口袋衣服上的	口袋 dɛ²¹³
0373	裤子	裤子 kʰu⁵⁵tsɿ²¹
0374	短裤外穿的	短裤 tɤ⁵³kʰu³³⁴
0375	裤腿	裤脚管 kʰu⁵⁵tɕiaʔ²¹kuɤ²¹
0376	帽子统称	帽子 mɔ¹³tsɿ²¹
0377	鞋子	鞋子 ɑ²⁴tsɿ⁵³
0378	袜子	洋袜 iɛ̃²⁴maʔ²¹
0379	围巾	围巾 y²⁴tɕin⁵³
0380	围裙	围身 y²⁴sən⁵³
0381	尿布	尿布 sɿ⁵³pu²¹
0382	扣子	纽珠 ȵio⁵³tɕy⁵³
0383	扣～扣子	纽 ȵio⁴²³
0384	戒指	戒指 kɑ⁵⁵tsɿ²¹
0385	手镯	手镯 se⁵³zɔʔ⁵
0386	理发	剃头 tʰi⁵⁵de³¹
0387	梳头	梳头 ɕy⁵³də³¹
0388	米饭	饭 vɛ²¹³
0389	稀饭用米熬的，统称	粥 tsɔʔ⁵
0390	面粉麦子磨的，统称	面粉 miɛ¹³fən²¹
0391	面条统称	面 miɛ²¹³
0392	面儿玉米～，辣椒～	粉 fən⁴²³

续表

编号	词　　条	发　　音
0393	馒头无馅的,统称	馒头 mɤ²⁴de⁵³
0394	包子	包子 pɔ⁵³tsɿ²¹
0395	饺子	饺子 tɕiɔ⁵³tsɿ³³⁴
0396	馄饨	馄饨 uən²⁴dən⁵³
0397	馅儿	馅头 ɛ⁵³de³¹
0398	油条长条形的,旧称	油煤鬼 io²⁴zaʔ⁵kue²¹
0399	豆浆	豆腐浆 de²¹u⁵⁵tɕiɛ̃²¹
0400	豆腐脑	豆腐花 de¹³u²¹xo²¹
0401	元宵食品	汤圆 tʰɑ̃⁵⁵dɤ²¹
0402	粽子	粽子 tsoŋ⁵⁵tsɿ²¹
0403	年糕用黏性大的米或米粉做的	年糕 ȵiɛ²⁴kɔ⁵³
0404	点心统称	小酒 ɕiɔ⁵³tse³³⁴
0405	菜经过烹调供下饭的,统称	咸酸 ɛ²⁴sɤ⁵³ ｜ 菜 tsʰɛ³³⁴
0406	干菜统称	干菜 me²⁴kɤ⁵⁵tsʰɛ²¹
0407	豆腐	豆腐 de¹³u²¹
0408	猪血经过烹调供下饭的	猪血 tsɿ⁵⁵ɕyɔʔ⁵
0409	猪蹄经过烹调供下饭的	猪蹄 tɕiaʔ⁵di⁵³
0410	猪舌头经过烹调供下饭的,注意婉称	猪舌头 tsɿ⁵⁵zəʔ⁵de²¹
0411	猪肝经过烹调供下饭的,注意婉称	猪肝 tsɿ⁵⁵kɤ⁵³
0412	下水猪牛羊的内脏	肚货 du⁵³fu²¹³
0413	鸡蛋	鸡蛋 tɕi⁵³dɛ²¹
0414	松花蛋	皮蛋 bi²⁴dɛ⁵³

续表

编号	词　条	发　音
0415	猪油	猪油 $ts_1^{55}io^{21}$
0416	香油	麻油 $mo^{24}io^{53}$
0417	酱油	酱油 $t\varphi i\tilde{\varepsilon}^{55}io^{21}$
0418	盐名词	盐 $i\varepsilon^{21}$
0419	醋注意婉称	醋 ts^hu^{334}
0420	香烟	香烟 $\varphi i\tilde{\varepsilon}^{55}i\varepsilon^{53}$
0421	旱烟	老烟 $lɔ^{53}i\varepsilon^{53}$
0422	白酒	烧酒 $sɔ^{53}tse^{21}$
0423	黄酒	□酒 $p^h\tilde{\varepsilon}^{53}tse^{21}$特指烧菜用的 │ 陈酒 $zən^{24}tse^{21}$ │ 黄酒 $u\tilde{a}^{24}tse^{53}$新
0424	江米酒酒酿,醪糟	杜˭做酒 $du^{53}tsu^{55}tse^{21}$
0425	茶叶	茶叶 $zo^{24}iə\mathsf{?}^{21}$
0426	沏~茶	泡 $p^hɔ^{334}$
0427	冰棍儿	棒冰 $b\tilde{a}^{24}pin^{53}$
0428	做饭统称	烧饭 $sɔ^{53}v\varepsilon^{213}$
0429	炒菜和做饭相对,统称	烧小菜 $sɔ^{53}\varphi iɔ^{53}ts^h\varepsilon^{53}$
0430	煮~带壳的鸡蛋	焗 u^{334}
0431	煎~鸡蛋	煎 $t\varphi i\varepsilon^{53}$
0432	炸~油条	煠 $za\mathsf{?}^{23}$
0433	蒸~鱼	炖 $tən^{334}$
0434	揉~面做馒头等	捼 $ȵyɔ\mathsf{?}^{23}$
0435	擀~面,~皮儿	擀 $kɤ^{423}$
0436	吃早饭	吃早饭 $ts^hə\mathsf{?}^{23}tsɔ^{53}v\varepsilon^{21}$
0437	吃午饭	吃点心 $ts^hə\mathsf{?}^{23}ti\varepsilon^{53}\varphi in^{53}$

续表

编号	词 条	发 音
0438	吃晚饭	吃夜饭 tsʰəʔ²³ iɑ⁵⁵ vɛ²¹
0439	吃~饭	吃 tsʰəʔ²³
0440	喝~酒	吃 tsʰəʔ²³
0441	喝~茶	吃 tsʰəʔ²³
0442	抽~烟	吃 tsʰəʔ²³
0443	盛~饭	兜 te⁵³
0444	夹用筷子~菜	挟 tɕiəʔ⁵
0445	斟~酒	筛 sɑ⁵³ ｜ 倒 tɔ⁴²³
0446	渴口~	（无）
0447	饿肚子~	饿 u²¹³
0448	噎吃饭~着了	噎 iəʔ⁵

七、身体医疗

编号	词 条	发 音
0449	头人的,统称	头 de³¹
0450	头发	头发 de²⁴ faʔ⁵
0451	辫子	辫子 biɛ⁵³ tsɿ⁵³
0452	旋	旋涡潭 dʑiɛ²⁴ u²¹ dɤ²¹
0453	额头	额骨头 aʔ²³ kɔʔ⁵ de⁵³
0454	相貌	样子 iɛ̃⁵⁵ tsɿ²¹
0455	脸洗~	面 miɛ²¹³
0456	眼睛	眼睛 ɛ⁵³ tɕin⁵³
0457	眼珠统称	眼乌珠 ɛ⁵³ u⁵⁵ tɕy²¹

续表

编号	词　条	发　音
0458	眼泪哭的时候流出来的	眼泪 ε⁵³ li²¹³
0459	眉毛	眉毛 mi²⁴ mɔ⁵³
0460	耳朵	耳朵 ȵi⁵⁵ to²¹³
0461	鼻子	鼻头 biəʔ²³ de⁵³
0462	鼻涕统称	鼻涕 biəʔ²³ tʰi²¹³
0463	擤～鼻涕	风⁼foŋ³³⁴ ｜ 烘⁼xoŋ⁵³
0464	嘴巴人的,统称	嘴婆⁼tsʅ⁵³ bu³¹
0465	嘴唇	嘴唇 tsʅ⁵³ zən³¹
0466	口水～流出来	馋吐水 zɛ²⁴ tʰu⁵⁵ sʅ²¹
0467	舌头	舌头 zəʔ²³ de³¹
0468	牙齿	牙齿 ɑ²⁴ tɕʰy⁵³
0469	下巴	下巴 o⁵³ bo³¹
0470	胡子嘴周围的	胡子 u²⁴ tsʅ⁵³
0471	脖子	头颈 de²⁴ tɕin²¹
0472	喉咙	喉咙 e²⁴ loŋ⁵³
0473	肩膀	肩胛 tɕiɛ⁵⁵ kaʔ⁵
0474	胳膊	臂膊 pi⁵⁵ pɔʔ²¹
0475	手只指手;包括臂:他的～摔断了	手 se⁴²³ 包括臂
0476	左手	济⁼手 tɕi⁵⁵ se²¹
0477	右手	顺手 zən¹³ se²¹
0478	拳头	拳头 dʑyɤ²⁴ de⁵³
0479	手指	节头牯 tɕiəʔ⁵ de⁵⁵ ku⁵³
0480	大拇指	大拇节头牯 du²¹ m⁵⁵ tɕiəʔ⁵ de²¹ ku²¹
0481	食指	点拇节头牯 tiɛ⁵³ m⁵⁵ tɕiəʔ⁵ de²¹ ku²¹

续表

编号	词 条	发 音
0482	中指	三节头牯 sɛ^{55}tɕiəʔ^{5}de^{21}ku^{21} ｜ 中节头牯 tsoŋ^{55}tɕiəʔ^{5}de^{21}ku^{21}
0483	无名指	四节头牯 sɿ^{24}tɕiəʔ^{5}de^{21}ku^{21}
0484	小拇指	小拇节头牯 ɕiɔ^{53}m^{55}tɕiəʔ^{5}de^{21}ku^{21}
0485	指甲	指爪板 tsɿ^{53}tsɔ^{55}pɛ^{21} ｜ 指爪 tsɿ^{55}tsɔ^{334}
0486	腿	腿 tʰe^{423}
0487	脚只指脚；包括小腿；包括小腿和大腿：他的～压断了	脚 tɕiaʔ^{5} 包括小腿和大腿
0488	膝盖指部位	脚馒头 tɕiaʔ^{5}mɤ^{55}de^{21}
0489	背名词	背浪⁼ pe^{55}lɑ̃^{21}
0490	肚子腹部	肚皮 du^{53}bi^{31}
0491	肚脐	肚脐眼 du^{53}dʑi^{31}ɛ^{21}
0492	乳房女性的	猛⁼猛⁼ mɛ̃^{55}mɛ̃^{55}
0493	屁股	屁苦⁼ pʰi^{55}kʰu^{21}
0494	肛门	洞公⁼子 doŋ^{24}koŋ^{24}tsɿ^{21}
0495	阴茎成人的	八⁼鸟 paʔ^{5}tiɔ^{334}
0496	女阴成人的	屄 pi^{53}
0497	肏动词	戳 tsʰɔʔ^{23}
0498	精液	精卵 tɕin^{53}lɤ^{21}
0499	来月经注意婉称	身浪⁼来起霍 sən^{53}lɑ̃^{21}lɛ^{21}tɕi^{55}xɔʔ^{21}
0500	拉屎	射涴 zɑ^{13}u^{334}
0501	撒尿	射尿 zɑ^{13}sɿ^{53}
0502	放屁	射屁 zɑ^{13}pʰi^{334}
0503	相当于“他妈的”的口头禅	戳［俆拉］姆妈个只屄 tsʰɔʔ^{23}nɑ^{53}m^{55}mɑ^{21}kəʔ^{5}tsaʔ^{5}pi^{53}

续表

编号	词 条	发 音
0504	病了	办勿到 bɛ²¹ vəʔ⁵ tɔ²¹
0505	着凉	冻坏 toŋ⁵⁵ uɑ²¹
0506	咳嗽	呛 tɕʰi ɛ̃³³⁴
0507	发烧	发寒热 faʔ⁵ ɣ²⁴ ȵiəʔ²¹
0508	发抖	咯咯叫 kaʔ⁵ kaʔ⁵ tɕiɔ³³⁴
0509	肚子疼	肚皮痛 du⁵³ bi³¹ tʰoŋ³³⁴
0510	拉肚子	肚皮射 du⁵³ bi³¹ zɑ²¹³
0511	患疟疾	发冷热头 faʔ⁵ lɛ̃⁵³ ȵiəʔ⁵ de²¹
0512	中暑	痓夏 tɕy⁵⁵ o³³⁴
0513	肿	肿 tsoŋ⁴²³ ｜ 夯⁼高 xɛ̃⁵³ kɔ⁵³
0514	化脓	灌脓 kuən⁵⁵ loŋ³¹
0515	疤伤口长好后留下的痕迹	疤 po⁵³
0516	癣	癣 ɕiɛ⁴²³
0517	痣凸起的	痣 tsɹ⁴²³
0518	疙瘩蚊子咬后形成的	块 kʰue³³⁴
0519	狐臭	猫狗臭 mɔ²⁴ ke⁵⁵ tsʰe²¹
0520	看病	看毛病 kʰɣ³³ mɔ²⁴ bin⁵³
0521	诊脉	搭脉 taʔ⁵ maʔ²³
0522	针灸	行针 ɛ̃³¹ tsən⁵³
0523	打针	打针 tɛ̃⁵³ tsən⁵³
0524	打吊针	挂盐水 ko⁵⁵ iɛ²⁴ sɹ⁵³
0525	吃药统称	吃药 tsʰəʔ²³ iaʔ²³
0526	汤药	中药 tsoŋ⁵⁵ iaʔ⁵
0527	病轻了	毛病好点哩 mɔ²⁴ bin⁵³ xɔ⁵³ tiɛ⁵³ li⁰

八、婚丧信仰

编号	词　条	发　音
0528	说媒	做介绍 tsu^{33}tɕia^{55}zɔ^{21}
0529	媒人	话ᵐ婆 o^{55}bu^{21}
0530	相亲	看人家 kʰɤ^{33}ȵin^{24}ka^{53}
0531	订婚	看日脚 kʰɤ^{33}ȵiə^{23}tɕia^{5}
0532	嫁妆	嫁妆 ka^{55}tsã^{21}
0533	结婚统称	结婚 tɕiə^{5}xuən^{53}
0534	娶妻子男子~.动宾结构	讨娘子 tʰɔ^{53}ȵiɛ̃^{24}tsɿ^{53}
0535	出嫁女子~	出门 tsʰə^{23}mən^{31}
0536	拜堂	磕头 kʰə^{23}de^{31}
0537	新郎	新官人 ɕin^{55}kuɤ^{55}ȵin^{21}
0538	新娘子	新娘子 ɕin^{55}ȵiɛ̃^{55}tsɿ^{21}
0539	孕妇	大肚皮 du^{13}du^{55}bi^{21}
0540	怀孕	有小人 io^{53}ɕiɔ^{53}ȵi^{31}
0541	害喜妊娠反应	反应 fɛ^{53}in^{334}
0542	分娩	养小人 iɛ̃^{53}ɕiɔ^{53}ȵin^{31}
0543	流产	落脱 lɔ^{23}tʰə^{5}
0544	双胞胎	双胞胎 sã^{55}pɔ^{55}tʰɛ^{21}
0545	坐月子	做产母 tsu^{33}sɔ^{53}m̩^{334}
0546	吃奶	吃猛ᵐ猛 tsə^{23}mɛ̃^{55}mɛ̃^{21}
0547	断奶	辣ᵐ猛ᵐ猛 la^{23}mɛ̃^{55}mɛ̃^{21}
0548	满月	满月 mɤ^{53}yɔ^{5}

续表

编号	词　条	发　音
0549	生日统称	生日 sɛ̃⁵⁵ n̩iəʔ⁵
0550	做寿	做寿 tsu⁵⁵ ze²¹³
0551	死统称	死脱 ɕi⁵³ tʰəʔ⁵
0552	死婉称,最常用的几种,指老人:他~了	老熟 lɔ⁵³ zɔʔ⁵ ∣ 过脱 ku⁵⁵ tʰəʔ²¹
0553	自杀	寻死 dzin²⁴ ɕi⁴²³
0554	咽气	脱气 tʰəʔ²³ tɕʰi³³⁴
0555	入殓	登棺 tən⁵³ kuɣ⁵³
0556	棺材	棺材 kuɣ⁵⁵ zɛ²¹
0557	出殡	出材 tsʰəʔ²³ zɛ²¹
0558	灵位	牌位 ba²⁴ ue⁵³
0559	坟墓单个的,老人的	坟墩 vən²⁴ tən⁵³
0560	上坟	上坟 zɑ̃⁵³ vən³¹
0561	纸钱	黄纸头 uɑ̃²⁴ tsɿ⁵⁵ de²¹
0562	老天爷	天公公 tʰiɛ⁵⁵ koŋ⁵⁵ koŋ²¹
0563	菩萨统称	菩萨 bu²¹ saʔ⁵
0564	观音	观音菩萨 kuɣ⁵⁵ in⁵⁵ bu²¹ saʔ⁵
0565	灶神口头的叫法	灶公公 tsɔ⁵⁵ koŋ²¹ koŋ²¹ "公公"指爷爷的兄弟
0566	寺庙	庙 miɔ²¹³
0567	祠堂	祠堂 zɿ²⁴ dɑ̃⁵³
0568	和尚	和尚 u²⁴ zɑ̃⁵³
0569	尼姑	尼姑 n̩i²⁴ ku⁵³
0570	道士	道士 dɔ⁵³ zɿ²¹³
0571	算命统称	算命 sɣ⁵⁵ min²¹³

续表

编号	词 条	发 音
0572	运气	运道 yn⁵⁵dɔ²¹
0573	保佑	保佑 pɔ⁵³io³³⁴
0574	人一个~	人 n̩in³¹

九、人品称谓

编号	词 条	发 音
0575	男人成年的,统称	男客 nɤ²⁴kʰaʔ²¹
0576	女人三四十岁已婚的,统称	女客 n̠y⁵³kʰaʔ⁵
0577	单身汉	光棍 kuã̃⁵³kuən²¹
0578	老姑娘	老大姑娘 lɔ⁵³du¹³ku⁵⁵n̠iɛ̃²¹
0579	婴儿	小花=窠 ɕiɔ⁵³xɔ⁵³kʰu²¹ ∣ 毛头 mɔ²⁴de⁵³
0580	小孩三四岁的,统称	小把戏 ɕiɔ⁵³paʔ⁵ɕi²¹ ∣ 小囡头 ɕiɔ⁵³mɤ⁵⁵de²¹
0581	男孩统称:外面有个~在哭	男小把戏 nɤ²⁴ɕiɔ⁵⁵paʔ²¹ɕi²¹
0582	女孩统称:外面有个~在哭	女小把戏 n̠y⁵³ɕiɔ⁵⁵paʔ²¹ɕi²¹
0583	老人七八十岁的,统称	老人家 lɔ⁵³n̠in⁵³kɑ²¹
0584	亲戚统称	亲眷 tɕʰin⁵³tɕyɤ²¹
0585	朋友统称	小朋友 ɕiɔ⁵³bɛ̃⁵³io²¹
0586	邻居统称	邻舍隔壁 lin⁵⁵so²¹kaʔ⁵piəʔ⁵ ∣ 隔壁邻舍 kaʔ⁵piəʔ⁵lin⁵⁵so²¹
0587	客人	客人 kʰaʔ²³n̠in³¹
0588	农民	乡下人 ɕiɛ̃⁵³o²¹n̠in²¹
0589	商人	生意人 sɛ̃⁵³i²¹n̠in²¹

续表

编号	词　条	发　音
0590	手艺人统称	手工人 se⁵³ koŋ⁵³ n̠in²¹
0591	泥水匠	泥水 n̠i²⁴ sɿ⁵³
0592	木匠	木匠 mɔʔ²³ dziɛ̃²¹³
0593	裁缝	裁衣师父 zɛ²⁴ i⁵³ sɿ⁵⁵ u²¹
0594	理发师	剃头师父 tʰi⁵⁵ de²² sɿ⁵⁵ u²¹
0595	厨师	厨浪ᴇ师父 dzy²⁴ lɑ̃⁵³ sɿ⁵⁵ u²¹
0596	师傅	师父 sɿ⁵³ u²¹
0597	徒弟	徒弟 du²⁴ di⁵³
0598	乞丐统称,非贬称(无统称则记成年男的)	叫花子 kɔ⁵⁵ xo²¹ tsɿ²¹
0599	妓女	婊子 piɔ⁵³ tsɿ²¹
0600	流氓	流氓 lə²⁴ mɑ̃⁵³
0601	贼	贼骨头 zəʔ²³ kɔʔ⁵ de⁵³
0602	瞎子统称,非贬称(无统称则记成年男的)	盲子 mɛ̃²⁴ tsɿ⁵³
0603	聋子统称,非贬称(无统称则记成年男的)	聋聋 loŋ²⁴ bɛ̃⁵³
0604	哑巴统称,非贬称(无统称则记成年男的)	哑巴子 o⁵³ paʔ⁵ tsɿ²¹
0605	驼子统称,非贬称(无统称则记成年男的)	驼背 du²⁴ pe⁵³
0606	瘸子统称,非贬称(无统称则记成年男的)	跷脚 tɕʰiɔ⁵⁵ tɕiaʔ⁵
0607	疯子统称,非贬称(无统称则记成年男的)	疯子 foŋ⁵³ tsɿ²¹
0608	傻子统称,非贬称(无统称则记成年男的)	呆大 ɛ²⁴ du⁵³

编号	词　条	发　音
0609	笨蛋_{蠢的人}	笨搭=搭诶 bən²¹tɑʔ⁵tɑʔ²¹e²¹
0610	爷爷_{呼称,最通用的}	爹爹 tiɑ⁵⁵tiɑ⁵³
0611	奶奶_{呼称,最通用的}	亲亲 tɕʰin⁵⁵tɕʰin⁵³
0612	外祖父_{叙称}	外公爹爹 ɑ¹³koŋ²¹tiɑ⁵⁵tiɑ⁵³
0613	外祖母_{叙称}	外婆亲亲 ɑ¹³bu²¹tɕʰin⁵⁵tɕʰin⁵³
0614	父母_{合称}	爷娘 iɑ²⁴ȵiɛ̃⁵³
0615	父亲_{叙称}	爷 iɑ³¹
0616	母亲_{叙称}	娘 ȵiɛ̃³¹ ｜ 姆妈 m⁵⁵mɑ²¹
0617	爸爸_{呼称,最通用的}	阿爸 ɑ⁵⁵pɑ²¹
0618	妈妈_{呼称,最通用的}	姆妈 m⁵⁵mɑ²¹
0619	继父_{叙称}	晚爷 mɛ⁵³iɑ³¹
0620	继母_{叙称}	晚娘 mɛ⁵³ȵiɛ̃³¹
0621	岳父_{叙称}	丈人 zɑ⁵³ȵin³¹
0622	岳母_{叙称}	丈母 zɑ⁵³m²¹³
0623	公公_{叙称}	阿公 ɑʔ⁵koŋ⁵³
0624	婆婆_{叙称}	阿婆 ɑʔ⁵bu⁵³
0625	伯父_{呼称,统称}	伯伯 pɑʔ⁵pɑʔ⁵
0626	伯母_{呼称,统称}	盲=盲 mɛ̃⁵⁵mɛ̃²¹ 包括伯母、婶婶 ｜ 大妈 du¹³mɑ²¹
0627	叔父_{呼称,统称}	阿叔 ɑ⁵⁵sɔʔ²¹
0628	排行最小的叔父_{呼称,如"幺叔"}	小阿叔 ɕiɔ⁵³ɑ⁵⁵sɔʔ²¹
0629	叔母_{呼称,统称}	盲=盲 mɛ̃⁵⁵mɛ̃²¹
0630	姑_{呼称,统称(无统称则记分称:比父大,比父小;已婚,未婚)}	嬢嬢 ȵiɛ̃⁵⁵ȵiɛ̃⁵³

续表

编号	词　条	发　音
0631	姑父_{呼称,统称}	夫夫 fu^{55}fu^{53}
0632	舅舅_{呼称}	娘舅 ȵiɛ̃^{24}dʑio^{53}
0633	舅妈_{呼称}	舅妈 dʑio^{53}mɑ^{53}
0634	姨_{呼称,统称(无统称则记分称:比母大,比母小;已婚,未婚)}	阿姨 ɑ^{55}i^{21}
0635	姨父_{呼称,统称}	姨夫 i^{24}fu^{53}
0636	弟兄_{合称}	弟兄 di^{53}ɕioŋ^{53}
0637	姊妹_{合称,注明是否可包括男性}	姊妹 tɕi^{53}me^{334}
0638	哥哥_{呼称,统称}	阿哥 ɑ^{55}ke^{21},也读作 ɑ^{55}ku^{21}
0639	嫂子_{呼称,统称}	阿嫂 aʔ^{5}sɔ^{334}
0640	弟弟_{叙称}	兄弟 ɕioŋ^{53}di^{21}
0641	弟媳_{叙称}	弟新妇 di^{53}ɕin^{53}u^{21}
0642	姐姐_{呼称,统称}	阿姊 ɑ^{55}tɕi^{21}
0643	姐夫_{呼称}	姊夫 tɕi^{53}fu^{53}
0644	妹妹_{叙称}	妹子 me^{13}tsɿ^{21}
0645	妹夫_{叙称}	妹夫 me^{13}fu^{21}
0646	堂兄弟_{叙称,统称}	堂兄弟 dɑ̃^{24}ɕioŋ^{53}di^{21}
0647	表兄弟_{叙称,统称}	表兄弟 piɔ^{53}ɕioŋ^{53}di^{21}
0648	妯娌_{弟兄妻子的合称}	伯母 paʔ^{5}m^{334}
0649	连襟_{姊妹丈夫的关系,叙称}	连襟 liɛ^{24}tɕin^{53}
0650	儿子_{叙称:我的～}	儿子 n^{24}tsɿ^{53}
0651	儿媳妇_{叙称:我的～}	新妇 ɕin^{53}u^{21}
0652	女儿_{叙称:我的～}	姑娘 ku^{55}ȵiɛ̃^{21}
0653	女婿_{叙称:我的～}	女婿 ȵy^{53}ɕi^{334}

续表

编号	词条	发音
0654	孙子_{儿子之子}	孙子 sən⁵³tsɿ²¹
0655	重孙子_{儿子之孙}	玄孙 yɤ²⁴sən⁵³
0656	侄子_{弟兄之子}	侄子 zəʔ²³tsɿ²¹³
0657	外甥_{姐妹之子}	外甥 ɑ¹³sɛ̃²¹
0658	外孙_{女儿之子}	外甥 ɑ¹³sɛ̃²¹
0659	夫妻_{合称}	夫妻 fu⁵³tɕʰi⁵³
0660	丈夫_{叙称,最通用的,非贬称:她的～}	男客 nɤ²⁴kʰaʔ²¹ | 男人 nɤ²⁴n̠in⁵³
0661	妻子_{叙称,最通用的,非贬称:他的～}	娘子 n̠iɛ̃²⁴tsɿ⁵³
0662	名字	名字 min²⁴zɿ⁵³
0663	绰号	绰号 tsʰaʔ²³ɔ²¹³

十、农工商文

编号	词条	发音
0664	干活儿_{统称:在地里～}	做生活 tsu⁵⁵sɛ̃⁵⁵ɔʔ⁵
0665	事情_{一件～}	事体 zɿ¹³tʰi²¹
0666	插秧	种田 tsoŋ³³die³¹
0667	割稻	割稻 kəʔ⁵dɔ⁴²³
0668	种菜	种菜 tsoŋ⁵⁵tsʰɛ³³⁴
0669	犁_{名词}	犁 li³¹
0670	锄头	锄头 zɿ²⁴de⁵³
0671	镰刀	镰刀 liɛ²⁴tɔ⁵³

续表

编号	词条	发音
0672	把儿刀~	柄 pin³³⁴
0673	扁担	扁担 piɛ⁵³tɛ⁵³
0674	箩筐	籇 bu⁴²³
0675	筛子统称	筛子 sɿ⁵³tsɿ²¹
0676	簸箕农具,有梁的	箕 dɑ⁴²³
0677	簸箕簸米用	份⁼箕 vən¹³tɕi²¹
0678	独轮车	杨柳车 iɛ̃²⁴le⁵⁵tsʰo²¹
0679	轮子旧式的,如独轮车上的	轮盘 lən²⁴bɤ⁵³
0680	碓整体	(无)
0681	臼	石臼 zaʔ²³dʑio²¹³
0682	磨名词	磨子 mo¹³tsɿ²¹
0683	年成	年头 ȵiɛ²⁴de⁵³
0684	走江湖统称	跑江湖 bɔ²⁴tɕiɑ̃⁵⁵u²¹
0685	打工	做小工 tsu⁵⁵ɕiɔ⁵⁵koŋ⁵³ ∣ 打工 tɛ̃⁵³koŋ⁵³
0686	斧子	斧头 fu⁵³de⁵³
0687	钳子	老虎钳 lɔ⁵³fu²¹dziɛ³¹
0688	螺丝刀	开刀 kʰɛ⁵⁵tɔ⁵³
0689	锤子	榔头 lɑ̃¹³de²¹
0690	钉子	洋钉 iɛ̃²⁴tin⁵³
0691	绳子	绳 zən³¹ ∣ 绳索 zən²⁴sɔʔ²¹粗的
0692	棍子	棍子 kuən⁵⁵tsɿ²¹
0693	做买卖	做生意 tsu⁵⁵sɛ̃⁵³i²¹
0694	商店	店 tiɛ³³⁴
0695	饭馆	饭店 vɛ²¹tiɛ³³⁴

编号	词 条	发 音
0696	旅馆 旧称	客栈 kʰaʔ²³zɛ²¹³
0697	贵	贵 tɕy³³⁴
0698	便宜	贱 dziɛ²¹³ ｜ 便宜 biɛ²⁴n̩i⁵³
0699	合算	合算 kəʔ⁵sɤ³³⁴ ｜ 划得牢 o²⁴təʔ²¹lɔ²¹
0700	折扣	折头 tsəʔ⁵de⁵³
0701	亏本	折本 zəʔ²³pən⁴²³
0702	钱 统称	铜钿 doŋ²⁴diɛ⁵³ ｜ 洋钿 iɛ̃²⁴diɛ⁵³ ｜ 钞票 tsʰɔ⁵⁵pʰiɔ²¹
0703	零钱	零散钞票 lin²⁴sɛ⁵⁵tsʰɔ⁵⁵pʰiɔ³³⁴
0704	硬币	角子 kəʔ⁵tsɿ³³⁴
0705	本钱	本钿 pən⁵³diɛ³¹
0706	工钱	工钿 koŋ⁵⁵diɛ²¹
0707	路费	盘缠 bɤ²⁴zɤ⁵³ ｜ 路费 lu¹³fi²¹
0708	花~钱	用 ioŋ³³⁴
0709	赚 卖一斤能~一毛钱	赚 zɛ⁴²³
0710	挣 打工~了一千块钱	赚 zɛ⁴²³
0711	欠 ~他十块钱	欠 tɕʰiɛ³³⁴
0712	算盘	算盘 sɤ⁵⁵bɤ²¹
0713	秤 统称	秤 tsʰən³³⁴
0714	称 用杆秤~	称 tsʰən⁵³
0715	赶集	(无)
0716	集市	(无)
0717	庙会	(无)
0718	学校	学堂 ɔʔ²³dɑ̃⁵³

续表

编号	词　条	发　音
0719	教室	教室 tɕiɔ⁵⁵ sə<code>ʔ</code>²¹
0720	上学	读书 dɔʔ²³ ɕy⁵³
0721	放学	放夜学 fɑ̃⁵⁵ iɑ⁵⁵ ɔʔ²¹
0722	考试	考试 kʰɔ⁵³ sŋ⁴²³
0723	书包	书包 ɕy⁵⁵ pɔ⁵³
0724	本子	簿子 bu⁵³ tsŋ²¹³
0725	铅笔	铅笔 kʰɛ⁵⁵ piəʔ⁵
0726	钢笔	钢笔 kuɑ̃⁵⁵ piəʔ⁵
0727	圆珠笔	原子笔 ȵyɤ²⁴ tsŋ⁵⁵ piəʔ²¹
0728	毛笔	毛笔 mɔ²⁴ piəʔ²¹
0729	墨	墨 mɔʔ²³
0730	砚台	砚瓦 ȵiɛ¹³ o²¹
0731	信—封~	信 ɕin³³⁴
0732	连环画	小人书 ɕiɔ⁵³ ȵin⁵³ ɕy²¹
0733	捉迷藏	盘⁼猫 bɤ¹³ mɔ⁵³
0734	跳绳	跳绳 tʰiɔ³³ zən³¹
0735	毽子	毽子 tɕiɛ⁵⁵ tsŋ²¹
0736	风筝	鹞子 iɔ¹³ tsŋ²¹
0737	舞狮	（无）
0738	鞭炮统称	报⁼仗 pɔ⁵⁵ zɑ̃²¹
0739	唱歌	唱歌 tsʰɑ̃³³ ku⁵³
0740	演戏	做戏 tsu⁵⁵ ɕi³³⁴
0741	锣鼓统称	锣鼓 lu²⁴ ku⁵³
0742	二胡	胡琴 øu²⁴ dzin⁵³

续表

编号	词 条	发 音
0743	笛子	箫 $\mathtext{ɕio}^{53}$
0744	划拳	猜拳 $tsʰ ɤ^{53} dzy ɤ^{31}$
0745	下棋	走棋 $tse^{53} dʑi^{31}$
0746	打扑克	打牌 $t\tilde{ɛ}^{53} bɑ^{31}$
0747	打麻将	搓麻将 $tsʰ o^{53} mo^{24} tɕi\tilde{ɛ}^{53}$
0748	变魔术	变戏法 $piɛ^{55} ɕi^{55} faʔ^{21}$
0749	讲故事	讲故事 $ku\tilde{ɑ}^{53} ku^{55} zʅ^{21}$
0750	猜谜语	猜梅=梅=子 $tsʰ ɤ^{53} me^{21} me^{55} tsʅ^{21}$
0751	玩儿 游玩：到城里~	孛相 $biəʔ^{21} ɕi\tilde{ɛ}^{213}$
0752	串门儿	到隔壁邻舍拉=屋里去孛相 $tɔ^{33} kaʔ^{5}$ $piəʔ^{5} lin^{55} so^{21} lɑ^{21} ʔ^{5} li^{55} tɕʰ i^{21} biəʔ^{21} ɕi\tilde{ɛ}^{213}$
0753	走亲戚	做客人 $tsu^{55} kʰ aʔ^{23} ȵin^{53}$

十一、动作行为

编号	词 条	发 音
0754	看~电视	看 $kʰ ɤ^{334}$
0755	听 用耳朵~	听 $tʰ in^{53}$
0756	闻 嗅：用鼻子~	闻 $vən^{31}$
0757	吸~气	歙 $tʰ e^{423}$
0758	睁~眼	睁 $ts\tilde{ɛ}^{53}$
0759	闭~眼	唻 $kaʔ^{5}$
0760	眨~眼	唻 $kaʔ^{5}$

续表

编号	词　条	发　音
0761	张~嘴	张 $\text{ts}\tilde{\varepsilon}^{53}$
0762	闭~嘴	闭拢 $\text{pi}^{55}\text{loŋ}^{21}$
0763	咬狗~人	咬 ɔ^{423}
0764	嚼把肉~碎	嚼 $\text{dzia}ʔ^{23}$
0765	咽~下去	吞 $\text{t}^h\text{ən}^{53}$
0766	舔人用舌头~	舔 $\text{t}^h\text{iɛ}^{423}$
0767	含~在嘴里	含 ɤ^{31}
0768	亲嘴	封= 香 $\text{foŋ}^{53}\text{ɕiɛ}\tilde{}^{53}$
0769	吮吸用嘴唇聚拢吸取液体,如吃奶时	嗍 $\text{sɔ}ʔ^{5}$
0770	吐上声,把果核儿~掉	吐 t^hu^{423}
0771	吐去声,呕吐:喝酒喝~了	吐 t^hu^{334}
0772	打喷嚏	打嚏 $\text{t}\tilde{\varepsilon}^{53}\text{t}^h\text{i}^{334}$
0773	拿用手把苹果~过来	担 nɛ^{53}
0774	给他~我一个苹果	本= pən^{423}
0775	摸~头	摸 $\text{mɔ}ʔ^{23}$
0776	伸~手	伸 sən^{53}
0777	挠~痒痒	抓 tsɔ^{53}
0778	掐用拇指和食指的指甲~皮肉	扚 $\text{tiə}ʔ^{5}$
0779	拧~螺丝	旋 dziɛ^{213}
0780	拧~毛巾	挒 $\text{liə}ʔ^{23}$
0781	捻用拇指和食指来回~碎	捻 ȵiɛ^{423}
0782	掰把橘子~开,把馒头~开	八= $\text{pa}ʔ^{5}$
0783	剥~花生	剥 $\text{pɔ}ʔ^{5}$

续表

编号	词　条	发　音
0784	撕把纸~了	扯 tsʰɑ⁴²³
0785	折把树枝~断	额 ⁼aʔ²³
0786	拔~萝卜	拔 baʔ²³
0787	摘~花	采 tsʰɛ⁴²³
0788	站站立:~起来	立 liəʔ²³
0789	倚斜靠:~在墙上	隑 gɛ²¹³
0790	蹲~下	伏 bu²¹³
0791	坐~下	坐 zu⁴²³
0792	跳青蛙~起来	蹿 tsʰɤ⁵³
0793	迈跨过高物:从门槛上~过去	跨 kʰo³³⁴
0794	踩脚~在牛粪上	踏 daʔ²³
0795	翘~腿	翘 tɕʰiɔ³³⁴
0796	弯~腰	弯 uɛ⁵³
0797	挺~胸	挺 tʰin⁴²³
0798	趴~着睡	覆 pʰɔʔ²³
0799	爬小孩在地上~	蹎 bɛ³¹
0800	走慢慢儿~	走 tse⁴²³
0801	跑慢慢儿走,别~	跑 bɔ³¹
0802	逃逃跑:小偷~走了	逃 dɔ³¹
0803	追追赶:~小偷	追 tsue⁵³
0804	抓~小偷	捉 tsɔʔ⁵³
0805	抱把小孩~在怀里	怀 gɑ³¹
0806	背~孩子	背 pe³³⁴
0807	搀~老人	扶 u³¹ ｜ 搀 tsʰɛ⁵³

续表

编号	词条	发音
0808	推几个人一起~汽车	推 tʰe⁵³
0809	摔跌:小孩~倒了	掼 guɛ²¹³
0810	撞人~到电线杆上	撞 zɑ̃²¹³
0811	挡你~住我了,我看不见	短⁼tɤ⁴²³
0812	躲躲藏:他~在床底下	叛⁼bɤ²¹³
0813	藏藏放,收藏:钱~在枕头下面	园 kʰuɑ̃³³⁴
0814	放把碗~在桌子上	摆 pɑ⁴²³
0815	摞把砖~起来	叠 dəʔ²³
0816	埋~在地下	埋 mɑ⁵³
0817	盖把茶杯~上	盖 kɛ³³⁴
0818	压用石头~住	压 aʔ⁵
0819	摁用手指按:~图钉	揿 tɕʰin³³⁴
0820	捅用棍子~鸟窝	戳 tsʰɔʔ²³
0821	插把香~到香炉里	插 tsaʔ²³
0822	戳~个洞	戳 tsʰɔʔ²³
0823	砍~树	劗 tsɛ⁵³
0824	剁把肉~碎做馅儿	劗 tsɛ⁵³
0825	削~苹果	削 ɕiaʔ⁵
0826	裂木板~开了	□kuɛ̃⁴²³
0827	皱皮~起来	皱 tse³³⁴
0828	腐烂死鱼~了	烂 lɛ²¹³
0829	擦用毛巾~手	揩 kʰɑ⁵³
0830	倒把碗里的剩饭~掉	搀 tsʰɛ̃⁵³ ｜ 倒 tɔ⁴²³
0831	扔丢弃:这个东西坏了,~了它	掼 guɛ²¹³

续表

编号	词条	发音
0832	扔 投掷:比一比谁~得远	掼 gue²¹³
0833	掉 掉落,坠落:树上~下一个梨	□ kʰɤ⁴²³
0834	滴 水~下来	渧 ti³³⁴
0835	丢 丢失:钥匙~了	□脱 kʰɤ⁵³tʰə7⁵
0836	找 寻找:钥匙~到	寻 dʑin³¹
0837	捡 ~到十块钱	善 = zɤ⁴²³ ｜ 额 = ə7²³
0838	提 用手把篮子~起来	拎 lin⁵³
0839	挑 ~担	挑 tʰiɔ⁵³
0840	扛 káng,把锄头~在肩上	捐 dʑiɛ³¹
0841	抬 ~轿	抬 dɛ³¹
0842	举 ~旗子	捐 dʑiɛ³¹
0843	撑 ~伞	张 tsɛ̃⁵³
0844	撬 把门~开	撬 tɕʰiɔ⁵³
0845	挑 挑选,选择:你自己~一个	拣 kɛ⁴²³
0846	收拾 ~东西	集 dʑiə7²³ ｜ 理 li⁴²³
0847	挽 ~袖子	卷 tɕyɤ⁴²³
0848	涮 把杯子~一下	荡 dɑ̃⁴²³
0849	洗 ~衣服	汰 dɑ²¹³
0850	捞 ~鱼	捞 lɔ⁵³
0851	拴 ~牛	拴 sɤ⁵³ ｜ 苏 = su⁵³
0852	捆 ~起来	苏 = su⁵³ ｜ 扎 tsa7⁵
0853	解 ~绳子	解 gɑ⁴²³
0854	挪 ~桌子	搬 pɤ⁵³
0855	端 ~碗	□ nɛ⁵³

续表

编号	词条	发音
0856	摔碗~碎了	掼 guɛ²¹³
0857	掺~水	拼 pʰin⁵³
0858	烧~柴	烧 sɔ⁵³
0859	拆~房子	拆 tsʰaʔ²³
0860	转~圈儿	旋 dziɛ²¹³
0861	捶用拳头~	敲 kʰɔ⁵³
0862	打统称:他~了我一下	敲 kʰɔ⁵³
0863	打架动手:两个人在~	打人 tɛ̃⁵³ n̥in³¹
0864	休息	醒＝醒 ɕin⁵⁵ɕin⁵⁵
0865	打哈欠	打花＝先 tɛ̃⁵⁵ xo⁵³ ɕiɛ²¹
0866	打瞌睡	打瞌朘 tɛ̃⁵³ kʰəʔ²³ tsʰoŋ²¹³
0867	睡他已经~了	眠 kʰuən³³⁴
0868	打呼噜	打图＝ tɛ̃⁵³ du³¹
0869	做梦	做梦 tsu⁵⁵ moŋ²¹³
0870	起床	拉起 la⁵³ tɕʰi²¹³
0871	刷牙	挫牙齿 tsʰu⁵⁵ a²⁴ tɕʰy⁵³
0872	洗澡	汏浴 da¹³ yɔʔ⁵
0873	想思索:让我~一下	想 ɕiɛ̃⁴²³
0874	想想念:我很~他	望＝ moŋ²¹³
0875	打算我~开个店	想 ɕiɛ̃⁴²³
0876	记得	记得 tɕi⁵⁵ təʔ²¹
0877	忘记	忘记 mã¹³ tɕi²¹
0878	怕害怕:你别~	怕 pʰo³³⁴
0879	相信我~你	相信 ɕiɛ̃⁵³ ɕin²¹

编号	词　条	发　音
0880	发愁	担心事 tɛ⁵³ ɕin⁵³ zɿ²¹
0881	小心 过马路要~	当心 tã⁵⁵ ɕin⁵³
0882	喜欢 ~看电视	喜欢 ɕi⁵³ xuɤ⁵³
0883	讨厌 ~这个人	惹厌 za⁵³ iɛ²¹³
0884	舒服 凉风吹来很~	适意 səʔ⁵i³³⁴ ｜ 写=意 ɕia⁵³i³³⁴
0885	难受 生理的	难过 nɛ²⁴ ku⁵³ ｜ 勿适意 vəʔ⁵ səʔ⁵ i²¹
0886	难过 心理的	难过 nɛ²⁴ ku⁵³
0887	高兴	开心 kʰɛ⁵⁵ ɕin⁵³
0888	生气	发脾气 faʔ⁵ bi²⁴ tɕʰi⁵³ ｜ 勿开心 vəʔ⁵ kʰɛ⁵⁵ ɕin⁵³
0889	责怪	埋怨 ma²⁴ yɤ⁵³
0890	后悔	懊悔 ɔ⁵⁵ xue²¹
0891	忌妒	眼红 ɛ⁵³ oŋ³¹
0892	害羞	怕丑 pʰo⁵⁵ tsʰe⁴²³ ｜ 难为情 nɛ²⁴ ue⁵⁵ dzin²¹
0893	丢脸	坍宠 tʰɛ⁵³ tsʰoŋ³³⁴
0894	欺负	欺负 tɕʰi⁵³ u²¹
0895	装 ~病	假扮点=ka⁵³ pɛ⁵⁵ tiɛ²¹
0896	疼 ~小孩儿	肉摸=n̩yʔ⁵ʔ²³ məʔ⁵
0897	要 我~这个	要 iɔ³³⁴
0898	有 我~一个孩子	有 io⁴²³
0899	没有 他~孩子	呒没 m²⁴ məʔ²¹
0900	是 我~老师	是 zɿ⁴²³
0901	不是 他~老师	勿是 vəʔ⁵ zɿ³³⁴
0902	在 他~家	落霍=lɔʔ²³ xɔʔ⁵

续表

编号	词 条	发 音
0903	不在他~家	勿落霍＝ vəʔ⁵ləʔ⁵xɔʔ²¹ 后可不加处所 ｜ 勒＝ ləʔ²³ 后应加处所
0904	知道我~这件事	晓得 ɕiɔ⁵³təʔ⁵
0905	不知道我~这件事	勿晓得 vəʔ⁵ɕiɔ⁵⁵təʔ²¹
0906	懂我~英语	懂 toŋ⁴²³
0907	不懂我~英语	勿懂 vəʔ⁵toŋ⁴²³
0908	会我~开车	开得来 təʔ²¹lɛ²¹
0909	不会我~开车	开勿来 vəʔ²¹lɛ²¹
0910	认识我~他	认得 n̠in²¹təʔ⁵
0911	不认识我~他	勿认得 vəʔ⁵n̠in¹³təʔ²¹
0912	行应答语	好诶 xɔ⁵⁵e³³⁴
0913	不行应答语	勿好 vəʔ⁵xɔ³³⁴
0914	肯~来	肯 kʰən⁴²³
0915	应该~去	应该 in⁵⁵kɛ⁵³
0916	可以~去	好 xɔ⁴²³
0917	说~话	讲 kuã⁴²³
0918	话说~	闲话 ɛ²⁴o⁵³
0919	聊天儿	讲空头 kuã⁵³kʰoŋ⁵⁵de²¹
0920	叫~他一声儿	叫 tɕiɔ³³⁴ ｜ 喊 xɛ³³⁴
0921	吆喝大声喊	喊 xɛ³³⁴
0922	哭小孩~	哭 kʰɔʔ²³
0923	骂当面~人	骂 mo²¹³
0924	吵架动嘴:两个人在~	称＝相骂 tsʰən⁵⁵ɕiɛ̃⁵³mo²¹
0925	骗~人	骗 pʰiɛ³³⁴

编号	词　条	发　音
0926	哄～小孩	寡＝kuɑ^{423}
0927	撒谎	瞎念 xaʔ^5 ȵiɛ^{334}
0928	吹牛	吹牛屄 tsʰʅ^{55} ȵio^{24} pi^{53}
0929	拍马屁	拍马屁 pʰaʔ^{23} mo^{53} pʰi^{213}
0930	开玩笑	寻开心 dʑin^{31} kʰɛ^{55} ɕin^{53}
0931	告诉～他	同……讲声 doŋ^{31}……kuɑ̃^{55} sɛ̃^{21}
0932	谢谢致谢语	谢谢 dʑiɑ^{21} dʑiɑ^{31}
0933	对不起致歉语	难为情 nɛ^{24} ue^{55} dʑin^{21} ｜ 对勿起 te^{55} vəʔ^{21} tɕi^{21}
0934	再见告别语	再会 tsɛ^{55} ue^{21}

十二、性质状态

编号	词　条	发　音
0935	大苹果～	大 du^{213}
0936	小苹果～	小 ɕiə^{423}
0937	粗绳子～	粗 tsu^{53}
0938	细绳子～	细 ɕi^{334}
0939	长线～	长 zɛ̃^{31}
0940	短线～	短 tɤ^{423}
0941	长时间～	长 zɛ̃^{31}
0942	短时间～	短 tɤ^{423}
0943	宽路～	阔 kʰuəʔ^{23}

续表

编号	词　条	发　音
0944	宽敞房子~	宽舒 $k^h u \gamma^{53} s\left._1\right.^{21}$
0945	窄路~	狭 $a\Omega^{23}$
0946	高飞机飞得~	高 $k\mathfrak{o}^{53}$
0947	低鸟飞得~	低 ti^{53}
0948	高他比我~	长 $z\tilde{\varepsilon}^{31}$
0949	矮他比我~	短 $t\gamma^{423}$ ｜ 矮 a^{423}
0950	远路~	远 $y\gamma^{423}$
0951	近路~	近 $dzin^{423}$
0952	深水~	深 $s\mathfrak{n}^{53}$
0953	浅水~	浅 $t\mathfrak{e}^h i\varepsilon^{423}$
0954	清水~	清 $t\mathfrak{e}^h in^{53}$
0955	浑水~	赖＝西＝ $l\mathfrak{a}^{13} \mathfrak{e}i^{21}$
0956	圆	圆 $y\gamma^{31}$
0957	扁	扁 $pi\varepsilon^{423}$
0958	方	方 $f\tilde{\mathfrak{a}}^{53}$
0959	尖	尖 $t\mathfrak{e}i\varepsilon^{53}$
0960	平	平 bin^{31}
0961	肥~肉	油 io^{31}
0962	瘦~肉	腈 $t\mathfrak{e}in^{53}$
0963	肥形容猪等动物	壮 $ts\tilde{\mathfrak{a}}^{334}$
0964	胖形容人	壮 $ts\tilde{\mathfrak{a}}^{334}$
0965	瘦形容人、动物	瘦 se^{334}
0966	黑黑板的颜色	黑 $x\mathfrak{n}\Omega^{5}$

续表

编号	词 条	发 音
0967	白雪的颜色	白 baʔ²³
0968	红国旗的主颜色,统称	红 oŋ³¹
0969	黄国旗上五星的颜色	黄 uɑ̃³¹
0970	蓝蓝天的颜色	蓝 lɛ³¹
0971	绿绿叶的颜色	绿 lɔʔ²³
0972	紫紫药水的颜色	紫 tsʅ⁴²³
0973	灰草木灰的颜色	灰 xue⁵³
0974	多东西～	多 tu⁵³
0975	少东西～	少 sɔ⁴²³
0976	重担子～	重 zoŋ⁴²³
0977	轻担子～	轻 tɕʰin⁵³
0978	直线～	直 zəʔ²³
0979	陡坡～,楼梯～	督 ⁼tɔʔ⁵
0980	弯弯曲:这条路是～的	弯 ue⁵³
0981	歪帽子戴～了	歪 xuɑ⁵³
0982	厚木板～	厚 e⁴²³
0983	薄木板～	薄 bɔʔ²³
0984	稠稀饭～	厚 e⁴²³
0985	稀稀饭～	薄 bɔʔ²³
0986	密菜种得～	猛 ⁼mɛ̃⁴²³
0987	稀稀疏:菜种得～	寁 lɑ̃⁴²³
0988	亮指光线,明亮	亮 liɛ̃²¹³
0989	黑指光线,完全看不见	暗 ɣ³³⁴
0990	热天气～	热 ȵiəʔ²³

续表

编号	词　条	发　音
0991	暖和_{天气~}	暖 nɤ⁴²³
0992	凉_{天气~}	风凉 foŋ⁵⁵li ɛ̃²¹
0993	冷_{天气~}	冷 l ɛ̃⁴²³
0994	热_{水~}	热 ȵiəʔ²³
0995	凉_{水~}	冷 l ɛ̃⁴²³
0996	干干燥:衣服晒~了	干 kɤ⁵³
0997	湿潮湿:衣服淋~了	湿 səʔ⁵
0998	干净_{衣服~}	清爽 tɕʰin⁵³s ɑ̃²¹
0999	脏肮脏,不干净,统称:衣服~	赖＝西＝lɑ¹³ɕi²¹
1000	快锋利:刀子~	快 kʰuɑ³³⁴
1001	钝_{刀~}	钝 dən²¹³
1002	快_{坐车比走路~}	快 kʰuɑ³³⁴
1003	慢_{走路比坐车~}	慢 mɛ²¹³
1004	早_{来得~}	早 tsɔ⁴²³
1005	晚_{来~了}	晏 ɛ³³⁴
1006	晚_{天色~}	夜 iɑ³³⁴
1007	松_{捆得~}	松 soŋ⁵³
1008	紧_{捆得~}	紧 tɕin⁴²³
1009	容易_{这道题~}	省力 s ɛ̃⁵³liəʔ⁵
1010	难_{这道题~}	难 nɛ³¹
1011	新_{衣服~}	新 ɕin⁵³
1012	旧_{衣服~}	旧 dʑio²¹³
1013	老_{人~}	老 lɔ⁴²³
1014	年轻_{人~}	年纪轻 ȵiɛ²⁴tɕi⁵³tɕin⁵³

续表

编号	词 条	发 音
1015	软糖~	软 ȵyɤ⁴²³
1016	硬骨头~	硬 ɛ²¹³
1017	烂肉煮得~	酥 su⁵³
1018	糊饭烧~了	焦 tɕiɔ⁵³
1019	结实家具~	板扎 pɛ⁵³tsaʔ⁵
1020	破衣服~	胎=tʰɛ⁵³
1021	富他家很~	兴头 ɕin⁵⁵de²¹
1022	穷他家很~	苦 kʰu⁴²³
1023	忙最近很~	忙 mã³¹
1024	闲最近比较~	空 kʰoŋ³³⁴
1025	累走路走得很~	吃力 tɕʰiə²³liəʔ⁵
1026	疼摔~了	痛 tʰoŋ³³⁴
1027	痒皮肤~	痒 iɛ̃⁴²³
1028	热闹看戏的地方很~	闹猛 nɔ¹³mɛ̃²¹
1029	熟悉这个地方我很~	熟 zɔʔ²³
1030	陌生这个地方我很~	勿熟 vəʔ⁵zɔʔ⁵
1031	味道尝尝~	味道 mi¹³dɔ²¹
1032	气味闻闻~	味道 mi¹³dɔ²¹
1033	咸菜~	咸 ɛ³¹
1034	淡菜~	淡 dɛ⁴²³
1035	酸	酸 sɤ⁵³
1036	甜	甜 diɛ³¹
1037	苦	苦 kʰu⁴²³
1038	辣	辣 laʔ²³

续表

编号	词　条	发　音
1039	鲜鱼汤～	鲜 ɕiɛ⁵³
1040	香	香 ɕiɛ̃⁵³
1041	臭	臭 tsʰe³³⁴
1042	馊饭～	馊 se⁵³
1043	腥鱼～	腥气 ɕin⁵³tɕi²¹
1044	好人～	好 xɔ⁴²³
1045	坏人～	怵 tɕʰio⁵³
1046	差东西质量～	蹩脚 biə̃ʔ²³tɕiaʔ⁵
1047	对账算～了	对 te³³⁴
1048	错账算～了	错 tsʰo⁵³
1049	漂亮形容年轻女性的长相：她很～	齐整 dʑi²⁴tsən⁵³ ∣ 趣 tɕʰy³³⁴ ∣ 好看 xɔ⁵³kʰɤ³³⁴
1050	丑形容人的长相：猪八戒很～	难看 nɛ²⁴kʰɤ⁵³
1051	勤快	勤今⁼ dʑin²⁴tɕin⁵³
1052	懒	懒 lɛ⁴²³
1053	乖	乖 kuɑ⁵³
1054	顽皮	蛮 mɛ³¹ ∣ 皮 bi³¹
1055	老实	老实 lɔ⁵³zəʔ⁵
1056	傻痴呆	笨 bən²¹³
1057	笨蠢	笨 bən²¹³ ∣ 木 mɔʔ²³
1058	大方不吝啬	大落⁼落 du¹³lɔʔ⁵lɔʔ²¹
1059	小气吝啬	门槛精 mən²⁴kʰɛ⁵³tɕin⁵³
1060	直爽性格～	爽 sɑ̃⁴²³
1061	犟脾气～	羹⁼ kɛ̃⁵³

十三、数 量

编号	词 条	发 音
1062	一~二三四五……,下同	一 iəʔ⁵
1063	二	二 ȵi²¹³
1064	三	三 sɛ⁵³
1065	四	四 sʅ³³⁴
1066	五	五 n⁴²³
1067	六	六 ləʔ²³
1068	七	七 tɕiəʔ²³
1069	八	八 paʔ⁵
1070	九	九 tɕio⁴²³
1071	十	十 zəʔ²³
1072	二十	廿 ȵiɛ²¹³
1073	三十	三十 sɛ⁵⁵səʔ⁵
1074	一百	一百 iəʔ⁵paʔ⁵
1075	一千	一千 iəʔ⁵tɕʰiɛ⁵³
1076	一万	一万 iəʔ⁵vɛ³³⁴
1077	一百零五	一百零五 iəʔ⁵paʔ⁵lin²⁴n⁴²³
1078	一百五十	一百五十 iəʔ⁵paʔ⁵n⁵³səʔ⁵
1079	第一~.第二	第一 di²¹iəʔ⁵
1080	二两重量	二两 ȵi¹³liɛ̃²¹
1081	几个你有~孩子?	几个 tɕi⁵³kəʔ⁵
1082	俩你们~	两家头 liɛ̃⁵³kɑ⁵³de²¹

续表

编号	词　条	发　音
1083	仁你们~	三家$^=$头 sɛ^{55}kɑ^{55}de^{21}
1084	个把	个把 ke^{55}po^{21}
1085	个一~人	个 kə$ʔ^5$
1086	匹一~马	只 tsaʔ^5
1087	头一~牛	只 tsaʔ^5
1088	头一~猪	只 tsaʔ^5
1089	只一~狗	只 tsaʔ^5
1090	只一~鸡	只 tsaʔ^5
1091	只一~蚊子	只 tsaʔ^5
1092	条一~鱼	根 kɛ̃^{53}
1093	条一~蛇	根 kɛ̃^{53}
1094	张一~嘴	只 tsaʔ^5
1095	张一~桌子	只 tsaʔ^5
1096	床一~被子	条 diɔ^{31}
1097	领一~席子	条 diɔ^{31}
1098	双一~鞋	双 sã^{53}
1099	把一~刀	把 po^{423}
1100	把一~锁	把 po^{423}
1101	根一~绳子	根 kɛ̃^{53}
1102	支一~毛笔	支 tsʅ^{53}
1103	副一~眼镜	副 fu^{334}
1104	面一~镜子	面 miɛ^{213}
1105	块一~香皂	白$^=$ bɑʔ^{213}
1106	辆一~车	部 bu^{423}

续表

编号	词 条	发 音
1107	座一～房子	埭 dɑ²¹³
1108	座一～桥	爿 bɛ³¹
1109	条一～河	条 diɔ³¹
1110	条一～路	条 diɔ³¹
1111	棵一～树	棵 kʰu⁵³
1112	朵一～花	朵 to⁴²³
1113	颗一～珠子	粒 liəʔ²³
1114	粒一～米	粒 liəʔ²³
1115	顿一～饭	顿 tən³³⁴
1116	剂一～中药	帖 tʰiaʔ²³
1117	股一～香味	股 ku⁴²³
1118	行一～字	埭 dɑ²¹³
1119	块一～钱	块 kʰue³³⁴
1120	毛角：一～钱	角 koʔ⁵
1121	件一～事情	样 iɛ̃³³⁴
1122	点儿一～东西	点点 tiɛ⁵³tiɛ³³⁴
1123	些一～东西	些 ɕiəʔ⁵
1124	下打一～,动量词,不是时量词	记 tɕi³³⁴
1125	会儿坐了一～	歇 ɕiəʔ⁵
1126	顿打一～	顿 tən³³⁴
1127	阵下了一～雨	阵 zən³¹
1128	趟去了一～	埭 dɑ²¹³

十四、代副介连词

编号	词 条	发 音
1129	我~姓王	我诺⁼ $ɔʔ^{23}nɔʔ^{23}$
1130	你~也姓王	㑚 ne^{423}
1131	您尊称	（无）
1132	他~姓张	伊㑚 $eʔ^{21}neʔ^{23}$
1133	我们不包括听话人：你们别去，~去	我拉 $ɔʔ^{23}laʔ^{213}$
1134	咱们包括听话人：他们不去，~去吧	我拉 $ɔʔ^{23}laʔ^{213}$
1135	你们~去	乃 $nɑ^{423}$
1136	他们~去	伊拉 $eʔ^{21}laʔ^{213}$
1137	大家~一起干	大家 $dɑ^{21}kɑ^{334}$
1138	自己我~做的	自家 $zɿ^{21}kɑ^{334}$
1139	别人这是~的	别人家 $biəʔ^{23}n̩in^{24}kɑ^{53}$
1140	我爸~今年八十岁	我拉爷 $ɔʔ^{23}laʔ^{13}iɑ^{31}$
1141	你爸~在家吗?	乃爷 $nɑ^{53}iɑ^{31}$
1142	他爸~去世了	伊拉爷 $eʔ^{21}laʔ^{13}iɑ^{31}$
1143	这个我要~,不要那个	箇个 $gəʔ^{21}kɤ^{213}$
1144	那个我要这个,不要~	格个 $kəʔ^{5}kəʔ^{21}$ ｜ 还一个 $ɛ^{53}iəʔ^{21}kəʔ^{21}$
1145	哪个你要~杯子?	牙⁼里个 $ɑ^{24}li^{53}kəʔ^{21}$
1146	谁你找~?	啥人 $sɑ^{55}n̩in^{21}$
1147	这里在~,不在那里	箇里 $gəʔ^{21}li^{213}$ ｜ 箇浪⁼ $gəʔ^{21}lɑ̃^{213}$
1148	那里在这里,不在~	格里 $kəʔ^{5}li^{21}$ ｜ 格塔⁼ $kəʔ^{5}tʰaʔ^{21}$

续表

编号	词 条	发 音
1149	哪里你到~去?	牙＝里 $ɑ^{24}li^{53}$
1150	这样事情是~的,不是那样的	矜样 $gəʔ^{21}i\tilde{ɛ}^{213}$
1151	那样事情是这样的,不是~的	格样 $kəʔ^{5}i\tilde{ɛ}^{21}$
1152	怎样什么样:你要~的?	哪瞒＝ $nɑʔ^{23}xaʔ^{5}$
1153	这么~贵啊	介＝ $kɑ^{334}$
1154	怎么这个字~写?	哪瞒＝ $nɑʔ^{23}xaʔ^{5}$
1155	什么这个是~字?	啥 $sɑ^{334}$
1156	什么你找~?	啥 $sɑ^{334}$
1157	为什么你~不去?	为啥 $ue^{13}sɑ^{334}$
1158	干什么你在~?	做啥 $tsu^{55}sɑ^{334}$
1159	多少这个村有~人?	几许 $tɕi^{53}xo^{334}$
1160	很今天~热	蛮 $mɛ^{53}$
1161	非常比上条程度深:今天~热	到鸽＝来 $tɔʔ^{5}kəʔ^{5}lɛ^{334}$
1162	更今天比昨天~热	还要 $ɛ^{21}iɔ^{55}$
1163	太这个东西~贵,买不起	忒 $tʰə^{423}$
1164	最弟兄三个中他~高	顶 tin^{423}
1165	都大家~来了	侪 $zɛ^{31}$
1166	一共~多少钱?	亨＝白＝狼＝打 $x\tilde{ɛ}^{55}baʔ^{5}l\tilde{ɑ}^{24}t\tilde{ɛ}^{53}$
1167	一起我和你~去	一道 $iəʔ^{5}dɔ^{53}$
1168	只我~去过一趟	便得 $biɛ^{21}təʔ^{5}$
1169	刚这双鞋我穿着~好	正 $tsən^{334}$
1170	刚我~到	一面 $iəʔ^{5}miɛ^{334}$
1171	才你怎么~来啊?	哪要 $nɑ^{24}iɔ^{53}$
1172	就我吃了饭~去	愁 ze^{31}

续表

编号	词　条	发　音
1173	经常_{我～去}	专没＝tsɤ⁵⁵ məʔ⁵
1174	又_{他～来了}	异＝i²¹³
1175	还_{他～没回家}	还 ɛ⁵³
1176	再_{你明天～来}	再 tsɛ³³⁴
1177	也_{我～去；我～是老师}	矮＝ɑ⁴²³
1178	反正_{不用急，～还来得及}	反正 fɛ⁵³ tsən³³⁴
1179	没有_{昨天我～去}	勿 vəʔ⁵
1180	不_{明天我～去}	勿 vəʔ⁵
1181	别_{你～去}	甮 vɛ³³⁴
1182	甮_{不用，不必；你～客气}	甮 vɛ³³⁴
1183	快_{天～亮了}	马上 mɑ⁵³ zɛ̃²¹³
1184	差点儿_{～摔倒了}	推板一点点 tʰe⁵⁵ pɛ⁵³ iəʔ⁵ tiɛ³³ tiɛ³³⁴
1185	宁可_{～买贵的}	情愿 dʑin²⁴ n̠yɤ⁵³
1186	故意_{～打破的}	特为 de²¹ ue³³⁴
1187	随便_{～弄一下}	随便 zue²⁴ biɛ⁵³
1188	白_{～跑一趟}	白 baʔ²³
1189	肯定_{～是他干的}	咸＝板＝ɛ²⁴ pɛ⁵³
1190	可能_{～是他干的}	作＝心＝得＝tsɔʔ⁵ ɕin⁵⁵ təʔ⁵
1191	一边_{～走，～说}	一面 iəʔ⁵ miɛ³³⁴
1192	和_{我～他都姓王}	同 doŋ³¹
1193	和_{我昨天～他去城里了}	同 doŋ³¹
1194	对_{他～我很好}	待 dɛ⁴²³
1195	往_{～东走}	望＝mɑ̃²¹³
1196	向_{～他借一本书}	同 doŋ³¹

编号	词　条	发　音
1197	按~他的要求做	照 tsɔ³³⁴
1198	替~他写信	相拨 = ɕi ɛ̃⁵⁵ pɔʔ⁵
1199	如果~忙你就别来了	（无）
1200	不管~怎么劝他都不听	随便 zue²⁴ biɛ⁵³

第四章　语　法

0001　小张昨天钓了一条大鱼，我没有钓到鱼。

　　　小张昨日子钓牢一根大鱼，我诺‍‍勿钓牢诶。

　　　ɕiɔ⁵³ tsɛ̃⁵³ zɔʔ²³ ȵin²⁴ tsʅ⁵³ tiɔ⁵⁵ lɔ²¹ iəʔ⁵ k ɛ⁵³ du²⁴ n⁵³，ɔʔ²³ nɔʔ²³ vəʔ⁵ tiɔ⁵⁵ lɔ²¹ e²¹。

0002　a. 你平时抽烟吗？ b. 不，我不抽烟。

　　　a. 倷平常香烟吃哦？ b. 我诺‍‍勿吃诶。

　　　a. ne⁴²³ bin²⁴ zɛ̃⁵³ ɕi⁵⁵ iɛ³¹ tsʰəʔ²³ vaʔ²³？

　　　b. ɔʔ²³ nɔʔ²³ vəʔ⁵ tsʰəʔ²³ e²¹。

0003　a. 你告诉他这件事了吗？ b. 是，我告诉他了。

　　　a. 倷同伊讲过搿点事体哦？ b. 是诶，我诺‍‍同伊讲过哩。

　　　a. ne⁴²³ doŋ²⁴ i⁵³ kuɑ̃⁵³ ku³³⁴ gəʔ²³ tiɛ¹³ zʅ¹³ tʰi²¹ vaʔ²¹？

　　　b. zʅ²¹³ e²¹，ɔʔ²³ nɔʔ²³ doŋ²⁴ i⁵³ kuɑ̃⁵³ ku³³⁴ li²¹。

0004　你吃米饭还是吃馒头？

　　　倷是吃饭尼，还是吃馒头？

　　　ne⁴²³ zʅ²¹³ tsʰəʔ²³ vɛ²¹³ ȵi²¹，ɛ²⁴ zʅ²¹³ tsʰəʔ²³ mɤ²⁴ de⁵³？

0005　你到底答应不答应他？

　　　倷到底答应伊哦？

　　　ne⁴²³ tɔ⁵⁵ ti²¹ taʔ⁵ in⁵³ i²¹³ vaʔ²¹？

0006　a. 叫小强一起去电影院看《刘三姐》。

　　　b. 这部电影他看过了。

　　　a. 叫小强一道到电影院去看《刘三姐》。

　　　b. 犗部电影伊俫看过哩。

　　　a. tɕiɔ³³⁴ ɕiɔ⁵³ dʑi ɛ̃⁵³ iəʔ⁵ dɔ³¹ tɔ³³⁴ die²⁴ in⁵³ yɤ²¹³ kʰɤ³³⁴《leⁿ⁵⁵ sɛ⁵³ tɕi²¹》。

　　　b. gəʔ²³ bu²¹³ die²⁴ in⁵³ eⁿ²¹ neʔ²³ kʰɤ³³⁴ ku²¹ li²¹ 。

　　　a. 叫小强一道到电影院去看《刘三姐》。

　　　b. 伊俫犗部电影看过拉哩。

　　　a. tɕiɔ³³⁴ ɕiɔ⁵³ dʑi ɛ̃⁵³ iəʔ⁵ dɔ³¹ tɔ³³⁴ die²⁴ in⁵³ yɤ²¹³ kʰɤ³³⁴《leⁿ⁵⁵ sɛ⁵³ tɕi²¹》。

　　　b. eⁿ²¹ neʔ²³ gəʔ²³ bu²¹³ die²⁴ in⁵³ kʰɤ³³⁴ ku²¹ laʔ²³ li²¹ 。

　　　a. 叫小强一道到电影院去看《刘三姐》。

　　　b. 伊俫看过犗部电影哩。

　　　a. tɕiɔ³³⁴ ɕiɔ⁵³ dʑi ɛ̃⁵³ iəʔ⁵ dɔ³¹ tɔ³³⁴ die²⁴ in⁵³ yɤ²¹³ kʰɤ³³⁴《leⁿ⁵⁵ sɛ⁵³ tɕi²¹》。

　　　b. eⁿ²¹ neʔ²³ kʰɤ³³⁴ ku²¹ gəʔ²³ bu²¹³ die²⁴ in⁵³ li²¹ 。

0007　你把碗洗一下。

　　　俫拿犗点碗汰汰。

　　　ne⁴²³ nɛ³¹ gəʔ²¹ diɛ²¹³ uɤ⁴²³ dɑ¹³ dɑ²¹ 。

0008　他把橘子剥了皮，但是没吃。

　　　伊俫拿犗点橘子个皮剥好拉哩，毕过伊俫勿吃诶。

　　　eⁿ²¹ neʔ²³ nɛ³¹ gəʔ²³ nɛ²¹³ tɕyɔʔ⁵ tsɿ²¹ kəʔ⁵ bi³¹ pɔʔ⁵ xɔ⁴²³ laʔ²³ li²¹ ，

　　　biəʔ⁵ ku³³⁴ eⁿ²¹ neʔ²³ vəʔ⁵ tsʰəʔ²³ eⁿ²¹ 。

0009　他们把教室都装上了空调。

　　　伊拉教室里俦装起空调霍。

　　　eⁿ²¹ la²¹³ tɕiɔ⁵⁵ səʔ²¹ li²¹ zɿ³¹ tsɑ̃⁵³ tɕi²¹ kŋ⁵⁵ diɔ⁵³ xoʔ⁵ 。

0010　帽子被风吹走了。

　　　帽子本⁼风吹脱哩。

mɔ¹³tsʅ²¹pən²¹³foŋ⁵³tsʰʅ⁵⁵tʰəʔ²¹li²¹。

0011 张明被坏人抢走了一个包，人也差点儿被打伤。

张明本⁼㑚人抢脱只包，人啊推板一点点本⁼拉敲坏。

tsɛ̃⁵⁵min³¹pən²¹³tɕio⁵⁵ȵin⁵³tɕiɛ̃⁴²³tʰəʔ²¹tsaʔ⁵pɔ⁵³，ȵin³¹a²¹tʰe⁵⁵pɛ⁵³iəʔ⁵tiɛ²¹tiɛ²¹pən²¹³la²¹kʰɔ⁵³va²¹。

0012 快要下雨了，你们别出去了。

天要落雨哩，乃外头甮去哩。

tʰiɛ⁵³iɔ³³⁴lɔʔ²¹y⁴²³li²¹，nɑ⁴²³a³³de³¹vɛ³³⁴tɕʰi⁴²³li²¹。

0013 这毛巾很脏了，扔了它吧。

㨤块毛巾赖⁼西⁼来，掼脱兹么好哩。

gəʔ²¹kʰue³³⁴mɔ²⁴tɕin⁵³la¹³ɕi²¹lɛ²¹，guɛ²³tʰəʔ⁵zʅ²¹mə²¹xɔ¹³li²¹。

0014 我们是在车站买的车票。

我拉是到车站里买个票。

ɔʔ²³la²¹³zʅ²¹dɔ⁴²³tsʰo⁵³zɛ²¹li²¹ma²¹³kəʔ⁵pʰiɔ³³⁴。

0015 墙上贴着一张地图。

墙头浪贴起张地图霍。

dʑiɛ̃²⁴de⁵³lɑ̃³¹tʰiaʔ²³tɕi²¹³tsɛ̃⁵³ti³³du³¹xoʔ⁵。

0016 床上躺着一个老人。

床浪⁼厢睏起个老头子霍。

zɑ̃²⁴lɑ̃⁵³ɕiɛ̃²¹kʰuən⁵⁵tɕʰi²¹kəʔ⁵lɔ²¹³de²¹tsʅ³¹xoʔ⁵。

0017 河里游着好多小鱼。

河里有较关小鱼落霍游。

u²⁴li⁵³io²¹³tɕiɔ⁵⁵kuɛ⁵³ɕiɔ⁵³n³¹lɔʔ²³xoʔ⁵io³¹。

0018 前面走来了一个胖胖的小男孩。

前头走过来一个壮来微⁼完个男小把戏。

dʑiɛ²⁴de⁵³tse⁴²³kʰu³³le³¹iəʔ⁵kəʔ⁵tsɑ̃⁵⁵lɛ²¹vi²⁴uɤ⁵³kəʔ⁵nɤ³¹ɕiɔ⁴²³baʔ⁵ɕi³³⁴。

0019　他家一下子死了三头猪。

伊拉屋里一记头死脱三只猪猡。

e²¹la²¹³oʔ⁵li³³⁴iəʔ⁵tɕi³³⁴de²¹ɕi²¹tʰəʔ²³sɛ⁵³tsaʔ⁵tsʅ⁵⁵lu²¹ 。

0020　这辆汽车要开到广州去。

犄部汽车要开到广州去。

gəʔ²³bu²¹³tɕi³³tsʰo⁵³iə²¹³kʰɛ⁵³dɔ²¹kuɑ̃⁵³tse⁵³tɕi²¹ 。

0021　学生们坐汽车坐了两整天了。

学生子拉乘汽车，乘兹个两日天。

ɔʔ²³sɛ̃²⁴tsʅ²¹laʔ²³tsʰən³³⁴tɕi³³tsʰo⁵³，tsʰən³³⁴zʅ²¹kəʔ²³lɛ̃²¹³n̦iəʔ⁵tʰiə⁵³ 。

0022　你尝尝他做的点心再走吧。

侬吃吃看伊侬做个点小酒再去好哩。

ne⁴²³tsʰəʔ²³tsʰəʔ⁵kʰɤ²¹e²¹neʔ²³tsu³³⁴kəʔ⁵tiə²¹ɕiɔ⁵³tse⁴²³tse⁵³tɕʰi³³⁴
xɔ⁵³li²¹³ 。

0023　a.你在唱什么？ b.我没在唱，我放着录音呢。

a.侬落霍唱点啥？

b.我诺゠勿唱诶，我诺落放录音。

a.ne⁴²³lɔʔ²³xɔʔ⁵tsʰɑ̃³³⁴tie²¹sɑ³³⁴？

b.ɔʔ²³nɔʔ²³vəʔ⁵tsʰɑ̃³³⁴e²¹，ɔʔ²³nɔʔ²³lɔʔ²³fɑ̃³³⁴lɔʔ²³in³¹ 。

0024　a.我吃过兔子肉，你吃过没有？ b.没有，我没吃过。

a.我诺゠吃过兔子肉，侬吃过哦？

b.朆，我诺゠朆吃过。

a.ɔʔ²³nɔʔ²³tsʰəʔ²³ku³³⁴tʰu⁵⁵tsʅ²¹n̦yɔʔ²³，ne⁴²³tsʰəʔ²³ku³³⁴vaʔ⁵？

b.vəʔ²³zən³¹，ɔʔ²³nɔʔ²³vəʔ²³zən³¹tsʰəʔ²³ku³³⁴ 。

0025　我洗过澡了，今天不打篮球了。

我诺゠浴汰好拉哩，今朝篮球我诺゠勿打哩。

ɔʔ²³nɔʔ²³yɔʔ²³da¹³xɔ²¹laʔ⁵li³¹，tsən⁵⁵tsɔ⁵³lɛ²⁴dʑio⁵³ɔʔ²³nɔʔ²³vəʔ²³

t ɛ̃²¹³ li²¹。

0026　我算得太快，算错了，让我重新算一遍。

我诺⁼算来忒快，算错哩，让我再算遍。

ɔʔ²³ nɔʔ²³ sɤ³³ lɛ²¹ tʰɤ²¹ kʰuɑ³³⁴，sɤ³³ tsʰo⁵³ li²¹，ȵiɛ̃¹³ u²¹ tsɛ⁵⁵ sɤ³³⁴ piɛ²¹。

0027　他一高兴就唱起歌来了。

伊倷一开心愁⁼唱歌。

e²¹ neʔ²³ iəʔ⁵ kʰɛ⁵⁵ ɕin⁵³ ze³¹ tsʰɑ̃³³ kʰu⁵³。

0028　谁刚才议论我老师来着？

角⁼角⁼歇啥人落霍讲我拉老师？

go³³ go³³ ɕiəʔ²³ sa³³ ȵin³¹ lɔʔ²³ xɔʔ⁵ kuɑ̃⁴²³ ɔʔ²³ lɑ²¹³ lɔ⁵⁵ sʅ²¹？

0029　只写了一半，还得写下去。

一面写得一半拉哩，还要写落起。

iəʔ⁵ miɛ³³⁴ ɕiɑ⁴²³ tɤ²¹ iəʔ⁵ pɤ³³⁴ laʔ²³ li²¹，ɛ⁵⁵ iɔ²¹ ɕiɑ⁴²³ lɔʔ⁵ tɕʰi²¹。

0030　你才吃了一碗米饭，再吃一碗吧。

倷便吃得一碗饭拉哩，再吃碗。

ne⁴²³ biɛ⁵³ tsʰəʔ²³ təʔ²¹ iəʔ⁵ uɤ²¹³ vɛ²¹³ laʔ²³ li²¹，tsɛ⁵³ tsʰəʔ²³ uɤ³¹。

0031　让孩子们先走，你再把展览仔仔细细地看一遍。

让小人家先走，倷好好较拿展览再看遍。

ȵiɛ̃²¹³ ɕiɔ²⁴ ȵin⁵³ kɑ²¹ ɕiɛ⁵³ tse⁴²³，ne⁴²³ xɔ⁵³ xɔ²¹³ tɕiɔ²¹ nɛ³¹ tsɤ⁵³ lɛ³¹ tsɛ⁵⁵ kʰɤ³³⁴ piɛ²¹。

0032　他在电视机前看着看着睡着了。

伊倷落霍电视机门底看法看法，愁⁼眍着辣⁼哩。

e²¹ neʔ²³ lɔʔ²³ xɔʔ⁵ tie⁵³ zʅ²¹³ tɕi⁵³ mən²⁴ ti⁵³ kʰɤ⁵⁵ faʔ²¹ kʰɤ⁵⁵ faʔ²¹，ze³¹ kʰuən⁵⁵ zaʔ²³ laʔ²³ li²¹。

0033　你算算看，这点钱够不够花？

倷倒算算看辖点点钞票到辰光够哦？

ne⁴²³ tɔ²¹ sɤ⁵⁵ sɤ³³⁴ kʰɤ²¹ gəʔ²³ nɛ²¹ nɛ²¹ tsʰɔ⁵⁵ piɔ³³⁴ tɔ²⁴ zən²⁴ ku ɑ̃⁵³

ke³³⁴ vɑʔ²³？

0034　老师给了你一本很厚的书吧？

　　　老师拨倷犚本书蛮厚诶是哦？

　　　lɔ⁵⁵ sl̩²¹ pəʔ⁵ ne⁴²³ gəʔ²¹ pən⁴²³ ɕy⁵³ mɛ³¹ e²¹³ e²¹ zl̩³³⁴ vaʔ²¹？

0035　那个卖药的骗了他一千块钱呢。

　　　卖药格个骗兹伊一千块钞票。

　　　mɑ²¹ iaʔ⁵ kəʔ²³ kəʔ⁵ pʰiɛ³³⁴ zl̩²¹ i⁵³ iəʔ⁵ tɕʰiɛ⁵³ kʰue²⁴ tsʰɔ⁵⁵ pʰiɔ³³⁴。

0036　a. 我上个月借了他三百块钱。(借入)

　　　b. 我上个月借了他三百块钱。(借出)

　　　a. 我诺⁼上个月同伊借兹三百块钞票。

　　　b. 我诺⁼上个月借拨⁼伊三百块钞票

　　　a. ɔʔ²³ nɔʔ²³ zɑ̃²⁴ kəʔ⁵ yɔʔ²³ doŋ³¹ i⁵³ tɕia³³⁴ zl̩²¹ sɛ⁵⁵ paʔ⁵ kʰue³³⁴ tsʰɔ⁵⁵ pʰiɔ³³⁴。

　　　b. ɔʔ²³ nɔʔ²³ zɑ̃²⁴ kəʔ⁵ yɔʔ²³ tɕia⁵⁵ pəʔ⁵ i⁵³ sɛ⁵⁵ paʔ⁵ kʰue³³⁴ tsʰɔ⁵⁵ pʰiɔ³³⁴。

0037　a. 王先生的刀开得很好。王先生是医生(施事)。

　　　b. 王先生的刀开得很好。王先生是病人(受事)。

　　　a. 王先生格把刀是开起来好得个来。

　　　b. 王先生犚满⁼个一刀开来好来。

　　　a. uɑ̃³¹ ɕiɛ⁵⁵ sɛ̃⁵³ kəʔ⁵ po⁴²³ tɔ⁵³ zl̩²¹ kʰɛ⁵⁵ tɕʰi⁵³ lɛ³¹ xɔ²¹³ tɤ²¹ kəʔ⁵ lɛ²¹。

　　　b. uɑ̃³¹ ɕiɛ⁵⁵ sɛ̃⁵³ gəʔ²³ mɤ³¹ kəʔ⁵ iəʔ⁵ tɔ⁵³ kʰɛ⁵⁵ lɛ⁵³ xɔ²⁴ lɛ⁵³。

0038　我不能怪人家，只能怪自己。

　　　我诺⁼勿会得怪人家，只会得怪自家。

　　　ɔʔ²³ nɔʔ²³ vəʔ⁵ ue⁵⁵ tɤ²¹ kuɑ³³⁴ ȵin²⁴ kɑ⁵³，tsəʔ⁵ ue⁵⁵ tɤ²¹ kuɑ³³⁴ zl̩¹³ kɑ²¹。

0039　a. 明天王经理会来公司吗？b. 我看他不会来。

　　　a. 明朝王经理有得到公司里来哦？

　　　b. 我诺⁼看是勿会得来。

a. mən²⁴tsɔ⁵³uã̃⁵⁵tɕin⁵³li²¹io²¹³tɤ²¹tɔ³³⁴koŋ⁵⁵sɿ⁵³li²¹lɛ³¹vaʔ²³？

b. ɔʔ²³nɔʔ²³kʰɤ³³⁴zɿ²¹vəʔ²³ue⁵⁵tɤ²¹lɛ³¹。

0040 我们用什么车从南京往这里运家具呢？

羿满＝我拉用啥个车子拿南京格点家具去装回来？

gəʔ²³mɤ³¹ɔʔ²³la²¹³ioŋ²¹³sa³³⁴kəʔ⁵tsʰo⁵³tsɿ²¹ne³¹nɤ²⁴tɕin⁵³kəʔ⁵tie²¹tɕia⁵³
tɕy²¹tɕʰi³³⁴tsã̃³¹ue²⁴lɛ⁵³？

0041 他像个病人似的靠在沙发上。

伊俤像病鬼一样隑起格沙发浪。

e²¹neʔ²³dziɛ̃²¹³bin¹³tɕy²¹iəʔ⁵iɛ³³⁴gɛ¹³tɕʰi²¹kəʔ²¹so⁵⁵faʔ⁵lã̃³¹。

0042 这么干活连小伙子都会累坏的。

介尹做生活，连两个小男客倒吃勿消诶。

gaʔ²³i³¹tsu²⁴sɛ̃⁵⁵ɔʔ⁵，liɛ³¹lã̃²¹kəʔ⁵ɕia⁴²³nɤ²⁴kʰaʔ²¹tɔ²¹tsʰəʔ²³vəʔ⁵ɕia⁵³e²¹。

0043 他跳上末班车走了。我迟到一步，只能自己慢慢走回学
校了。

伊俤乘牢末班车先去拉哩，我诺＝沓脱拉里，只好靠自家慢慢
较走到学堂里去。

e²¹neʔ²³tsʰən³³lɔ³¹məʔ²³pɛ⁵³tsʰo³¹ɕiɛ⁵³tɕʰi³³⁴laʔ²³li²¹，ɔʔ²³nɔʔ²³
tʰaʔ²³tʰəʔ⁵laʔ⁵li²¹，tsəʔ⁵xɔ³³⁴kʰɔ³³⁴zɿ¹³ka²¹mɛ¹³mɛ²¹tɕiɔ²¹tse⁵³
tɔ⁵³ɔʔ²³dã̃⁵³li²¹tɕʰi³³⁴。

0044 这是谁写的诗？谁猜出来我就奖励谁十块钱。

羿是啥人写个诗？啥人猜出来，我诺＝奖伊十块钞票。

gəʔ²³zɿ²¹sa³³n̠in³¹ɕia⁴²³kəʔ⁵sɿ⁵³？sa³³n̠in³¹tsʰɤ⁵³tsʰəʔ²³lɛ³¹，ɔʔ²³
nɔʔ²³tɕiɛ̃⁴²³i⁵³səʔ²³kʰue²¹³tsʰɔ⁵⁵pio³³⁴。

0045 我给你的书是我教中学的舅舅写的。

我诺＝送拨你格本书，是我拉中学里教书个娘舅写拉诶。

ɔʔ²³nɔʔ²³soŋ³³⁴pəʔ²³ne⁴²³kəʔ⁵pən²³ɕy⁵³，zɿ⁴²³ɔʔ²³la²¹³tsoŋ⁵⁵ɔʔ²¹li²¹ kɔ³³ɕy⁵³kəʔ⁵n̩i ɛ̃²⁴dʑio⁵³ɕiɑ⁴²³laʔ²³e²¹。

0046　你比我高，他比你还要高。

俫比我诺⁼长，伊俫比俫还要长。

ne⁴²³pi⁴²³ɔʔ²³nɔʔ²³z ɛ̃⁵³,e²¹neʔ²³pi⁴²³ne⁴²³ɛ²⁴iɔ⁵³z ɛ̃⁵³。

0047　老王跟老张一样高。

老王同老张一样长。

lɔ²¹³u ɑ̃⁵³doŋ³¹lɔ²¹³tsɛ̃⁵³iəʔ⁵i ɛ̃³³⁴z ɛ̃⁵³。

0048　我先走了，你们俩再多坐一会儿。

我诺⁼走哩，俫两家头再坐歇好哩。

ɔʔ²³nɔʔ²³tse³³⁴li²¹,nɑ⁴²³l ɛ̃¹³ka⁵³de³¹tsɛ²¹³zu²¹ɕiəʔ⁵xɔ¹³li²¹。

0049　我说不过他，谁都说不过这个家伙。

我诺⁼讲伊勿过诶，伊俫随便啥人啊讲伊勿过诶。

ɔʔ²³nɔʔ²³ku ɑ̃⁴²³i⁵³vəʔ⁵ku³³⁴,e²¹neʔ²³zue²⁴biɛ⁵³sa³³n̩in²¹a²¹ku ɑ̃⁴²³
i⁵³vəʔ²³ku²¹³e²¹。

0050　上次只买了一本书，今天要多买几本。

上毛⁼子便买得一本书，难⁼猗毛⁼要多买点。

z ɑ̃²⁴mɔ⁵³tsʅ²¹biɛ²¹ma²¹³t ʁ²¹iəʔ⁵pən⁴²³ɕy⁵³,na³¹gəʔ²³m ʁ²¹³iɔ²⁴
tu³¹ma²¹³tiɛ²¹。

第五章　话　语

一、讲　述

(一)方言老男

当地情况

大家好,我诺⁼兹浙江省海盐人,我诺⁼叫王国翼。海盐呢,确实为做海盐人感到骄傲!为啥?我拉海盐个历史蛮悠久。落霍秦始皇个辰光,我拉落霍浙江省第一个建立哩县。《嬴政廿五年》,北大教授写了一本书,叫《嬴政廿五年》。那么,海盐呢,顾名思义是生产海个,海盐。顾名思义是产盐个,面临大海。那么海盐呢,钟灵毓秀啊,小巧精美,嗯……素有小西湖。

现在我拉海盐呢确实啊蛮骄傲,有三个带有国家性个光荣:一个是国际浪厢顶长格爿大桥,叫钱塘江大桥;还有"国之光荣",啊是海盐人个中国个核电基地;还有一个呢,大人小人侪蛮喜欢个,伊俫画出来个点东西,叫《三毛流浪记》,我拉从小愁⁼看着格个张乐平爹爹画个点《三毛流浪记》。因为张乐平爹爹呢是我拉海盐人,噢,伊俫生长起我拉海盐格海塘格张家门。那么我拉县里厢呢啊蛮重视,现在呢落霍绮园广场浪厢呢有张乐平个纪念馆,记录了伊倴一生所画个三毛格有趣个、勇敢个、聪明个一种形象。

那么,我诺 ̄从小呢是生长起海盐顶繁华个南塘街。土话讲起来愁 ̄闹猛来勿得了。瓣条南塘街呢,南北总归两里路多点,街面浪厢呢东西两排两层楼房子,自南往北。那么瓣条街个特点呢是北面⋯⋯西面呢是一条河,所以,我拉整个县里厢格种老百姓摇只船,噢,逢年过节顶开心个辰光呢愁 ̄来到南塘街,噢。有十廿只河埠头,辣 ̄辣 ̄河滩头呢格只船一停,拉上来之后呢,走过格条南塘街呢,就我拉 ̄现在中国所提倡个一种叫"工匠精神",侪是开店个,侪是手工业,噢,要虾 ̄匝 ̄来亿 ̄完 ̄告师傅。

像南塘浪厢牛皮房店噢有两爿,噢,农村里告小湖羊拿来起来,那么羊皮啊,那么两个师傅么,格点羊皮么,叮叮当,叮叮当,侪钉起格板浪厢,晒干来,然后呢卖出去做皮衣裳。还有么弹絮船,格告棉花种来收拾之后么弹絮,噢,然后么做被头个夹里,叫弹絮船。还有呢我拉小人拉顶喜欢看是啥呢——胶铜像。愁 ̄个种七零八落个种铜啊,铜屑屑、铜角头啊,拿来,伊倴摆来一只盆子里烧,烧来红来亿完,然后拿格点烧红格点铜呢,伊倴愁 ̄倒来一只模型里厢,格只模型有啊里几只模型呢,我拉兜饭格把枪 ̄刀,噢,现在格把枪 ̄刀街浪买勿牢辣哩,是大枪 ̄刀。伊倴按照格只模型拿格点烧红格点铜水浇落起,等到冷却之后,就一把大枪 ̄刀。再大点么愁 ̄是我拉冷天宫,烘脚格只脚炉,还有么汤婆子。所以,格些师傅拉格点工艺啦,我拉小人拉看辣之后呢,多多少少啊增长哩交关个知识。还有么秤杆店,噢,秤浪厢一点一点一点,我拉一斤⋯⋯当中有十点,然后么两斤,再隔过去么十点。

还有么,吾拉有一个杨师傅,开了一爿叫杨天送饭店。吾拉走过南塘街呢,侪要到瓣爿店里厢去吃碗羊肉面,好吃来不得了。还有么愁⁼是大饼油条店,噢,格个就比较……到现在吾拉……吾拉武原镇浪去兜转要买副大饼油条矮⁼蛮少哦,矮⁼蛮少哦。所以辣⁼猭条街浪厢呢,确实是亿亿完完格种师傅拉呢俦辣⁼猭爿猭条街浪厢呢展示自家个本事。

　　然后做生意。还有么竹匠店,箍桶店,吾拉还是……现在是俦是塑料面盆,以前么俦是木面盆。对哦,俦是竹匠师傅啊、木匠师傅啊,竹匠师傅么编篮啊,编土大⁼啊,劈扁担,是哦!木匠师傅么,屋里勾水格只凹斗,噢,还有大大小小个面盆、脚桶。

　　所以,现在猭点落起吾拉海盐个"五味村",吾拉现在海盐城乡一体化之后,"美丽乡村"建设,格个"五味村"建设来漂亮来亿⁼完⁼。其中,辣⁼起格澈东村,噢,澈东村跑进去,噢,一栋房子高头写"人民公社"下底就有一个木匠,噢,伊矮⁼继承了猭点本事啊!所以现在呢,吾拉现在叫小朋友搞……叫素质教育,要叫伊拉学点技术,增加点聪……聪明个智慧,脑子里个东西。实际浪今朝日浪如果猭条南塘街还像当时介伊闹猛来亿⁼完⁼个所话啦,确实超过桐乡个乌镇同嘉善个西塘,因为吾拉亿⁼亿⁼完⁼完⁼个能工巧匠俦辣⁼猭条街浪厢大展身手。

　　吾拉……我俫辣⁼猭条南塘街浪生活哩三十年,南塘街浪顶……留拨吾拉美好回忆个是一条街。街浪厢格点路面是啥来做诶呢,现在是柏油马路啊、水泥路啊,当时吾拉猭条南塘街浪厢俦是石头。条石,而且条石面浪厢是亮光光诶,因为人走来一多之后猭条石头啊有光泽啦哩。所以现在吾拉讲起来叫"穿过时空个隧道,走进百姓人家"啦。如果猭条南塘街今朝日浪能够复活,能够展现出当时个繁华个景象,噢,确实是吾拉海盐旅游,可以讲,辣⁼辣⁼浙江省来讲,是个非常了勿起个老百姓所生活同做生意个地方。

　　所以猭条街浪厢所有个人家俦有店面。噢,当时吾拉格种人家侪是格个门板，难＝格门板拍起来诶，勿是现在尼介是装扇五合金窗落霍。告门板夜来吾拉拍脱来之后呢，搭搭呢愁＝是只小铺。街浪厢呢吾拉拿面盆泼点水，乘乘凉，噢，东家进西家出，小朋友邻里之间啊蛮闹猛。夜来呢愁＝搬只春凳，噢，只头露出起街浪厢，噢，三分之二个身体呢辣＝屋里厢，所以大家愁＝讲讲故事啊。还有一个节目呢，吾拉叫……叫……叫……点狗涴香。噢，愁＝是每家门底，屋里厢愁＝是像格香那介一根一根点好，矮＝是别相个一种……一种节日。所以小辰光介样子格种，噢，既蛮普通，但蛮闹猛，邻里之间亦非常要好，噢，格种童年个……一种民间生活习惯呢，落霍吾拉小人心目当中呢，确实留下了非常非常好个一种美好个回忆。

那么现在吾拉海盐从前天宁寺里爿大栅桥，现在变成廊桥啦哩，当时格爿大栅桥有三十几个台级，台阶。台阶走到一半个辰光，格个南面啊好，北面啊好，有两家人家，其中北面个家人家是一爿竹匠店，开起爿桥当中，噢，所以大栅桥走落起之后呢，格是闹猛哩。难＝么，左手转弯之后呢愁＝是天宁寺。所以天宁寺个南面，有一爿朝胜桥，现在大家开电瓶车啊开汽车啊，从天宁寺个南面过，侪要经过犄爿桥。当时犄爿桥是台阶桥，因为当时交通勿是侪靠两只轮盘诶，侪是汽车啰、脚踏车，侪靠脚来走诶。那么台阶高呢，犄爿桥格拉……格只拱桥啦拱形啦愁＝要显得比较高，所以告船开过啦，格种轮船开过啦，稍微装点货船啦啥勿会得撞牢诶。当时格辰光海盐告桥，亿＝亿＝完＝完＝侪是石拱桥。海盐么，大栅桥石拱桥，朝胜桥石拱桥。然后到圩城，到沈荡，格个两爿石拱桥兹结棍哩，噢，大到个唻。现在沈荡格爿石拱桥已经拆脱啦哩，难＝么按照原型，难＝么造起沈荡尤角村告地方，恢复介伊一种相貌。

所以吾拉小个辰光，噢，格个海盐武原镇浪厢，尽管人口当然，呒没现在多，街道呒没现在长，路面呒没现在阔，但是当时吾拉格个闹猛个生意,纯朴个民风,邻里之间个关系,噢,确实是吾拉现代人勿可想象诶。因为现在大家侪是蹲楼房诶,对吧,六楼、十楼、十几楼,反正到辣=屋里,格扇门一关么好辣=哩,俫吾之间侪勿来往诶。像从前难=介南塘街,今朝嗨姆妈落霍烧点……烧根鲫鱼嗨酱油吭没哩啰,醋吭没哩么,随手到隔壁邻舍婆婆塔老早起拿点来用啦哩,像自家人一样诶。噢,今朝尼介烧只黄南瓜,烧兹一镬子,好哩呀,隔壁邻舍总归大概七八家人家全部大家今朝夜来吃黄南瓜,所以格个呢是小格辰光美好格回忆。

难=么到哩初中之后,愁=是以后愁=离开了犗条南塘街。做啥呢? 愁=是下放,响应毛主席格号召,叫"上山下乡",接受贫下中农再教育。我拉尼愁=来到了圩城,感受了农民,噢,我拉叫农民伯伯,待我拉蛮好诶。当时格辰光,独家个辣=一个小队里厢,如果像犗两天台风天尼介,屋里小菜吭没,队长愁=会得讲诶:"喏,畜牧场旁边格白=菜地格点青菜,俫叫起铲来吃好哩!"有常时,小队里告农民伯伯今朝烧碗芋艿,噢,明朝拿两白=山薯来。

像吾拉尼介当时落起格辰光房子勿曾造哩,后来造哩两间五檩头个小诶平房。吭没造格辰光么住起小队格只仓库里。仓库呢高头是啥——稻柴。所以,稻柴……仓库每年春天么,大家晓得,要养蚕宝宝。对哦,蚕宝宝么养起来好几期啦! 噢,一直养到秋……一直养到秋天啦! 秋蚕宝宝。养落霍么大家矮=蛮闹猛蛮关心诶,有两个蚕娘尼介:"王国翼啊,吾拉同俫做个介绍人,好哦?"

那么农村里格劳动呢确实啊锻炼哩自家。伊难=像早辰尼介半日天挑灰,噢,猪棚里格点灰装……装出来之后要挑到田里起,噢,半日天要挑两百担,一分一担,嗯……大概是挑一担一厘,格么两百担一挑么,今朝廿分工分有啦哩。噢,开心来亿完。

难=么还要捻河泥。难=我拉下落起格辰光侪小来亿完,十八九岁，靠廿岁，矮＝要拿格只捻河泥格只，噢，捻耙，介伊叫捻耙好哩，高头竹头，下底像只，像只……像只凳尼介诶，夹拢来诶。然后伸到河底浪去，拿个点河泥夹拢之后，然后拔高来，拔高来之后拿格个一箩格个河泥挽到格只船里。难＝么侪捻完哩哪瞎办呢，吭处捻哩，那么，吾拉要从圩城，摇船摇到海盐出海庙。现在吾拉想想看真勿可想象诶，愁＝摇摇格只船啊不得了啦哩，而且便得独家头啦，一直摇到海盐出海庙。海塘浪厢捻好一船河泥之后回来。回来记得深来，印象深来亿完，回来格辰光，回到南塘浪，孃孃拉屋里，饿来勿来啦哩，真可以讲饥寒……噢，饿来亿完格辰光，讨碗水来吃。伊拉告陶瓷杯子大来亿完，噢，一杯子水一下子觥咚觥咚去吃霍。然后醒＝醒＝之后还要摇回去。

所以，艰苦格劳动啊，磨炼了自家格，应该说……洗礼了自家格灵魂，锻炼了自家格毅志，磨炼了艰苦当中哪瞎样子向农民伯伯学习，能够多学点技术。还要拔秧，拔秧格辰光，脚浪厢还要有蚂蟥，对哦！所以，格一些呢等于说都垫定了一个人哪瞎＝正确对待自家格人生。难＝么辣＝队里么啊蛮开心诶，同为农民拉么后来街浪厢么通过自家亲眷朋友么买辣＝电线，蹲辣＝乡下头五年时间么拿村里厢家家人家么装上了电灯，噢，然后么辣＝小队会议室里么夜来么同农民伯伯拉么教拨伊拉么哪瞎识字，读两个字。有两个字勿识得诶，有两个农民伯伯阿姨奶奶是一字勿识诶。格么，吾拉啊帮助社会做点扫盲工作。

大家好，我是浙江海盐人，叫王国翼。我为我是海盐人感到骄傲！为什么呢？我们海盐历史悠久。秦始皇时，海盐就是浙江省的第一个（建制）县。北大教授写了一本书，叫《嬴政二十五年》。那么，海盐呢，顾名思义是产海盐的。海盐，钟灵毓秀，小巧精美，素有小西湖的美称。

现在,我们海盐确实让人觉得骄傲,有三个带国字头的光荣:一个是世界上最长的大桥,叫杭州湾跨海大桥(讲述者口误为"钱塘江大桥");还有"国之光荣",就是海盐的中国核电基地;还有一个是大人、小孩都很喜欢的,他画出来的东西叫《三毛流浪记》,我们从小就看张乐平爷爷画的《三毛流浪记》。张乐平爷爷是我们海盐人,他从小生活在我们海盐海塘的张家门。我们县里也很重视,现在在绮园广场上有个张乐平纪念馆,记录了他一生所画的三毛可爱、勇敢、聪明的形象。

我从小生活在海盐最繁华的南塘街。用方言来说就是"闹猛来勿得了"。这条南塘街呢,南北总共有两里路多一点,街上东西有两排两层楼的房子,从南往北。这条街的特点是西面是一条河,所以,我们整个县里的老百姓都摇着船,在逢年过节最高兴的时候就到南塘街来。有十几二十几个河埠头,这些船在河埠头一停,走上来之后呢,走进这条南塘街,就是我们现在中国所提倡的"工匠精神",全是开店的,全是手工业,都是非常心灵手巧的师傅们。

比如南塘街上的小羊皮房有两家。农村的小湖羊皮拿来以后,几个师傅就把这些小湖羊皮"叮叮当、叮叮当"地钉在门板上,晒干,然后卖出去做皮衣。还有弹絮船,那些棉花收来之后弹絮,然后做被子的里子,叫弹絮船。还有我们小孩最喜欢看的是什么呢——胶铜像。就是把那些零零碎碎的铜屑铜边角料收集起来,放在一个盆子里烧,烧得很红,然后将那些烧得很红的铜倒在一个模型里面。这个模型可以做出好几种东西,如盛饭的饭勺,这种饭勺现在买不到了,是大饭勺。他们按照这个模型,把烧红的铜水浇进去,等冷却以后就是一把大饭勺。再大一点的器具就是我们冬天烘脚的脚炉,还有暖手壶。所以,这些师傅的手艺,我们孩子看了以后多多少少会增长一些知识。还有杆秤店,秤杆上有一个点一个点,一斤中间有十个点,然后就是两斤,再隔过去也是十个点。

另外,有一个杨师傅,开了一家杨天送饭店。我们走过南塘街,都要到这家店里去吃碗羊肉面,很好吃。还有就是大饼油条店,这个就比较……到现在我们……我们到武原镇上去逛逛要买副大饼油条就挺少了。所以这条街确实是很多师傅展示自己本事的一个舞台。

然后就是做生意的,有竹匠店、箍桶店,我们还是……现在都是塑料脸盆,以前都是木脸盆。对吧,都是竹匠师傅啊、木匠师傅啊,竹匠师傅编篮子、编大箩筐、劈扁担,是吧! 木匠师傅呢,做家里舀水的水斗,哦,还有大大小小的脸盆、脚桶。

现在这些都在我们海盐的"五味村",我们现在海盐城乡一体化之后,搞"美丽乡村"建设,这个"五味村"建设得非常漂亮。其中,在澉东村,一走进去就有一幢房子,上面写着"人民公社",下面就有一个木匠,他就继承了这些本事! 现在我们叫小朋友做……叫作素质教育,让他们学点技术,增加点聪明智慧,脑子里多学点东西。实际上,如果今天南塘街还像当年这么热闹的话,确实会超过桐乡的乌镇和嘉善的西塘,因为我们有很多很多的能工巧匠在这条街上大显身手。

我们……我在这条南塘街上生活了 30 年,南塘街是留给我们最美好回忆的一条街。街上的路面是什么做的呢? 现在是柏油马路、水泥路,当时我们这条南塘街上都是石头。条石,而且条石的面上是很光亮的,因为走的人多了之后这些石头就有光泽了。所以现在我们说起来叫"穿过时空隧道,走进百姓人家"。如果这条南塘街今天能够复活并展现当时的繁华景象,那确实是我们海盐旅游,甚至可以说是我们浙江省内,非常了不起的展现老百姓生活和做生意的地方。

这条街上所有人家都有店面。当时我们这样的人家都是用那种门板,是门板排起来的,不是现在这样装铝合金门窗的。这些门板晚上我们拆下来之后,搭起来就是一张小床。街上呢,我们用脸盆泼些水,乘乘凉,东家出西家进,小伙伴邻里之间很热闹。晚上就搬条凳子,头露在街上,三分之二的身体在家里,大家讲讲故事啊。还有一个节目呢,我们叫"点狗浼香",就是在每家门口,用家里那种香一根一根点好,也是游戏的一种⋯⋯一种节日。所以小时候的光景,既很普通,又很热闹,邻里之间非常友好。这种童年时期民间的生活习俗在我们心目中确实留下了非常非常好的回忆。

现在我们海盐,以前天宁寺里那座大栅桥变成廊桥了,当时那座大栅桥有三十几个台阶。台阶走到一半的地方,南面也好,北面也好,有两户人家,其中北面那户人家是一家竹匠店,开在桥中间,所以从大栅桥走下去之后,那个热闹啊!然后,左手转弯之后是天宁寺。天宁寺的南面,有一座朝胜桥,现在大家开电瓶车开汽车,从天宁寺南面过都要经过这座桥。当时这座桥是台阶桥,因为当时交通不是靠轮子的,汽车、自行车之类,都是靠两只脚走的。那么台阶高呢,这座桥的拱形啊就显得比较高,所以那些船开过,稍微装点货也不会撞上。那时候海盐的桥,很多都是石拱桥。海盐么,大栅桥是石拱桥,朝胜桥是石拱桥。然后到圩城,到沈荡,那两座石拱桥厉害了,非常大。现在沈荡那座石拱桥已经拆了,然后按照原貌重建在沈荡尤角村附近,恢复它的原貌。

我们小的时候生活在海盐武原镇上,尽管人口没有现在多,街道没有现在长,路面没有现在宽,但是当时我们热闹的生意、纯朴的民风、邻里之间的关系,确实是现代人不可想象的。因为现在大家都是住楼房,对吧,六楼、十楼、十几楼,反正到家后门一关,互相就不来往了。像从前的南塘街那样,今天妈妈在烧点什么……烧条鲫鱼,酱油没有了、醋没有了,随手到隔壁邻居阿婆那里拿点来用了,和自己家里人一样的。今天烧个黄南瓜,烧了一大锅,好了,隔壁邻居大概七八家人家今天晚上都吃黄南瓜。这些都是小时候的美好回忆。

到了初中之后,就离开了这条南塘街。做什么呢?就是下放,响应毛主席号召,叫"上山下乡",接受贫下中农再教育。我就来到了圩城,感受了农民,噢,我们叫农民伯伯,对我们的关照。那时候,我一个人在一个小队里面,如果像这几天这样赶上台风天,家里没有菜吃了,队长就会对我说:"喏,畜牧场旁边那块菜地里的青菜,你去挖来吃吧!"有时候,小队里的农民伯伯今天烧碗芋艿给我,明天拿几块山薯给我。

我们刚下去的时候房子还没有造好,后来造了两间五檩头的小平房。没造的时候住在小队的仓库里。仓库里面是什么——稻草。所以,稻草……仓库每年春天,大家知道的,要养蚕宝宝。对吧,蚕宝宝要养好几期呢!噢,一直养到秋……一直养到秋天呢!秋蚕宝宝。蚕养在那里,那里自然就很热闹。大家也很关心我,有两个蚕娘就曾说:"王国翼啊,我们给你做个介绍人,好不好?"

农村里的劳动确实锻炼人。就像早上半天要挑灰,噢,猪圈里的灰装出来以后要挑到田里,半天要挑两百担,一分一担,大概是挑一担一厘,那两百担挑好了,这一天就有二十个工分了。噢,非常开心!

还要挖河泥。我们下乡去的时候都很小,十八九岁,将近二十岁,也要拿只挖河泥的捻耙,我们管这种工具叫捻耙,上面是竹竿,下面像只氅那样的,可以夹拢来。然后伸到河底去,把那些河泥夹拢以后,拔起来,拔起来之后把这一氅的河泥倒到船里。等河泥全部挖完了怎么办呢,没有地方挖了,我们就要从圩城摇船摇到海盐出海庙。这在现在看来是不可想象的事情,光摇船就不得了了,而且只有一个人,一直摇到海盐出海庙。海塘上挖好一船河泥以后就回来了。回来时记忆很深刻,回来的时候,回到海塘上,姑妈的家里,饿得不得了,真可以说是饥寒……噢,饿得不得了的时候,要一碗水来喝。他们那种搪瓷杯子大得很,一杯子水一下子咕咚咕咚就喝下去了。然后休息一下还要摇回去。

所以,艰苦的劳动啊,磨炼了自己,应该说……洗礼了自己的灵魂,锻炼了自己的意志,磨炼了在艰苦的环境中怎么向农民伯伯学习,能够多学点技术。还要拔秧,拔秧的时候,脚上还有蚂蟥,对吧!所以,这些都奠定了一个人怎么正确对待自己的人生。在队里也很开心的,通过自己家亲戚到街上买来了电线,在乡下的五年时间给村里家家户户都装上了电灯。噢,然后每天晚上在小队会议室教农民伯伯写字,认几个字。有些人不识字的,有农民伯伯阿姨奶奶是一个字都不认识的。我们也帮助社会做点扫盲工作。

个人经历

上山下乡,个乡下头格经历确实本=人蛮美好格。苦中有乐,吾拉矮=组织哩文宣队。因为上……街浪来格两个小人侪比较活龙,唱歌啊,跳舞啊!所以当时吾拉开格一条河啊,啥个盐平塘啊,啥个开河哩,生活做来苦来亿完,但休息格辰光,好哩,吾拉格班知识青年,得露一手啦!唱唱歌,好,王老师来唱两句看,好哦?红岩上红梅开啊,千里冰霜脚下踩。好哩,介伊唱,挨伊格辰光顶闹猛是唱京戏,啥个《沙家浜》啊、《智取威虎山》啊、《红灯记》啊,是哦,还有李铁梅啊,手里拿只红灯,向拉爸爸学习,做革命格后代。实介做。

好,上山下乡格五年,后来尼到团委里厢做团委书记。接落去尼愁゠师范里去读书。从此呢愁゠走上了教书育人格个一条蛮难忘格，但矮゠蛮幸福格条金光大道，星光大道。从师范里出来之后，首先是辣゠起城郊中学教书，后来到了海盐中学，孳里历任了十五年，一直担任团委工作。后来到团中央去培训，而且同团中央格领导专门部署商量，噢，哪睇゠来共同领导好吾拉格支少先队个队伍，因为，共青团格组织里格领导拉，吾侬同倷念是"飞鸽牌"，三年五年换一个，三年五年换一个，教育部门么是"永久牌"，一干愁゠几十年，能够把握少先队员成长发展格规律。

所以呢，矮゠是吾侬后来到兹教育局之后，分管了二十年少先队工作，到今朝，念旧是吾拉全县少先队工作格顾问。确实是有介侬份情结。总想让吾拉海盐格小人，特别能干，特别聪明。噢，所以呢，矮゠是格个几十年来，吾拉海盐格小人格科技创新辣゠起全国取得了最好格成绩。格个勿是王老师今朝落霍吹牛逼，是哦！因为吾拉辣゠起全国得奖格，国家级一等奖、二等奖格，有六十几个囡囡，孳两个囡囡高考格辰光还加牢廿分，那不得了哩啊，是哦！当然，吾拉浙江省新昌中学，一只学堂弄来蛮好，但是，吾拉一个县，能够年年落霍国家拿大奖，噢，全国只有吾拉海盐。所以，吾侬落霍1999年，李岚清副总理亲自颁奖授予吾侬全国青少年科技优秀组织奖，吾拉浙江省便得两个。

所以呢，吾侬矮゠以核电格个精神、核电格个事业，向中国顶高格科技结晶辣゠海盐，吾拉海盐格囡囡一定矮゠要走上科技创新格大道。所以，今朝日浪，吾拉新格领导习主席啊、李总理啊，噢，万众创新、大众创业。所以，吾侬想来想去从南塘街格百匠精神一直到今朝日浪格核电精神，再到吾拉今后海盐格发展前景，啥个山水六旗主题公园啊，格种美好格蓝图。

所以自家格经历尼，一直到2012年退休之后，现在呢，念旧由于工作格需要,有六七个部门要吾担任工作浪厢格一些顾问,或者以志愿者格身份出现了吾拉部门之间,进行普法教育。吾拉晓得今朝日浪是第七个五年计……五年普法,王老师从第一个普法开始到今朝日浪,要几许哩? 三十五年。所以有告工作属于党同政府格培养、信仰。所以特别举个例子,今朝日浪吾侬还来同道路交通安全,吾拉现在每天下午三点半,噢,每天夜来三点半到四点半格辰光,全县四十只学堂门底,噢,特别是幼儿园小学,门底五六十岁格亲亲爹爹啊,爷爷,噢,老爷爷奶奶,侪弄把么电瓶车、三轮车去接送宝宝。噢,所以交通部门、学堂领导,包括吾拉全国人大都感觉到犟个问题是现在顶突出个问题。格么矮=就是说,矮=愁=是讲辣=了格个一个钟头格辰光,吾拉海盐格所有格路浪厢有三万个囡囡,有三万个亲亲爹爹,噢,弄把电瓶车落霍接送。所以,吾侬同所有个像县政府车队啊,烟草公司车队啊,核电厂车队告正宗告驾驶员讲:"落霍格个时间段里厢,侬看见有电瓶车、三轮车接囡囡格辰光,侬开慢点!"噢,确实啦,增强生命啦,延伸啦要从囡囡拉抓起。

　　那么道路交通安全、普法教育,吾拉现在勿仅是落霍工作格年轻格要晓得道路交通法规,特别是校门口两个亲亲爹爹,矮=要晓得哪瞎=过马路、哪瞎=过路段。一个叫路口、一个叫路段。有红绿灯、有斑马线格,一般有交警叔叔辣=脱格点,叫路口;噢,半当中红绿灯吭没诶,侬要穿马路格辰光格只叫路段,格个辰光顶危险。所以按照法律规定呢,三轮车啰、电瓶三轮车勿好接小人,但是现实确实亿完人侪落霍接,格吾拉矮=人性化一点。等到全国人大开会喊正式决定喊勿好开哩,勿好开再讲。目前侪落霍开,格么吾拉只好出于满腔格热情、大爱之心,同告亲亲爹爹拉上点法律交通安全课。所以吾拉旧年子做格只 PPT 讲座辣=起嘉兴……嘉兴,三十二个选手当中吾侬犟只 PPT,通过吾侬亿亿完完格照片,包括吾拉有一个校长，十七年辣⹀个只路口挥手，噢，感动了大家，得了一等奖。

所以自家格经历呢，勿是蛮曲折，但是矮⹀吃过一定格苦。那么，格点苦呢到今朝日浪想起来呢倒是人生当中蛮难得格一笔财富。所以现在对生活当中出现个一点点小困难啊、小问题啊，都是……侪是一笑了之，觉着现在呢幸福来勿得了！

所以加上自家格爱好，喜欢拍照么，今年上半年以来已经获得嘉兴日报月赛冠军已经有两张照片。一月十四号个场大雪落得来不得了，吾侬蹓起海盐宾馆十七楼浪拍"雪雾古城"，拍吾拉格只靖海门，噢，千年古城格只城门。噢，后来四张照片登起人民网……人民网浪厢，介绍吾拉美丽格海盐。那么犒两日么"海盐一家门"基本浪连续三期，侪是吾侬拍格点照片，一个是介绍吾拉海盐创建卫生城市，噢，拨海盐所带来格变化，美丽格城市建设，美丽格道路，美丽格学堂，美丽格老百姓休闲格公园。所以，加上自家格爱好，以及工作浪厢格一些需要，所以矮⹀蛮对勿起屋里人，屋里生活勿做啥，是热心于社会公益事业。

那么自家格经历愁⹀讲到浪沓，接落去要蛮骄傲格要介绍一点吾侬大起来格条南塘街浪厢同现在，到成家立业之后格条杨家弄里两个人。介绍两个人物，矮⹀说明吾拉千年古县，经过历代人格努力，确实落霍文化矮⹀好，文学矮⹀好，卫生医疗矮⹀好，创新工业矮⹀好。南塘街顶了勿起格愁⹀是出了个步鑫生。步鑫生两只车间愁⹀是辣⹀起吾拉原来格只老诶武原中学，噢，对过，现在好像应该办辣⹀幼儿园格白⹀地方。噢，步鑫生侪格把剪刀，剪开了中国改革开放格巨幕。犒个评价高来勿得了，伊侪能够打破当时所谓格只铁饭碗，做来像勿像一个样，伊侪实行计时，噢，按劳分配，犒个是步鑫生格功绩。《人民日报》勒反正全世界各大媒体侪晓得诶。侪到全国各地，像吾侬到青海、到西藏，讲步鑫生，"哦哟，晓得，晓得，晓得，晓得！侬海盐人,结棍哩啊!"讲格核电厂,伊拉格里,格塔地方,伊拉勿晓得,像到青海去了啥。因为吾拉有一个学生子写科技论文,写核电厂建设到底对海盐格环境到底有影响哦,格个组委会摆起青海。所以吾拉一讲到格个青……核电厂么,两个评委感觉好像勿是蛮熟悉。噢,搿篇文章矮＝蛮结棍诶,得全国两等奖。

那么再讲讲吾拉搿条杨家弄。搿段时间县里领导,有两个矮＝是吾侬格同事,有两个是吾侬学生子,矮＝蛮开心格讲:"噢,侬格点努力,吾拉晓得诶,现在全社会侪落霍呼吁啊! 吾拉现在正创建千年古县,噢,跑到格武原镇浪来,呒没一条古弄啊! 现在唯一一条愁＝是搿条杨家弄。"才＝方,吾侬同县里领导,同武原镇委格镇长:"吾侬已经同侬画好辣＝哩杨家弄只蓝图:杨家弄南面进来,搞一个中国儿科泰斗——富文寿纪念馆!"唉,侬可能年纪,格了现在……现在当官两个有常强调年纪轻啦,再外地调进来啦,确实矮＝是个问题,因为伊侬对海盐格文化勿晓得诶。噢,富文寿伊侬是美国纽约大学读书诶,读医学诶,后来是中国解放初格上海儿童医院院长。噢,所以对伊格评价是中国儿科个泰斗,噢,姓富,文化格文,寿,长寿格寿。

好,吾侬念然后再跑进去点,吾拉有一个,对哦,宁孝田,画菜条鱼画来好来亿完,刻印子刻来蛮好诶,噢,听说还同毛主席矮＝刻过印子哩。对哦,现在宁孝田格后代子孙叫宁平,现在矮＝青年画家,代代相传,画来蛮好。格么,格里厢可以搞一个宁孝田书画纪念馆或者是书画展。再进去,噢,哪么吾拉矮＝蛮有名气格黄炳鸿格版画,对哦,画来蛮好。再到北面,当时格里厢有个汪家,有几户,反正弟兄几个呢还是亲眷几个,做生意做来好来勿得了,造来一只汪家大院。噢,现在海盐矮＝贴起一只叫文物保护单位。格里厢呢,愁＝是当时做生意。

　　但想勿到,但到六十年代格辰光恰恰是全世界有名格先锋派作家余华,小辰光,赤卵八吊格辰光,愁゠住起搿只汪家大院格楼浪。弟兄两家头,反正日常发火跳,吵来不得了。噢,甚至于有常时格农民伯伯走过,伊拉辣゠在楼浪厢,拿只弹弓实介"嘭……"叫一记……弹过去。甚至还一毛拿人民医院旁边只柴堆啊,放火烧掉啦哩。难゠格个叫调皮,调皮当中伊倷愁゠接受了自家人生格一些,噢,阅历,丰富哩自家后来写作格生涯。当然,再大点么做牙科医生,噢,格个么伊倷格小说当中啊有诶。难゠么,伊倷有起前年九月份,愁゠落吾拉吾拉屋里厢,门底,拍啦海……伊倷所有作品格第一部电影。对外呢讲是拍杨家弄,实际内容呢愁゠是里面格一部著名格小说叫《许三观卖血记》。

　　所以像介一些人物,能够代表吾拉近代,当代海……中国文化经典格,吾拉应该拨伊保留。珍爱珍藏格一些,这样……介伊格所话呢,使吾拉能够,格个美丽个小海盐啊,能够折射出巨大格文化光芒,啊能够折射出吾拉海盐现在县委书记沈晓红、县长章健所倡导格建设"三有海盐"格,噢,一个强大格,一个一个一个,文物保护,一个一个,精品集聚地。然后,吾侬再提议,拿吾拉海盐非物质文化格一些精品,落起杨家弄某一个地方搞一个展览馆,像石泉格灶头画,澉浦格铁木画,沈荡格梅花糕,等等。

　　上山下乡,在乡下的经历确实给人很美好的回忆。苦中有乐,我们也组织了文宣队。因为街上来的几个孩子都比较灵活,唱歌啊,跳舞啊! 当时我们正在开一条河,那个什么盐平塘啊,什么开河啊,活干得非常苦。但休息的时候,我们这群知识青年得露一手了! 唱唱歌,好,王老师来唱两句给大家听,好吧? 红岩上红梅开啊,千里冰霜脚下踩。好了,就是这样唱的。那个时候最热闹的是唱京戏,什么《沙家浜》啊、《智取威虎山》啊、《红灯记》啊,是吧,还有李铁梅啊,手里提个红灯,向她爸爸学习,做革命的后代。

上山下乡五年,后来到团委做团委书记。接下去呢就到师范去读书。从此走上了教书育人这样一条很难忘但很幸福的金光大道,星光大道。从师范出来之后,先是在城郊中学教书,后来到了海盐中学,在这里待了 15 年,一直担任团委工作。后来到团中央去培训,而且和团中央的领导专门部署商量,怎么来共同领导好我们这支少先队的队伍,因为共青团组织里的领导是"飞鸽牌",三年五年换一个,教育部门是"永久牌",一干就是几十年,能够把握少先队员的成长发展规律。

所以呢,我后来到了教育局之后,分管了二十年少先队工作,到现在,仍然是我们全县少先队工作的顾问。确实是有这样一份情结。总想让我们海盐的孩子,特别能干,特别聪明。噢,(这个)是几十年来我们海盐的孩子的科技创新在全国取得的最好成绩。这个不是王老师我今天吹牛,是吧!因为我们在全国得奖的,国家级一等奖、二等奖的,有六十多个孩子,这几个孩子高考的时候还加了20 分,那不得了,是吧!当然,我们浙江省新昌中学,这个学校搞得也很好,但是,我们一个县,能够年年在国家拿大奖,全国只有我们海盐。所以,在 1999 年,李岚清副总理亲自授予我全国青少年科技优秀组织奖,我们浙江省只有两个。

所以,我也以核电的精神、核电的事业(中国科技最高级的结晶在海盐)(激励自己),我们海盐的孩子也一定要走上科技创新的大道。今天我们新的领导习主席、李总理都倡导大众创业、万众创新。所以,我一直在思索:从南塘街的百匠精神到今天的核电精神,再到我们今后海盐的发展前景,如山水六旗主题公园等美好生活的蓝图。

我自己的经历呢，一直到 2012 年退休之后，现在呢，仍然由于工作的需要，有六七个部门要我担任工作上的一些顾问，或者以志愿者的身份出现在我们的部门之间，进行普法教育。我们知道今天是第七个五年计……五年普法，王老师从第一个普法开始到今天，要多少年了？35 年。所以有的工作属于党和政府的培养。特别举个例子，今天我们还在做道路交通安全宣传。每天下午 3：30—4：30 这个时间段，全县 40 所学校门前，特别是幼儿园、小学门前，五六十个爷爷奶奶啊，都骑辆电瓶车、三轮车去接送宝宝。所以交通部门、学校领导，包括我们全国人大都觉得这个问题是现在最突出的问题。也就是说，在这一个小时的时间里，我们海盐所有的路上有三万个宝宝，有三万个爷爷或奶奶，在用电瓶车接送。所以，我们和所有的，例如县政府车队、烟草公司车队、核电厂车队那些正式的驾驶员说："在这个时间段，你看见有电瓶车、三轮车接宝宝的，请开慢点！"确实啊，爱护生命要从宝宝做起。

至于道路交通安全、普法教育，我们现在不仅仅是要求在工作的年轻人知道道路交通法规，特别是校门口那些爷爷奶奶，更要知道怎么过马路、怎么过路段。一个叫路口，一个叫路段。有红绿灯、有斑马线的，一般有交警叔叔在那里的点，叫路口；半中央红绿灯没有的，你要穿马路的时候叫路段，这个时候最危险。按照法律规定，三轮车、电瓶车等是不可以接孩子的，但是现在确实好多人在使用，我们也只能人性化一点。等到全国人大开会正式决定不能使用了的时候再说。现在全都在骑，那么我们只能出于满腔热情、大爱之心，给那些爷爷奶奶上些交通安全课。我们去年做了个 PPT，在嘉兴做了个讲座，在 32 个选手当中，我的这个 PPT，通过非常非常多的照片，包括我们有一个校长 17 年在路口挥手，感动了大家，得了一等奖。

　　我的经历呢，不是很曲折，但是也吃过一定的苦。这点苦到今天想起来呢，倒是人生中很难得的一笔财富了。所以现在对生活中出现的一点点小困难、小问题，都是一笑了之，觉得现在非常幸福！

　　所以加上自己的爱好，喜欢拍照，今年上半年以来已经有两张照片获得嘉兴日报月赛冠军了。1 月 14 号的那场大雪下得非常大，我爬到海盐宾馆 17 楼上拍"雪雾古城"，我拍那个靖海门，就是千年古城那个城门。后来四张照片刊登在人民网上，介绍我们美丽的海盐。这几天"海盐一家门"连续三期都是我拍的照片，一个是介绍我们海盐创建卫生城市所带来的变化，美丽的城市建设，美丽的道路，美丽的学堂，美丽的老百姓休闲公园。由于自己的爱好，以及工作上的一些需要，所以也对不起家里人，在家里什么活都不干，就热心社会公益事业。

　　我自己的经历就讲到这里。接下去要很骄傲地介绍一点我长大的这条南塘街上，和现在成家立业之后所居住的这条杨家弄里的两个人（本段发音人有口误，特此说明）。介绍两个人物，也说明我们千年古县，经过历代人的努力，在文化、文学、卫生医疗、创新工业等方面取得的成就。南塘街最了不起的是出了个步鑫生。步鑫生的车间就在我们原来老的武原中学对面，现在好像应该在幼儿园那片地方。噢，步鑫生那把剪刀剪开了中国改革开放的巨幕。这个评价高得不得了，他打破了当时干得好和不好一个样的铁饭碗，他实行了按劳分配——这是步鑫生的功绩。《人民日报》等全世界各大媒体都知道的。你到全国各地，像我到青海、到西藏，说到步鑫生，"哦哟，知道，知道，知道，知道！你们海盐人，很厉害！"说起（秦山）核电站，他们那里，那片地方，他们并不知道，比如到青海这些地方。因为我们有一个学生写了科技论文，写核电厂建设对海盐的环境究竟有没有影响，这个组委会就在青海。我们说起这个核电厂，几个评委感觉不是很熟悉。哦，这篇文章很厉害的，获得了全国二等奖。

再说说我们这条杨家弄。这段时间县里领导，有几个是我的同事，有几个是我的学生，也很开心地说："噢，你这些努力，我们知道的，现在全社会都在呼吁！我们现在正在创建千年古县，跑到武原镇上来，却没有一条古弄啊！现在唯一的就是这条杨家弄。"最近，我和县里领导，和武原镇的镇长说："我已经帮你们画好杨家弄的蓝图了：杨家弄南面进来，搞一个中国儿科泰斗——富文寿纪念馆！"唉，你可能年纪小，现在强调年轻化，再加上是外面调进来的，确实也是个问题，因为他们对海盐的文化是不知道的。噢，富文寿，他是在美国纽约大学读书的，读医学的，在新中国成立初期是上海儿童医院院长。所以对他的评价是中国儿科的泰斗，姓富，文化的文，寿，长寿的寿。

好，再进去一点，我们有一个宁孝田。画小鱼画得很好，刻图章刻得很好，噢，听说给毛主席都刻过图章呢。现在宁孝田的后代子孙中有个叫宁平的也是青年画家，代代相传，画得很好。那么，这里可以搞一个宁孝田书画纪念馆或者是书画展。再进去，还有一个很有名气的黄炳鸿版画，对吧，画得很好。再到背面，当年那里有个汪家，有好几户，反正是兄弟几个或者亲戚几个，做生意做得很好，造了一个汪家大院，现在还贴着一个文物保护单位的牌子。这里面呢，就是当时做生意的。

令人想不到的是20世纪60年代，全世界闻名的先锋派作家余华光屁股的时候，就住在这个汪家大院的楼上。兄弟两人，反正每天调皮得不行。噢，有时候有农民伯伯路过，他们在楼上，拿个弹弓这样"嘭……"一下，弹过去。甚至有一次把人民医院旁边的柴堆什么的都放火烧掉了。那叫一个调皮，调皮捣蛋中他积累了自己的一些人生阅历，丰富了自己后来的写作生涯。当然，再大一点么做了牙科医生,这些他的小说中都有的。然后,他在前年(2014 年)9 月份,就在我家家里和门口,拍了他所有作品中的第一部电影。对外是说拍杨家弄,其实是拍他一部著名的小说《许三观卖血记》。

所以像这样一些人物,能够代表我们近代、当代中国文化经典的,我们应该把他们保留下来。珍爱、珍藏这些……这样呢,使我们这个美丽的小海盐啊,能够折射出巨大的文化光芒,也能够折射出我们海盐现在县委书记沈晓红、县长章健所倡导的建设"三有海盐"的、一个强大的文物保护和精品集聚地。然后,我再提议,把我们海盐非物质文化的一些精品,在杨家弄搞一个展览馆,就像石泉的灶头画、澉浦的铁木画、沈荡的梅花糕等一样。

(2016 年 7 月 17 日,海盐,发音人:王国翼)

(二)方言老女

当地情况

大家好,吾侬是……名字叫张圣英,今年虚岁六十七岁。吾侬是土生土长海盐人。吾拉屋里愁⁼住起喽中大街廿六号,可能俫现在对格个名字蛮陌生,现在格滨海……滨海。吾拉屋里住起,愁⁼是西门望⁼后头五十公尺。格个西城呢,哦哟,矮⁼有来历。因为当时格辰光,倸可能侪晓得哦,愁⁼是呼延灼抗倭,倭寇,日本人格辰光,呼延灼愁⁼死起辣⁼犄条城河里厢。当时格辰光,伊倸要冲出去要打日本人格辰光,格只吊桥年久失修,伊倸愁⁼勿幸辣⁼起格里塔牺牲啦哩。

吾拉屋里是辣⁼起齐乡桥,原来格爿齐乡桥尼有只小庙,所以叫齐乡桥庙。犄塔尼前头尼还有个海盐顶老格参议院是辣⁼起吾拉格河格对过。吾拉屋里呢是辣⁼起格条城河边浪。所以尼,六月里尼,哟,看见河里,一面告房子侪部拨东洋人烧完尼。城里愁⁼犄条中大街浪愁゠剩着吾拉犄塔二三十家人家。所以呢,犄棣路浪尼矮゠其实有交关侪是告名人。吾拉屋对过尼是张家祠堂,犄只张家祠堂尼大来亿完,矮゠有三进,里厢尼伊拉摆兹告交关祖宗牌位,格种,门底尼,两只石狮……大诶石狮子。犄个两只石狮子尼,现在尼,摆起辣゠绮园门口。

因为绮园实质浪现在叫绮园,以前尼愁゠是叫洪家花园。犄个洪家花园尼,房子大来勿得了,但是尼,伊傝个只洪家花园尼,现在吾拉矮゠是蛮有名气啦哩。以前尼,拍《红楼梦》矮゠来取景。但是,介许多个花园,为点啥,愁゠……吾拉城里愁゠保存脱洪家花园尼,犄点傝晓得哦?其实,辣゠起日本人侵略吾拉中国个辰光,个里厢尼是日本人个警备司令部。所以辣゠起吾拉洪家花园后头尼,噢,真式有较关个种万人坑。吾拉以前开荒开出来,告白骨啊是勿得了诶,侪落起洪家花园后头。所以尼犄个洪家花园一直保存脱来。

难゠么傝晓得哦,犄个洪家花园,洪家个个起家是哪瞎诶?其实尼,伊拉以前矮゠侪蛮苦诶,伊拉个老祖宗尼,原来是鸡毛换糖诶。鸡毛换糖尼换到了南浔,是江苏个南浔,江苏南浔告人家侪兴头来亿完。难゠么后来尼,伊傝换糖换牢尼交关告小人拿出来尼,换牢交关个告金诶个告钉,结果尼伊傝呢愁゠拿兹犄点尼去做本钿,到上海尼开酱油铺。个了一直尼发出来以后尼,一直矮゠辣゠起犄塔尼造兹洪家。到现在尼,伊傝捐献拨国家啦哩。

个里尼,吾拉哦哟,犄面头过去么,亦是朱家花园、徐家花园,多来勿得了诶。像徐家花园尼,矮゠有二房、三房、大房,实质浪讲到徐家啊,徐家尼是吾拉外婆拉屋里。吾拉爹……亲亲尼养兹吾拉九个姑娘,一……还有一个儿子。个辣゠,讲起吾拉徐家尼,可能傝老辈头尼侪晓得诶。徐家尼当时矮゠蛮有名诶。吾拉祖浪尼,太太尼,手里尼矮゠当到兵部尚书。吾侬专门听得吾拉姆妈讲一只故事。

　　当时个辰光尼,伊倷去读书,读书尼读到要去赶考前头尼到庙里去祈梦,去祈好梦以后尼回来开心来勿得了。难=么跑到屋里,跑到屋里尼碰着伊拉屋里厢有个阿嫂,吾拉叫阿嫂诶。结果尼跑进去尼辫阿嫂看见伊愁=念:"倷昨日子祈梦祈来哪瞎?"伊倷念:"好诶啊! 吾侬格毛去考试啊要去做官哩!"格阿嫂尼愁=念:"哼! 别人家么七品八品,倷么便品把!"因为阿嫂尼文化知识呒没诶,只晓得多么愁=好,善=虽尼做官尼要知越是小越是大。难=么伊倷一念还"倷七品八品……别人家七品八品,倷只有品把"么,伊倷随手马上念:"哦哟,谢谢嫂嫂!"结果尼,伊倷随手回一声海盐格土话:"格煞胚!"好哩,从此介伊以后,虽然伊倷官做……做来越来越大,但是心里总归有个疙瘩。一直要告老还乡、告老还乡,结果一直告勿脱。告勿脱么最后是辣=起……好哩,仍旧是诶,本=慈禧太后杀脱诶。噢,格个尼是吾侬听[吾拉]姆妈讲诶。

　　难=么,再讲落起尼,[吾拉]格里尼,虽然蛮多,但是格种房子侪本=东洋人烧完啦哩。吾拉格里尼几十家人家尼小姊妹啦,哦哟,诺,小人啦以前别相呒没诶,但是尼,别相地方呒没诶,吾拉自家侪会得玩告游戏啊,真式多来亿完。马上想起来尼正式,日里夜来,哦哟,总归侪勿停诶。

　　格辰光吾拉日里尼,六月里尼,噢,游水。哇,游水、摸螺蛳、捉鱼,侪辣=起格只河里。辫只河尼一直通到海塘浪。到海边浪尼,吾拉,哦哟,天叫得一暖么马上到海里。海里格里……当时格辰光辫只海里沙滩格沙是好来否得了,吾拉登=来沙滩浪厢写字啊、堆沙堆啊。难=么,后来么,潮水来哩么,骑牢兹格浪头真式别相起来开心得来勿得了。

　　夜来尼,侪追披头。夜来追披头尼捉老鹰驮小鸡啊,难=么还有么,讲故事啊,难=么还有两只游戏勿晓得倷听得过哦,噢,叫"木铃

铛，木铃铛"。猞只么蛮多诶，多来勿得了诶。讲讲啊正式。还有么
"公鸡母鸡，灶家灶鸡，点牢啊里个，啊里逃。"难＝么还有么丢绢头
诶。哦哟，丢绢头是顶好啦哩，丢来捉牢兹么要唱歌诶。噢，难＝么
还有么，诺，吾拉猞塔告老人家么矮＝蛮多诶。老人家尼总归，夜来
尼总归同吾拉讲故事。讲《三国演义》，讲《水浒传》，还有么讲《聊斋
志》。《聊斋志》告故事讲来么，哦哟，吾拉总归到夜来怕来，侪勿敢
回去诶。

难＝么吾拉小……小姊妹拉尼总归小来侪十啥四岁阿勿到诶，
十数岁么，吾拉还有只节目。还有只节目尼叫淘箩姑娘。格个请淘
箩姑娘尼是要辣＝起结婚勿曾结，连对亲倒勿曾对，介伊告小姑娘
道里好做。难＝么登＝辣＝屋里厢，如果说屋里厢有大人，格淘箩姑
娘矮＝愁＝请勿来。难＝么，吾拉尼专门做猞点游戏。

做游戏哪瞎＝做诶尼？拿一只从前淘米告竹淘箩，竹淘箩尼上
登尼插满兹格花，再门底尼装块绢头，绢头下头尼再插一只篾爿头。
猞只篾爿头派啥用场诶尼？愁＝是好写字。写勒＝啊里尼？愁＝写
勒格点米浪，点米尼铺勒只台子浪。难＝么，几个小姊妹尼，两家头，
扛牢兹格只淘箩尼到外头，到天空浪厢去请淘箩姑娘。如果说屋里
有灶公公，愁＝到灶公公门底去请。"淘箩姑娘，淘箩姑娘，吾拉几个
小姊妹尼要请侪落来同吾拉讲空头。请侪尼马上落来。"难＝么，讲
好兹以后尼愁＝拿来请到屋里。请到屋里尼，两只手尼摆辣＝塔，台
子浪尼再插一把香。难＝么同……孟＝淘箩姑娘："淘箩姑娘，侪今
年几岁？"难＝么只淘箩尼因为有两个人有两只手托牢尼，只淘箩尼
会得动诶。难＝么伊侪写出来，写出来如果说写来岁数小，喊八岁
诶，七岁诶么，好，格么像勿得忒小噢，侪勿懂啥诶。"淘箩姑娘，请
侪回去！"难＝么请出去。

请出去么，再去请。难＝么拿淘箩姑娘请回来。难＝如果说请

回来个淘箩姑娘写个十八岁,好,格十八岁么比[吾拉]侪要大,噢,格么问倷。噢,问倷,格么念:"噢,淘箩姑娘啊,吾侬么是啥地方啥人噢,格么倷倒念念看,吾侬么下趟大起来做啥诶?下趟么,吾侬么能够读书么读到啥辰光,找对象么找个啥人,岁数么几许?"唉,淘箩姑娘尼,伊倷尼侪会得……会得同倷写出来,写出来,介伊尼,矮⁼愁⁼增加吾拉小格辰光尼一点乐趣。介伊以后尼,哦哟,小辰光尼真式想着,像勿得现在啊好像侪吼没人讲啦哩。

大家好,我的名字是张圣英,今年虚岁 67 岁。我是土生土长的海盐人。我家就住在中大街 26 号。可能你们现在对这个名字很陌生,其实就是现在的滨海。我家住在西门往后面 50 米的地方。这个西城很有来历。因为当时,你们可能都知道吧,就是呼延灼抗倭的时候,呼延灼就是战死在这条城河里的。那个时候,他要冲出去打倭寇的时候,这座吊桥年久失修,他就不幸牺牲在那里了。

我家是在齐乡桥,原来齐乡桥那里有座小庙,就叫齐乡桥庙。前面还有海盐最古老的参议院,在我们这条河对面。我家是在这条城河边上。那年夏天,城河一侧的房子被日本人烧光了。城里就这条中大街上还剩着二三十户人家。这条路上其实有很多名人。我们家对面是张家祠堂,这个祠堂非常大,有三进,里面安放了许多的祖宗牌位之类的东西,门前有两只石狮子……很大的石狮子。这两只石狮子,现在放在绮园门口。

其实绮园现在才叫绮园,以前叫洪家花园。这个洪家花园的房子大得不得了。他们这个洪家花园现在也是很有名气的。以前呢,拍《红楼梦》也来取景。但是,这许多的花园,为什么我们城里就保留了洪家花园呢,这你们知道吗?其实,在日本人侵略我们中国的时候,这里是日本人的警备司令部。在洪家花园后面,真的有许多万人坑。我们以前开荒开出来，那些白骨啊，多得不得了，就在洪家花园后面。所以这个洪家花园就一直保存下来了。

你们知道吗，这个洪家是怎么起家的？其实，他们以前也是很苦的，他们的老祖宗是鸡毛换糖的。鸡毛换糖换到了南浔，是江苏的南浔，江苏南浔那边的人家都很兴旺的。后来，他换糖换到很多小孩子拿出来的金钉子，于是他就拿这些做本钱，到上海开酱油铺。发财以后就在这里造了洪家。到现在，他们已经捐献给国家了。

我们这里过去，还有朱家花园、徐家花园，多得不得了。像徐家花园，也有二房、三房、大房。说到徐家啊，其实是我外婆家。我外婆生了9个女儿，还有一个儿子。所以，说起我们徐家，可能老一辈都是知道的。徐家当时也是很有名的。我们祖上太爷爷，也曾官至兵部尚书。我们经常听我妈讲一个故事。

当时有个读书的秀才，读到要去赶考了，就到庙里去祈梦，祈梦回来后非常高兴。于是就跑回了家，到家碰到自己家的一个嫂嫂，我们叫阿嫂的。结果这阿嫂看见他就问："你昨天祈梦结果怎么样？"他说："好的啊！我这次去赶考要做官的！"这个阿嫂说："哼！别人么七品八品，你可能只有品把！"因为阿嫂没有文化知识，只以为品多就是好，其实要知道，当官呢是（品的数字）越小，（官就）越大。所以她一说"别人么七品八品，你可能只有品把"，他马上说："哦哟，谢谢嫂嫂！"结果呢，她马上回了一句海盐的土话："这个煞胚！"好了，虽然后来他官越做越大，但是心里总是有个疙瘩。一直要告老还乡、告老还乡，结果却一直告不了老。最后还是被慈禧太后杀了。噢，这个是听我妈妈讲的。

再讲下去呢，我们那时候啊，虽然房子很多，但是那些房子都被日本人烧光了。我们那时候几十户人家的小姐妹啊，以前的孩子没什么玩的东西、没玩的地方，但是我们会玩的游戏很多很多。现在想想,白天黑夜,总是不停的。

那时候我们白天呢,夏天呢,游泳。哇,游泳、摸螺蛳、捉鱼,都在那条河里。这条河一直通到海塘里。到海边呢,只要天气一暖和,我们马上到海里。那时候海里的沙滩非常好,我们在沙滩上写字啊、堆沙堆啊。后来呢,潮水来了,骑着浪头玩,真的开心得不得了。

晚上呢,都追披头。晚上追披头就是老鹰捉小鸡啊,还有讲故事啊,还有两个游戏不知道你们听说过没有,叫"木铃铛,木铃铛"。游戏很多的,多得不得了。还有"公鸡母鸡,灶家灶鸡,点住哪个,哪个逃"。还有丢手绢。哦哟,丢手绢是最好玩的,丢了抓住了要唱歌的。噢,还有我们这里老人家也很多的。老人家总是在夜里给我们讲故事。讲《三国演义》,讲《水浒传》,还有讲《聊斋志》。听了《聊斋志》里的故事后,我们在晚上总是很害怕,都不敢回去了。

我们小姑娘们呢,大多都是 14 岁都没到的孩子,就十来岁的样子,我们还有一个节目。这个节目叫淘箩姑娘。请淘箩姑娘的游戏要在还没结婚,连对亲都没对,这样的小姑娘群里才能做。在家里做,如果说家里有成年人,这个淘箩姑娘是请不来的。我们总是做这个游戏。

游戏怎么做呢? 拿一只以前的竹淘箩,竹淘箩上插满花,前面挂块手绢,手绢下面再插一片篾片。这个篾片做什么用呢? 就是用来写字的。写在哪里呢? 写在这个米上,这些米铺在桌子上。然后,几个小姐妹中的两个人抬着这只淘箩到外面,到天空里去请淘箩姑娘。如果家里有灶公公,就到灶公公前面去请。"淘箩姑娘,淘箩姑娘,我们几个小姐妹要和你说话。请你马上下来。"说了以后就拿到家里来。请到家里来以后,双手放在那里,桌子上插一把香。然后就和淘箩姑娘说:"淘箩姑娘,你今年几岁了?"因为有两个人用两只手托着淘箩,这个淘箩就会动。那么她就会写出来,写出来如果年纪很小,说 8 岁、7 岁呢,那就太小了,什么都不懂。"淘箩姑娘,请你回去!"于是请出去。

　　请出去了呢,再去请。把淘箩姑娘请回来。如果请回来的淘箩姑娘写个 18 岁,好,18 岁比我们都要大,噢,那么就问她。问她说:"噢,淘箩姑娘啊,你是什么地方人啊,你倒是说说看,我们以后大起来是要做什么的? 我们以后读书能读到什么时候? 找对象能找个什么人? 年纪多大?"哎,淘箩姑娘都会给你写出来,这样呢,也就增加了一点我们小时候的乐趣。这以后呢,哦哟,小时候的事情,现在好像也没有人说起了。

风俗习惯

　　吾侬今朝来讲讲吾拉海盐告一般风俗哦。愁ᵉ从年三十开始,像年三十看么,像以前愁ᵉ是年三十要请公公请太太。公公太太尼,矮ᵉ要请……请到几族啦。难ᵉ么小菜尼愁ᵉ斱点小菜,小菜摆好,酒杯摆好,大家侪要拜。还有交关个佛龛,吾侬记得,小格辰光,佛龛是摆来后头亿万多来呀,灶位弄好,大家每个人侪要拜祖宗。难ᵉ么祈求,总归感谢祖宗,再是祈……保佑吾拉尼全年好……全年大家身体健康,平平安安。

　　吾侬记得吾拉……吾拉……噢,从吾侬记事开始,吾拉爷总归辣ᵉ起门浪到处写"平安",真式从小格辰光,真式。喏,小格辰光真式有点勿理解,为点啥侪平安,但是到大才理解平平安安才是福,只有平安才有一切。因为伊拉是经过几许年格战乱,所以对平安非常格渴望,矮ᵉ总归希望吾拉一生平安。格勒ᵉ吾侬小格辰光格名字其实叫啥"张胜安",因为是解放以后养来诶,胜利,吾拉侪叫"胜利",胜利以后要求"平安",格勒ᵉ吾侬格名字,小名,第一个名字,户口簿浪格名字实质上叫"张胜安"。

格么,亦要讲到过年,过年尼,难⁼么吃年……年三十夜饭,年三十夜饭虽然吭没,诺,小菜吭没现在格个丰盛,但是尼,一般八只十只,总归有诶。小人吃年夜饭格辰光,大人呆板要准备一张草纸,每个人嘴巴浪侪要揩一揩,为点啥尼,愁⁼是要讲,叫小人格个一年当中,如果说倷要骂人诶,讲告勿吉利格闲话,愁⁼当……当倷擦屁,勿当真。有声闲话叫"祸从口出",倷,了勒⁼,勿该讲告闲话愁⁼勿好讲。难⁼倷小人勿懂,要讲,格么愁⁼拿张草纸揩脱,算过倷讲来侪白讲。格勒⁼格个尼矮⁼是吾拉过年格一个风俗。

还一个愁⁼是汏衣裳,倷到年三十倷汏衣裳,倷一定要今朝年三十夜里能够晒干,倷如果说晒勿干,倷干脆甮汏。汏兹以后,等于明朝是年初一,亦过一年啦哩,个么倷犒条衣裳是湿诶。犒条衣裳湿诶尼愁⁼叫"湿布衫过年"。倷个人如果说一件湿衣裳穿落霍重哦?重诶!格么愁⁼说明啥,倷明年点背牢犒条湿布衫,等于一年里厢总归运气勿好诶。样样式式勿好诶。所以尼,犒汏衣裳尼,年三十夜来,下昼,倷基本浪厢勿好汏衣裳啦哩。

个么讲到过年,年三十夜饭吃好,明朝年初一。年初一大家侪晓得,第一个愁⁼是,倷年初一早晨拉起来,开门炮仗要放诶,放两个开门炮仗。第二个,愁⁼是倷年三十夜来侪烧兹隔夜饭,隔夜饭尼,倷还要留点鼠粮啥,兜点饭来本⁼老鼠吃。再一个吭啥来,自家以前如果说吭没来吃,但是倷老鼠个碗米饭呆板留本⁼伊。因为一年当中,如果说连老鼠吃个点饭矮⁼吭没啦哩,愁⁼说明倷家人家已经苦来已经勿来啦哩。所以老鼠格个饭要本⁼伊吃。

格么到兹年初一以后,格么倷愁⁼是要几样事体侪勿好做哩:勿好动扫帚,对哦,勿好动……所有生活侪勿做,年初一是大家愁⁼是别相,对哦,互相拜个年。格说明尼,吾拉明年点尼,好哩矮⁼空,勤做来实介忙法子。噢，格个愁⁼是过年尼，好哩，顶大格忌，愁⁼是。难⁼么讲闲话，大家互相之间侪要讲好话，侪是恭喜发财、身体健康。小辈拉啥侪要拜年诶。

格，难⁼再落起尼，吾拉海盐尼还一个节日尼过去尼愁⁼是还有一个端午。端午呢，总归裹粽子。格辰端午……端午做粽子。吾拉浪塔以前尼侪是到海塘浪，格只白洋河里尼去扳告芦箬，粽箬尼矮⁼有，但是只芦箬尼新鲜来勿得了。侪是扳兹格只芦箬尼，拿回来尼裹粽子尼裹出来香来勿得了。格么亦有赤豆粽子，亦有么，噢，枣子粽子，格么尽量，如果说以前肉少么，好哩，按点酱油么，包只酱油粽子。

难⁼么，到兹真式麦收以后尼，面粉，大家屋里厢侪有啦哩。格么，格点面粉做啥尼，还有，新蚕豆，多来么勿得了。新蚕豆剥出豆板，同面粉搅勒⁼一沓尼，总归尼格点尼，基本浪家家人家侪要做辫只酱诶。吾拉海盐人辣⁼起上海酱油店开来顶多，但是酱……海盐人尼自家尼以前尼酱侪是自家做诶。

酱尼，哪瞎做诶尼？愁⁼是面粉同豆板烧来烧酥以后，面粉捏来一道蒸，蒸做一白⁼一白⁼尼，摆勒⁼，格辰光齐巧是要黄梅天，搁勒⁼格只……下头尼安点格种稻柴或者麦柴，衬勒高头，让伊发霉、发酵。越兹格根毛越兹长，哪来吃起来格点酱尼越是鲜。等到伊毛长来亿完尼，担⁼出去尼太阳头里照。晒来晒干以后尼，好，难⁼么，一斤水摆……总归，侪要咸点么多摆点，总归，摆半斤盐。好，难⁼么安勒水里厢尼，晒。开头是介伊侪是黄冲冲白诶呀，到最后侪看格点拍散兹晒到最后格点酱兹啊红倒个来。格么，真式个点传统尼现在真像勿得矮⁼蛮少啦哩。想牢以前格告酱，想想啊，蛮好吃诶。

难⁼么，再一个，到兹……过兹端午以后尼，难⁼要过七月七哩。七月七尼，侪晓得诶，七月七是牛郎织女节。七月七格点尼，吾拉小辰光,专门要跑到个葡萄棚下头,侪讲尼:"今朝夜来跑到葡萄棚下头尼去听牛郎织女讲空头。"难＝么七月七尼烧啥,烧格个"发芽头",发芽蚕豆同南瓜。格个一天尼,吾拉是吃格点。格个是七月七。

七月七以后尼,过好兹以后尼,难＝么要过一只九月重阳节。重阳节现在尼,好像矮＝马上像勿得吭没啥。但是尼,实质浪重阳节以前尼要做一只重阳糕。格只重阳糕尼是菱形诶,蛮大诶,而且上凳＝尼是插小旗诶,两面小旗插来漂亮来野＝诶。格点尼是重阳节,格点是吾拉小辰光看见。因为伊拉格种糕团店尼侪⋯⋯侪做诶,做兹以后尼有格种矮＝侪买回去,买到屋里。格点是重阳节。是⋯⋯喏,因为侪是岁数大格告吃诶,介侬。

格么到,过兹重阳节以后九月九尼,那接落起尼,像勿得要到送灶爷。哦,重阳节前头,到勿是,还有一个节日,忘记脱哩。哎,七月七过好之后,七月三十。格个七月三十尼,是啥尼?叫"地藏王菩萨节"。"地藏王菩萨节",格个一天尼,愁＝是讲要插狗浣香。家家人家门底尼全部是插蜡烛,插狗浣香。难＝么到夜来尼,吾拉告小人拉尼,侪去采落苏。因为念,到七月三十以后尼,念起来,七月三十格告,格告鬼侪辣＝起⋯⋯婆＝起落苏母＝里厢哭啦!过兹七月三十格告落苏侪苦啦哩。格勒＝采脱落来尼,苏＝一个线,一个竹头,难＝么担告狗浣香来尼插辣＝在落苏浪。难＝么,大家⋯⋯家家人家小人拉,介侬,一到夜来么,大家拾兹格只落苏⋯⋯狗浣香灯勒＝,再加格个,格种地浪厢插满,插满插满格个狗浣香,哦,格么真式好看得来,总归,夜来,真好看诶。侪开心来勿得了诶,侪拾兹。

难＝么过兹七月三十,七月三十以后么,难＝到送灶爷。到送灶爷,灶公公,因为家家人家尼灶头浪侪摆灶公公。难＝么灶公公尼门底尼矮＝要请请,请请么以前念起来格告呆大糖,实质浪愁＝是个告馅糖做成功诶,介侬请。请好兹以后尼,灶公公拿出来尼。为点啥要念格点尼？灶公公拿出来，送灶公公上天，兹要用柏树，像勿得告香樟树告叶摆落霍，难゠么再担灶公公。因为灶公公回去矮゠有一只小轿子，拿灶公公摆勒゠兴小轿子里厢，难゠么抬上起。因为格只灶头啦，屋里厢重要来勿得了，平常日脚，大人拉勿叫小人拉，倷喊辣゠起灶头浪担双筷，喊点，戳戳兹，倷拆烂污，要本゠大人要敲来要勿得了诶。格个倷，戳灶头，倷算过得敲勒゠灶公公格屁股浪。每一年灶公公要到玉皇大帝塔去汇报诶，今年伊拉格家人家好事做哦，全部是要汇报诶。难゠倷去敲兹灶公公，灶公公念倷勿好么，难゠好，倷拆烂污。对哦，格勒゠灶公公，格只灶头尼，尊重来亿完诶。

难゠么格个灶公公尼，侪是辣゠起十二月廿一、廿二、廿三，念起来，因为啥叫，古话叫，廿一送灶么叫"馋逼牢牢，廿一送灶"，"勿馋勿牢么，廿二送灶"，介侬，总归，早诶，侪要想吃点格告小零散啥诶么侪送灶送来早来亿完。难゠么，拿灶公公么摆勒゠柏树，新鲜柏树叶同冬……冬青树，或者是香樟树，当时香樟树矮゠蛮多，香樟树格叶上凳゠点着兹以后，一把小轿子拿灶公公送上去。格勒゠矮゠蛮好看诶。格个尼愁゠是……到是送灶爷。

格么难゠过兹送灶爷么难゠要过年哩牢。要过年哩尼，像吾拉屋里尼，总归年常总归矮゠要做团子打年糕，吾拉顶，格告小人拉侪总归，顶相信吃愁゠是只枣糕。羿只枣糕尼，吾拉屋里总归矮゠是传统，一直传脱来。做来尼相当精巧，而且是好看来勿得了。吾拉屋里尼有交关告印板，小印板，反正福禄寿、桃子、猪猡、寿字，难゠么还有么告鸡，样式有，一只一只告小印板，小来呀诶。只小印板里尼，要做，用……糯米粉。格点糯米粉尼要拼，十斤糯米两斤粳米，要拼。但是点馅头尼考究来勿得了，里厢点馅头尼是净枣子，枣子尼剥皮，核剥出，剥出兹以后尼，要担来用猪油来炒。炒好以后摆，要摆糖。糖里尼还要摆啥尼？要摆猪油。格只猪油倷顶起码要半个月以前担糖来腌诶,腌好兹以后,难〓么要做枣糕格辰光尼,要摆进去,格么还有糖蒲〓桃。难〓么倷还可以用芝麻来做,芝麻来做格只蒲桃……噢,格个……格点……矮〓是摆糖猪油。摆兹以后尼,格白〓枣糕尼,再兹做拢兹以后尼,担印糕来做出来。格兹漂亮得格来。难〓倷如果说,要用颜色诶,难〓倷弄点其他,格种红诶,像菠菜叶啊,啥,格种弄出点水来,变做绿诶。格么做出来,上登〓烧出来兹以后尼,连忙要弄只,吾拉弄点格种红纸头,担双筷,劈劈,劈劈么有四……有四个,格种方诶点,介侬,点出来尼,一看么愁〓像过年哩。难〓么落霍烧枣糕格同时尼,啥人,六笋,格只老六笋尼,倷发好兹以后尼,呆板要辣〓起做团子格辰光,摆勒〓格只团子镬子里,格么烧,烧来么团子做好,六笋矮〓已经烧熟啦哩。难〓么烧好兹以后么,好哩,格个一年么等于……相等于愁〓要过年哩。呵呵,过好!

　　我今天来说说我们海盐的一般风俗。就是从大年三十开始,像年三十么,以前年三十要请公公请太太。公公太太呢,也要请到几族呢。小菜呢就这些小菜,小菜摆好,酒杯摆好,大家都要拜。还有许多的佛龛,我记得小时候佛龛是摆在后面的,非常非常多,灶位弄好,大家每个人都要拜祖宗的。然后就是祈求,就是要感谢祖宗,再就是保佑我们全年大家身体健康、平平安安。

　　我记得我们,噢,从我记事开始,我爸爸总是在门上到处写"平安",从小开始就这样。小时候有点不太理解,为什么都是平安,但是到大了才理解平平安安才是福,只有平安才有一切。因为他们经过很多年的战乱,所以对平安非常渴望,也总是希望我们一生平安。所以我小时候的名字其实叫"张胜安",因为新中国成立以后出生的,胜利,我们都叫"胜利",胜利以后要求"平安",所以我的名字,小名,第一个名字,户口簿上的名字其实叫"张胜安"。

　　然后,又要讲到过年了。过年呢,要吃年三十夜饭,年夜饭的小菜虽然没有现在这么丰盛,但是,一般八碗、十碗还是有的。小孩子吃年夜饭的时候,大人一定要准备一张草纸,每个人嘴上擦一擦,为什么呢? 意思就是小孩子在这一年当中,如果要骂人、要说不吉利的话,就当你擦屁股,不当真的。有句话叫"祸从口出",所以不该说的话不能说。但小孩子不懂,要说,那就拿张草纸擦掉,就当你说了白说。这也是我们过年的一个风俗。

　　还有一个就是洗衣服,到年三十洗衣服,你一定要确保今年年三十晚上之前能晒干,如果晒不干,干脆就不要洗了。洗了以后,明天是大年初一,又过了一年了,如果这件衣服是湿的,那就叫"湿布衫过年"。一个人如果穿一件湿衣服在身上重吗? 重的啊! 那说明什么,你明年身上穿件湿布衫,就是说一年里的运气都不好。这会什么都不好。所以,这洗衣服呢,年三十下午,基本上是不能洗衣服的。

　　那说到过年,年三十晚饭吃好,第二天是年初一。年初一大家都知道,第一个就是年初一早上起来,要放开门炮,放两个开门炮。第二个就是年三十晚上都要烧隔夜饭,隔夜饭呢还要留点鼠粮,盛点饭给老鼠吃。再怎么穷苦,我家以前很穷困,但是老鼠的这碗饭是一定要留着的。因为一年当中,如果说连老鼠吃的饭都没有了,就说明这户人家已经穷得不行了。所以老鼠的饭还是要给它的。

　　到了大年初一以后,这些事情都是不能做的:不能动扫帚,对吧,不能动……所有的活都不能干,年初一大家就是玩,对吧,互相拜年。这预示着我们明年也可以空一点,不要做得这样忙。噢,这个就是过年最大的忌讳。然后说到说话,大家互相之间要说好话,都是恭喜发财、身体健康。小辈们都要拜年的。

　　再接下去呢,我们海盐还有一个节日就是端午。端午总是要包粽子的。那时候端午做粽子。我们这里以前都是到海塘上,那个白洋河里去采芦箬,粽箬也是有的,但是芦箬新鲜得不得了。都是采这个芦箬拿回来包粽子,包出来很香很香。有赤豆粽子,还有枣子粽子,以前肉少,那就放点酱油,包个酱油粽子。

到了真的麦收以后呢,面粉,大家家里都有了。那么这些面粉做什么呢? 还有新蚕豆,多得不得了。新蚕豆剥出豆板,和面粉搅拌在一起,总归做一点,基本上家里人都要做这个酱的。我们海盐人在上海酱油店开得最多,但是以前海盐人家里的酱都是自己家做的。

酱是怎么做的呢? 就是面粉和豆板煮烂以后,和面粉放在一起蒸,蒸成一块一块的,放在那里,这时候刚好是黄梅天,就在下面垫一些稻草或麦秆,一块一块放在上面,让它发霉发酵。这毛长得越长,这些酱吃起来就越鲜。等到毛长得很长很长时就拿出去放在太阳下晒。晒干以后呢,好,那一斤水放……就是,你要咸一点就多放,大概半斤盐。好,然后放在水里,晒。开始这些都是发黄发白的,到后来你看这些酱很红很红。这样传统的做法现在很少了。想着以前的酱,想想都很好吃。

等过了端午节之后呢,就要过七月七了。七月七呢,都知道的,七月七是牛郎织女节。七月七那天,我们小时候,专门要到葡萄棚下面去的,都说:"今天晚上跑到葡萄棚下面去听牛郎织女说话。"七月七烧什么呢,烧那个"发芽头",发芽蚕豆和南瓜。这一天呢,我们是吃这个的。这个是七月七。

七月七过了以后呢,就要过九月重阳节。重阳节现在好像也没什么(特别的)。但是实际上以前重阳节是要做一种重阳糕的。这种重阳糕是菱形的,很大,而且上面要插小旗,那几面小旗做得非常漂亮。这就是重阳节,这些都是我们小时候看见的。因为那些糕点店都做的,做了以后有些人就买回去,买回家。这是重阳节。是年岁大的人吃的,这样。

过了重阳节以后,接下去呢,好像就要送灶爷了。哦,重阳节前面还有一个节日,忘记了。哎,七月七过了之后,还有七月三十。这个七月三十是啥呢?叫"地藏王菩萨节"。"地藏王菩萨节"这一天呢,就是要插狗浣香。每户人家门口全部插蜡烛,插狗浣香。到了夜晚,我们这些孩子都去采茄子。因为说到了七月三十以后,说起来,七月三十的鬼都在茄子地里哭!过了七月三十的茄子就苦了。茄子采下来后,系一根线,一根竹子,拿些狗浣香插在茄子上。然后,大家……家家户户的孩子都这样,一到晚上,大家捡了个茄子……狗浣香灯啊,再加地上插满的狗浣香,真的很好看,特别是晚上,真的好看。都高兴得不行,都去捡。

七月三十以后,就到了送灶爷。送灶爷,灶公公,因为每户人家的灶上都摆灶公公。然后都要请请灶公公的,请就是用以前的呆大糖,实际上就是用饴糖做的,这样请。请好以后呢,灶公公拿出来了。为什么要说这些呢?灶公公拿出来,送灶公公上天,要用柏树、香樟树的叶子之类放在那里,然后再拿灶公公。灶公公回去有一个小轿子,把灶公公放在小轿子里,然后抬上去。因为这个灶头在家里是非常重要的,平时,大人们让孩子去灶头上拿双筷子,戳了一下,那就闯祸了,会被大人们狠狠揍一顿的。你戳灶头,就相当于你打灶公公的屁股。每年灶公公是要到玉皇大帝那里去汇报的,今年这户人家好事做不做,全部要汇报的。你打了灶公公,灶公公说你们不好,那完了,你就闯祸了,对吧!所以对灶公公,这只灶头呢,要非常尊重的。

这个送灶公公,都是在十二月二十一、二十二、二十三,叫啥呢,古话说,二十一送灶么"馋逼牢牢,廿一送灶"(嘴巴谗的人二十一送灶公公），"勿馋勿牢么，廿二送灶"（嘴巴不馋的人二十二送灶公公），大家都想早点吃点零食啥的，所以很早就把灶公公送走了。于是，把灶公公放在柏树，新鲜柏树叶和冬青树叶或香樟树叶上，当时香樟树很多的，香樟树的叶子点着以后，用一个小轿子把灶公公送上去。所以很好看的。这个就是送灶爷。

　　送了灶公公后就要过年了。过年呢，像我们家里，每年都是要做团子、打年糕的，我们小孩子最喜欢吃的就是枣糕。这做枣糕呢，是我们家的传统，一直传下来。枣糕做得相当精巧，好看得不得了。我们家里有很多小印板，反正福禄寿、桃子、猪、寿字，还有鸡，什么都有，一个个的小印板，非常小。在这个小印板里，要做，用糯米粉。这些糯米粉要掺，十斤糯米两斤粳米，要掺。但是这里面的馅非常讲究，里面的馅是净枣子，枣子剥皮，核剥出来，剥出来以后要用猪油来炒。炒好以后放糖。糖里还要放什么呢？要放猪油。这个猪油最起码要提前半个月用糖来腌，腌好以后做枣糕的时候呢，就要放进去，还有糖核桃。当然还可以用芝麻来做，芝麻来替代那些核桃，也是放猪油。放好以后呢，这块枣糕，做在一起以后呢，用印板把糕做出来。这个很漂亮的。你如果说要有颜色，就弄点其他那种红色，像菠菜叶啊，弄点水出来，变成绿色的。那么做出来，上面烧出来以后呢，我们赶紧用点红纸头，拿双筷子，劈开，劈开么有四个方点，这样点出来呢，一看就像过年了。然后在烧枣糕的同时呢，六笋，那些老六笋，发好以后呢，一定要在做团子的时候，放在那个蒸团子的锅里，这样烧，烧了么团子做好，六笋也已经烧好了。烧好以后，这一年就等于要过年了。呵呵，过好！

　　　　　　　　　　　　（2016 年 7 月 17 日，海盐，发音人：张圣英）

(三)方言青男

当地情况

在方尼两个台风,一歇落雨,一歇出太阳,风么大来亿完,跑出去上班兹条雨披基本浪要带来……带来身浪。跑来跑去,一歇么落雨,一歇么出太阳。马上台风过啦哩,倒蛮好。犭毛……预……预……预报出来兹台风蛮结棍诶。到浪塔兹好得台风勿大啦哩。

难ᵗ再讲讲核电厂,核电厂其实跑进去看看,风景蛮好。〔伊拉〕有个外滩,外滩对过还有个岛。岛浪兹有……种茶叶,去别相别相蛮好,带动格经济力量矮ᵗ蛮结棍。

再讲讲看海盐格发展,除开六旗,还造起个渔人……渔人码头,矮ᵗ蛮好别相。格头有一片花海,全部种兹薰衣草,到格面头去拍拍照、看看风景。再走到前头就是海边,风景好来勿……勿得了。

再讲讲马上五水共治弄来效果相当好,河里告鱼越来越多,钓鱼告人矮ᵗ越来越多,跑来跑去总归碰得牢钓友。跑过去看见有人辣ᵗ钓鱼呢,跑过去,两家头讲讲空头,讨论讨论经验,对自家钓鱼矮ᵗ有帮助。看看伊拉钓鱼,其实矮ᵗ蛮好,比自家钓还要适意。吾侬一般性钓鱼,野河里钓来要多点,家河塘钓来要少点。但是吾侬只介到家河塘,就到一爿,辣ᵗ起金星村,稍微再南面头点。格头个老板同吾蛮要好,哎,只介去,吾侬勿钓鱼,只介同个老板讲讲空头。问问伊看犭根鱼哪瞎弄点,哪瞎养,因为吾侬屋里,乡下头有个塘,辣ᵗ墙圈里厢,总归一百个平方左右。吾侬养鱼矮ᵗ养来蛮多,养兹十几根草鱼,靠十根花鲢,还有一提桶个小鲫鱼,还有七根黑鱼。养来下毛点过个啥四五年,汏干兹做告。那么一道吃,点鱼吃吃看好吃哦。应该养来兹比较成功诶,到马上死鱼死来矮ᵗ算少诶,蛮成功。

吾拉屋里乡下头辣⁼起金星村有一棟三层楼，以前辰去，造格辰光，一面造好格辰光兹，小队里算……造来算好诶。马上时间长啦哩，房子矮⁼有点……颜色矮⁼有点变。难⁼想弄过，下毛点想外表再装修装修。吾拉边浪，屋门底边浪，还种起总归二三十棵黄桃树。黄桃树马上就要成熟哩。种格辰光相当辛苦，桃子便拳头介大格辰光，比拳头还小点格辰光，每一只桃子侪要同伊套只油纸塔。尚⁼怕有虫有鸟，还蛇。到格辰光兹每棵树浪总归有起二三十个桃子。包格辰光是满头大汗。难⁼么还要打药水，还要圈，拿只网来圈牢。弄来比较辛苦。但是吃牢桃子格辰光矮⁼觉着比较幸福。前头格点苦，吾侬觉着矮⁼是应该诶，矮⁼勿见得苦来亿完。吃好格辰光是相当相当幸福诶。还有边浪一圈地方，吾拉种粟米。粟米现在是大量上市格辰光，每天吃牢自家屋里种格两只粟米，甜务⁼津津，好吃得来。

再讲讲看海盐格只发展格情况。马上格种娱乐场所矮⁼越来越多，说明吾拉海盐人民只经济，逐步逐步辣⁼上升。跑出去别相告人矮⁼多，像每天夜里像格种麦浪、普乐迪、嘉乐迪……格种KTV基本上侪爆满，说明人民生活水平越来越提高。侪晓得别相啦哩，觉着蛮好。还有一只海盐顶大格只夜宵市场，就辣⁼起天宁寺，临时菜场里厢。格白⁼里每天夜里矮⁼是爆满。马上六月里，天热，吃夜宵告人相当多。格头……格白⁼里告夜宵，基本浪侪是外地人开来比较多诶，因为外地告菜有特色。本地人马上吃辣格习惯矮⁼蛮……越来越……越来越高，吃起来越来越辣。到格白⁼里去酒弄点，再弄点辣诶，夜宵吃吃，矮⁼是一件幸福告事体。

早上头，天宁寺菜场矮⁼非常闹猛，样样式式格东西侪有。卖水果诶，卖茶叶诶，卖水产诶，卖肉类诶，东西比较多，蔬菜矮⁼有。特别是早上头，天宁寺菜场里厢专门有部面包车开过，伊拉当场张格只八脚箩，夜里张，明朝早上头去收来。当场当……当顾客格面倒……倒出来。吾侬觉着搿种蛮好，是比较正宗、野生诶。起早头辰，去看看告矮＝蛮好，长点知识。吾侬个人尼，比较相信捉告鱼啊虾啊，格吾侬屋里矮＝养起霍。吾侬平常矮＝自家捉捉弄弄，蛮好。捉来吃吃。有格辰光么外头捉来，难＝么再去血＝自家屋里只团＝里。下毛点么养养大，自家再去捉，觉着矮＝蛮幸福。觉着夜里呒啥事体做，到乡下头去棣，八脚箩放放，明朝早上头去收，收好兹么，倒好兹，勤侬告，念血＝河里，要告，同伊摆开，摆只桶……提桶里，要么愁＝杀掉，杀掉以后摆冰箱里，夜里厢烧来吃。蛮好。吾侬觉着介侬一日天过起来矮＝蛮有意义。

平常尼，吾侬平常生活尼，除开上班，要么就打篮球，要么就钓鱼，要么就乡下头。吾侬蛮喜欢跑到乡下头，因为乡下头东西比较多，空气矮＝比较新鲜，鱼钓钓，是哦，外头格种风景去看看。有格辰光尼，到吾拉门底格只新开河，去边浪走圈，看看有人落霍钓鱼哦，钓鱼么亦里立塔看看。有格辰光看来心里痒来。到早辰头实，到自家屋里去拿出来，矮＝坐辣个钓友旁边一道钓，讲讲空头勿心焦诶。马上钓鱼告人矮＝多来勿得了诶，跑来跑去总归碰得牢钓友。

再方有一毛，鱼塘里点鱼死来矮＝蛮结棍，吾侬去，特为到鱼塘里去问问格老板看。难＝格老板同吾侬配点药水，吾侬搲＝霍，格个效果相当好，一搲＝一弄，马上毛病就好。身浪发出来告红斑，愁＝铁毛虫，吾侬头一毛养鱼，吾侬矮＝勿懂，格勒＝矮＝叫伊……请教师傅。点药水一打，全部好啦哩。但是，屋里，池塘里点螺蛳全部呒干，死脱啦哩，矮＝比较肉麻。格两日晓得，晓得要来台风哩，吾侬到乡下头只团＝里有只出水口，水满高来哩，伊倷格点水就从格白＝里排出去，排到大河里厢去。吾侬特为拿只网，拿只塑料套管，同伊扎牢绑牢，弄好。觉着做一行爱一行，格勒＝做来自家觉着蛮满意啦哩,就可以哩。做来勿满意,吾侬有可能登﹦只鱼……河滩头想起来半日天啦。呆板要点事体同伊弄好。亦然像勿得夜里困觉矮﹦困勿着。

最近有两个台风,一会儿下雨,一会儿出太阳,风么很大很大,出去上班雨披一定要带着的。跑来跑去,一会儿下雨,一会儿出太阳。台风很快就过了,挺好。这次预报的台风是很厉害的。还好到这里台风不大了。

再说说核电厂,其实跑到核电厂去看看,风景挺好的。他们有个外滩,外滩对面还有一个岛。岛上有茶叶,去玩玩挺好,带动经济也很厉害。

再说说海盐的发展,除了六旗,还造了个渔人码头,也很好玩的。那边有一片花海,全部种了薰衣草,到那边去拍拍照、看看风景。再走到前面就是海边,风景好得不得了。

再说说五水共治,效果相当好,河里的鱼越来越多,钓鱼的人越来越多,走来走去总能碰到钓友。出去看见有人钓鱼呢,就过去,两个人聊聊天,交流交流经验,对自己钓鱼总是有帮助的。看看他们钓鱼,其实很好,比自己钓还要舒服。我一般情况在野河里钓鱼比较多,家塘里钓得比较少。但是我只去一家鱼塘,在金星村,稍微南边一点。那个老板和我关系很好,我经常去,不钓鱼,就和老板聊天。问问他鱼怎么弄,怎么养,因为我乡下家里也有塘,在院子里面,大概有一百个平方米。我养鱼养很多,养了十多条草鱼,将近十条花鲢,还有一水桶的小鲫鱼,还有七条黑鱼。下次过个四五年,洗好晒干做鱼干。到时候一起尝尝,看味道怎么样。应该来说养得还是很成功的,现在鱼死得越来越少,很成功了。

我们家在乡下金星村有一幢三层的房子,以前刚造的时候,在小队里算好的。时间长了,房子的颜色有点变了。想重新装修过,下次把外表再装修装修。我们旁边、门前,还种了二三十棵黄桃树。黄桃树马上就要成熟了。种的时候是相当辛苦的,桃子只有拳头这么大的时候,甚至比拳头还要小的时候,每只桃子都要用油纸套起来。就怕有虫有鸟,还有蛇。那时候每棵树上总有二三十个桃子。包的时候是满头大汗。还要打药水,还要圈,用网圈住。干的时候很辛苦。但是吃桃子的时候觉得很幸福。还有边上一圈的地方,我们种了玉米。玉米现在是大量上市的时候,每天吃着自己家里种的玉米,甜甜的,很好吃。

再说说海盐的发展情况。现在各种娱乐场所越来越多,说明我们海盐人民的经济在逐步上升。出去玩的人相当多,每天晚上像麦浪、普乐迪、嘉乐迪之类的 KTV 基本上都是爆满的。这说明人民生活水平越来越高,都知道要玩了,觉得很好。还有海盐最大的夜宵市场,就在天宁寺旁边,临时菜场里面。这里无论白天还是晚上都爆满。马上就夏天了,天热,吃夜宵的人相当多。这里的夜宵基本上是外地人来开的,因为外地的菜有特色。现在本地人也越来越习惯吃辣的,吃得越来越辣。到这里去弄点酒,再弄点辣的,吃个夜宵,也是一件很幸福的事情。

早上,天宁寺的菜场很热闹,什么东西都有。卖水果的、卖茶叶的、卖水产的、卖肉的,东西很多,蔬菜也有的。特别是早上,天宁寺菜场里面有辆面包车,(车主)会当场张个八脚笼,晚上去放,第二天一早去收来。当着顾客的面倒出来。我觉得这个很好,是很正宗野生的。一早去看看这些挺好,长点知识。我这个人,比较喜欢捉鱼捉虾,我自己家里也养着。平时我也抓抓养养,挺好,抓来吃。有时候外面抓来,拿回家扔在自己家里的塘里。下次养养大再去抓,觉得很幸福。晚上没什么事情做,就去趟乡下,放个八脚笼,第二天早上去收,收来倒出来,不要的仍然扔回河里,要的另外放起来,放在水桶里,或者杀了,杀了放冰箱里,晚上烧了吃,挺好。我觉得这样的日子过得挺有意思。

平时呢,我平时的生活呢,除了上班,要不就打篮球,要不就钓鱼,要不就去乡下。我很喜欢去乡下,因为乡下东西更多,空气也新鲜,钓钓鱼,是吧,去看看外面的风景。有时候,到我们门前的新开河边上去走走,看看有没有人在钓鱼,如果有人在钓鱼就站在那里看看。有时候看得心很痒。到第二天早上,去自己家拿了东西,也坐在这个钓友旁边一起钓,聊聊天也不无聊。现在钓鱼的人越来越多了,走来走去总能碰到钓友。

还有一次,我自己池塘里的鱼死得有点多,我就特意跑到(南边)鱼塘里去问老板。那老板就帮我配了药水,我倒在池塘里面,效果相当好,一倒一弄,毛病马上就好了。身上发的红斑,就是铁毛虫,我第一次养鱼不懂的,所以请教师傅。弄些药水一打,全部都好了。但是,家里池塘里的螺蛳全没有用了,都死了,也比较心疼。这几天知道台风要来,我乡下水塘里有只出水口,水漫起来了,水就从这里排出去,排到大河里去了。我就专门拿了一个网,拿个塑料袋,把它扎住绑住,弄好。做一行就爱一行,做得自己满意了就可以了。做得不满意,我在河边上可以想上半天。一定要把这些事情做好,否则晚上睡觉都睡不好。

个人经历

吾侬姓朱,叫朱垸�。今年廿五岁,出生起海盐。[吾拉]爷是海盐人,[吾拉]娘是澉浦人。吾侬从小个经历养出来到乡下头觉着比较多,街浪像登＝来要少。除开读书登＝来街浪,基本浪放脱暑假寒假就辣＝起乡下。吾侬个人比较喜欢钓鱼,做点告东西,觉得蛮开心诶。矮＝比较喜欢格种东西。小格辰光喜欢养猫、养狗,养勒＝屋里,吾侬觉着同牢……同[伊拉]一道别相蛮开心。

到乡下头捉鱼,一般性侪是到街浪厢买只小钩子,难＝么拿根线,苏＝牢以后拿点鸭毛,鸭毛管串根线浪,难＝么就是轧＝轧＝格蚰蟮段浪就好钓啦哩。以前钓出来告鱼大哩,侪是头二斤,告鲫鱼,老板鲫鱼。难＝么还有五六斤,靠十斤告侪草鱼,大来勿得了。马上点水质差,告介大告鱼已经捉勿牢啦哩,见矮＝有告见勿牢,野河里。难＝呢,读书呢,以前登＝学堂里呢矮＝是比较皮诶。读书成绩么一般性,基本兹放脱假来,基本浪就是为钓鱼捉龙虾为主。

每天早浪头,七点多点拉起,早饭吃好,同以前城西花坛一班小朋友,几家头约好,到马上格只建材市场,以前犟搭还勿曾拆迁。建材市场还勿曾造个辰光侪是田,[吾拉]到格白＝里钓龙虾。基本浪么钓格一夜么,基本浪一提桶肯定有诶,一提桶龙虾。难＝么有格辰光钓钓龙虾呢,勿上格辰光呢,看看边浪洞有哦。格只＝是一只小小格技巧。矮＝是钓龙虾格辰光慢慢较、慢慢较、慢慢较自家摸索出来,吭没人教诶,侪自家想办法想出来。有格……有格辰光钓龙虾钓来多来亿完,有格辰光钓勿牢,有格辰光钓……钓钓龙虾还碰牢告蛇。碰牢告蛇,碰牢蛇么侪吾拉一班人侪逃完啦哩。比较吓,看见犟种东西。马上大啦哩看见告啊已经勿吓啦哩。

再讲,有一毛吾侬跑……吃好夜宵回转,经过……经过格个秀水路,一部110警车停起塔,伊拉念吾侬跑过去问,吾侬认得一个警察,跑过去问声啥事体,伊拉同吾讲喊人家屋里有根蛇。难＝吾念犟根蛇吾去捉好哩,难＝么格警察同牢吾一道拉＝上去,拉＝上去以后,个蛇□起个柜里,吾侬拿伊捉出,捉出来以后,开部电瓶车回去。回去……回到屋里以后,格个辰光吾拉爸爸本＝车子撞撞,难＝么吾侬想格根蛇拿去让伊吃霍补补。后头来[吾拉]爷同吾讲,屋里告蛇捉来啦勿好吃诶，要叫吾放掉，老古话闲话讲勒＝。难＝吾拿格根蛇去放新开河，放起[吾拉]门底只河里，市河。基本上就讲辫点。

我姓朱，叫朱垸熠。今年 25 岁，生在海盐。我爸爸是海盐人，我妈妈是澉浦人。我从小在乡下比较多，在镇上比较少。除了读书在镇上，放了暑假、寒假基本上就到乡下了。我这个人比较喜欢钓鱼，做些这种事情，觉得很高兴。也比较喜欢这些东西。小时候喜欢养猫、养狗，养在家里，我觉得和它们一起玩很开心。

到乡下捉鱼，一般就是到街上去买只小钩子，然后拿根线，系住以后拿点鸭毛，鸭毛管上穿根线，最后卡一段蚯蚓在上面就可以钓了。以前钓的鱼都很大，都是两斤左右的，那种鲫鱼，老板鲫鱼。还有五六斤，将近十斤的草鱼，大得不得了。现在水质差，这么大的鱼已经抓不到了，河里见都见不到了。读书呢，以前在学校是比较调皮的。读书成绩一般，基本上放假出来就是以钓鱼捉龙虾为主。

每天早上，七点多起床，吃了早饭，和以前城西花坛的一群小朋友，大家约好，到现在建材市场那里，以前那里还没有拆迁。建材市场还没有造的时候，我们到那里钓龙虾。钓一个晚上，基本上一水桶龙虾是会有的。钓不到龙虾的时候呢，就看看边上有没有洞。这种小技巧也是钓龙虾的时候自己慢慢琢磨出来的，没有人教的，都是自己想办法。有的时候钓了很多龙虾，有的时候钓不到，有时候钓龙虾还碰到蛇。碰到蛇么，我们一群人全逃掉了。看见这些东西都害怕。现在长大了，看见就不害怕了。

再说说有一次，我吃了夜宵回家，经过秀水路，有辆 110 警车停在那里，我就过去打听。我认识一个警察，过去问出什么事情了，他们和我说人家家里有条蛇。我就说这条蛇我去捉好了，于是那个警察就和我一起上去了。这条蛇躲在柜子里，我就把它抓了出来，然后骑着电瓶车就回家了。那时候我爸爸被车撞了,我就想拿这条蛇给他补补。后来我爸爸和我说,家里的蛇抓来不能吃的,要放掉的,老话说的。于是我就把这条蛇放到新开河,放在我们门前的河里,市河。基本上就说这些吧!

工作情况

　　吾侬再来介绍一下[吾拉]爷娘格工作。[吾拉]爷辣 ̄少年宫上班,[吾拉]娘辣 ̄派出所。[吾拉]爷尼上班格只地方尼侪是小囡头来培训,伊拉有一只……有一句闲话讲来蛮好诶:"梦想,辣 ̄起格塔起航!"少年宫尼侪小囡头读书,读告兴趣班告地方。边浪呢有个三毛乐园,三毛乐园呢,小人别相告东西比较多。吾侬上毛子矮 ̄去别相过一毛。少年……少年宫边浪三毛乐园再边浪,是海盐顶豪华格小……小区,叫保利一品。保利一品正门对过尼,愁 ̄是[吾拉]娘上班个地方,派出所,武原派出所。伊俫是一名调解员,专门调解屋里种矛盾、纠纷,比较烦琐格种事体。派出所边浪是消防大队,造起后头白 ̄,愁 ̄隔兹一爿桥。

　　吾侬上班格地方啦辣 ̄起大曲,海防综合行政执法局。吾侬每天上班到步行街,愁 ̄是保证步行街干净,勿好有乱设摊格种东西。一律发现愁 ̄要当场处理诶。上班矮 ̄蛮辛苦,热来亿完格天矮 ̄要跑出去,看见格种摊头矮 ̄要拿伊拉赶掉。有格辰光还要同人家称 ̄相骂,还要本 ̄人家骂,愁 ̄是觉着心情蛮委屈诶,但是呒没办法。平常呢,吾侬夜里业余活动还要打打篮球,几个小朋友登 ̄微信群浪加个群。加好群以后么,每个礼拜三,是吾拉局里组织到体育馆打篮球。平常呢,一到礼拜天呢,只要夜里休息,愁 ̄要捏牢只篮球去打篮球。因为篮球……因为篮球本 ̄吾侬格体会愁 ̄是……感觉愁 ̄是呆板要团结,靠一家头是勿来诶。所以讲,勿管做啥事体,侪要团结。勿团结，靠自……独家头，一件事体倒做勿好。

先牢头讲，讲到吾侬格工作，[吾拉]爷娘格工作，马上再讲讲看海盐格发展。海盐格发展，倷看啊，马上发展来越来越好。引……已引进拉哩……引进一个大诶项目，叫六……六旗，愁=造起黄家堰边浪。马上格头点土地全部辣=头拆迁，全部要重新造。

还有吾拉海盐格南北湖，南北湖矮=亿亿完完房子拆掉，下毛点愁=是一个专门性、独立……独立格风景区。南北湖马上改造来越来越好，希望大家多来别相。南北湖只鹰窠顶，每逢十月初一，可以看见月亮同太阳一同升起，搿只是一只奇观。希望[倷拉]……大家多来看看！欣赏一下。

还有吾拉杭州湾跨海大桥，倷应该矮=侪晓得诶。从 2006 年开始造，到马浪，矮=蛮成功搿爿桥，矮=蛮方便。以前到宁波顶起码要头两个钟头，马上到宁波只要半个钟头，相当格方便。

还有吾拉只秦山核电站，核电厂带动吾拉格经济相当快，为吾拉带来蛮……很多好处。

再来讲讲马浪海边新造出来格种建筑，观海楼同城墙，还有一只湿地公园。湿地公园造来风景相当好。一时……一直通到八团勿到，格面头一只大诶一只公园，里厢造来样样有。亭子矮=有，桥矮=有，反正夜里到格面头荡别相点，呼吸一下新鲜空气，是蛮好诶。难=么还可以钓钓鱼，格面头格河蛮长诶，一直从南面少年宫格头一直，通到格面，总归将近靠十公里路。格只河叫白洋河。吾拉几个钓鱼只介辣=起个白=里钓。钓来告鱼矮=蛮好吃，吭没污染。马上五水共治弄来蛮好，河里告水质越来越清爽。

我再来介绍一下我爸妈的工作。我爸在少年宫上班，我妈在派出所。我爸上班的地方都是小孩子来培训的，他们有一句话说得很好:"梦想,在这里起航!"少年宫都是小孩子上兴趣班的地方。边上有个三毛乐园,小孩子玩的东西比较多。我上次也去玩过一次。少年宫旁边三毛乐园的边上,是海盐最豪华的小区,叫保利一品。保利一品正门对面,就是我妈上班的地方——武原派出所。她是一名调解员,专门调解家庭的各种矛盾、纠纷,比较烦琐的事情。派出所旁边是消防大队,造在后面,就隔一座桥。

我上班的地方在大曲,海防综合行政执法局。我每天上班是负责管理步行街,就是保证步行街干净,不可以有乱设摊等情况,一旦发现就要当场处理。上班也挺辛苦的,很热的天也要跑出去,看见那种摊子要把他们赶走。有时候还要和他们吵架,还要被他们骂,就是觉得心里很委屈,但是没有办法。平时呢,我晚上的业余活动就是打篮球,几个朋友在微信里加个群。加好群之后,每个星期三,是我们局里组织到体育馆打篮球的日子。平时呢,一到星期天,只要晚上休息,就要拿着球去打篮球。因为打篮球,我的体会是一定要团结,靠一个人是不行的。所以说,不管做什么事情,都要团结。不团结,靠一个人,什么事情都做不好。

前面说到我的工作、我爸妈的工作,现在再说说海盐的发展。海盐的发展,你看啊,马上就要发展得越来越好了。已经引进了一个大的项目,叫六旗,就造在黄家堰旁边。现在那边的土地全部在拆迁,全部要重新造。

在我们海盐的南北湖也有很多房子在拆,以后就是一个专门的、独立的风景区。南北湖很快就改造得越来越好了,希望大家都来玩。南北湖有个鹰窠顶,每逢十月初一,可以看见月亮和太阳同时升起。这是一个奇观,希望大家多来看看,欣赏一下。

还有我们杭州湾跨海大桥,大家应该都知道的。从 2006 年开始建造,到现在,这座桥也很成功的,也很方便。以前到宁波起码要两个小时,现在到宁波只要半小时,相当方便。

还有我们的秦山核电站,核电厂带动我们的经济飞速发展,为我们带来了很多好处。

再来说说现在海边新造的建筑,有观海楼和城墙,还有一个湿地公园。湿地公园风景相当好,一直可以通到八团那里,那里有一个大的公园,里面什么都有。亭子也有,桥也有,反正晚上到那边玩一下,呼吸一下新鲜空气,是很好的。还可以钓鱼,里面的河挺长的,从南边少年宫一直通到那里,将近10公里。这条河叫白洋河。我们几个钓鱼的在那里钓。钓来的鱼挺好吃,没有什么污染。现在五水共治做得很好,河里的水越来越清。

业余爱好

大家好,吾侬叫朱垸熠,土话叫朱垸熠,今年廿五岁,出生起海盐。吾侬个人比较喜欢打篮球同钓鱼。吾侬今朝就讲讲吾侬格兴趣爱好。

钓鱼,吾侬从小格辰光八岁开始学钓鱼到马上哩。讲钓鱼只水平勿是哪好来亿完,门门货有诶。诺,吾侬愁⁼马上来讲讲马上格天气钓鱼应该钓啥格鱼,应该钓鲢鱼。马上格天气应该是花鲢上口顶结棍格辰光,一般性钓花鲢还要拿抛竿来钓。讲起抛竿,钓起比手竿要方便得多。抛竿呢有只篮子,篮子里厢放满钓花鲢点鱼食,拿伊血⁼到河当中愁⁼可以钓啦哩,用……勿用……勲得看牢只鱼漂得。倷……倷可以坐勒⁼塔随便做点啥,只要伊倷河当中只红诶浮子勿见啦哩,倷叫摇高来,格条鱼肯定牢诶。

再讲讲看吾侬小格辰光告有趣告事体,比如讲捉蟹、捉黄鳝、捉鸟、偷鸟巢,相……相……相当多格种有趣告事体。倷像捉蟹,读书格辰光看见一个洞,拿点告柴草,拿洞短⁼牢。夜里放脱学来,拿格蓬草拿脱，只蟹辣゠起面浪，叫捉捉好哩，蛮省力。

　　还会钓黄鳝，钓黄鳝呢矮゠蛮省力。拿根染゠线，拿……拿根格告根稍微粗点格种曷゠田绳苏゠牢根染゠线，拿根染゠线摆……摆勒゠只洞口，穿根蛐鳝霍，摆勒゠只洞口。第二日早辰头去纳゠来，黄鳝肯定辣゠霍诶。只介拿只钩子吃起肚皮里。

　　再讲讲偷鸟巢呢，小格格辰光其实偷来矮゠蛮多。只鸟巢侪辣゠起告树高头，要蹓高去，蹓高去捉呢蛮危险诶，格勒゠吾拉小格辰光矮゠蛮乖诶，拿根绳，蹓来差勿多哩么拿得牢只鸟巢哩么，拿根绳，连背浪，苏゠牢根树，拿根绳苏゠牢，难゠么再去偷鸟巢。偷来告鸟巢呢同伊玩玩，难゠么再同伊摆回去。

　　大家好，我叫朱垸熠，土话叫朱垸熠，今年 25 岁，出生在海盐。我这个人比较喜欢打篮球和钓鱼。我今天就说说我的兴趣爱好。

　　钓鱼，我从 8 岁时候就开始学，一直到现在。说起来钓鱼的水平不是特别好，但是一般性还是有的。我现在就来说说现在的天气应该钓什么鱼，应该钓鲢鱼。现在的天气应该是花鲢上口最厉害的时候，一般性钓花鲢还是要用抛竿来钓。说起抛竿，钓起来比手竿要容易得多。抛竿有个篮子，篮子里面放满钓花鲢的鱼食，把它丢到河里就可以钓了，不用一直看着鱼漂。你可以坐在那里随便做点什么，只要河里红色的浮子不见了，你就摇起来，这条鱼肯定在的。

　　再说说我小时候有趣的事情，如捉蟹、捉黄鳝、捉鸟、偷鸟巢等很多有趣的事情。比如捉蟹，读书的时候看见一个洞，拿些柴草，把洞堵牢。晚上放学回来，把这些草拿掉，蟹就在里面，随便捉就行，不费力。

　　还会钓黄鳝，钓黄鳝也很省力。拿根缝衣针，用一根稍微粗点的勒田绳系着缝衣针,把缝衣针放在洞口,穿一条蚯蚓在那里,放在洞口。第二天早上去拿,黄鳝肯定在了。它把钩子吃进肚子里了。

再说说偷鸟巢,小时候偷得很多的。这些鸟巢都在树上,要爬上去,爬上去抓呢也很危险的,所以我们小时候也很聪明的,用根绳子,爬得差不多要够着这只鸟巢了呢,就用这根绳子一头系在腰上,一头绑在树上,然后再去偷鸟巢。偷来的鸟巢呢玩玩,然后再放回去。

(2016 年 7 月 17 日,海盐,发音人:朱垸熠)

(四)方言青女

家庭情况

大家好,吾侬么叫富晓燕,登⁼么登⁼起海盐县武原镇格个大雷村。难⁼么,马上么讲只故事,从小告故事,小时故事本⁼侬听听。

小时子呢,从小吾拉屋里条件矮⁼比较差么,难⁼么生活比较艰苦。[我拉]同[吾拉]阿姊两家头,从小,每个礼拜,反正专门到[吾拉]大姨辣⁼塔去。[吾拉]大姨拉么待[吾拉]蛮好诶,[吾拉]侪想念到[吾拉]大姨拉去么,吃饭格点,[吾拉]大姨相帮……相帮[吾拉]同[吾拉]买点好东西。每次侪……侪去,每个礼拜侪去。去兹,难⁼[吾拉]有个外公爹爹,外公爹爹晓得兹么,觉着[吾拉]两个小姑娘罪过来,难⁼么每次同[吾拉],嗯,回转格辰光,同[吾拉]送到,就是以前[吾拉]格塔有爿桥,叫金塘桥,金塘桥格塔勒⁼,登塔同[吾拉]买点小东西,难⁼么再本⁼吾拉每人五角洋钿。当时格五角哦已经是……同马上勿一样啦哩,马上……算估得马上格五十块。同吾拉买点告小糖,本⁼吾拉吃。吾拉两家头笃笃笃自家走回转。

走回转以后,难⁼[吾拉]总归读幼儿园哩牢,读幼儿园哩开始么,吾拉觉着像勿得专门去么矮⁼难为情,难⁼[吾拉]同[吾拉]阿姊两家头念，喊＝点，暑假里么，吾拉喊＝点夢去哩。吾拉，喊＝点，要么，喊＝点，养两只鹅。养两只鹅来么，同[吾拉]就是交书学费。以前勿是交书学费还要要钞票哩牢。难＝么吾拉两个……两家头养鹅。养鹅么，反正每天头辰早来亿完放到后头只浜里霍，愁＝去放辣＝塔。难＝么，放好兹以后夜快么两家头再去赶回转。难＝么两只鹅呢勿是格种屋里格告饭脚头啊蛮少诶，难＝么[吾拉]去格个，同吾拉阿姊两家头呢想来去钓告萬＝多，难＝么两家头咚咚咚，咚咚咚，去拿告……告油纸袋啊，难＝么两家头跑出去反正不管是天晴落雨，反正侪跑出去，天天去钓萬＝多。钓来……钓来勿是蛮多诶么，两只鹅……本＝两只鹅吃。鹅吃来，就是两个月一到哩么，两只鹅生来蛮大啦哩。蛮大么，[吾拉]同伊卖脱来，卖脱来么每次同[吾拉]交书学费。吾拉蛮开心诶，因为吾拉自家格点，就是养来了只鹅哦，蛮大啦哩，可以交啦哩。

　　格……难＝么自从格……格点事体以后呢，吾拉矮＝蛮开心噢，因为觉着可以帮爷娘呢稍微出点力，因为伊拉每次专门去卖泥啊，卖格种，挑砖头啊，蛮罪过诶。就是说吾拉两家头从小就看，看到爷娘勿是介辛苦，所以吾拉矮＝两家头蛮懂事诶。屋里厢种田么，[吾拉]同[吾拉]阿姊两家头基本上侪是相帮去种，喏，虽然是种来勿长啥诶，接段接段，噢，但是种出点同爷娘总归好过相点。难＝么到夜快里么，基本上[吾拉]阿姊么回转来烧菜，吾侬么是烧饭，两家头配合来蛮好。难＝么等吾拉爷娘回转么吾拉侪差勿多么大家一家门登＝屋里霍吃饭啦哩。难＝么等到吾拉……吾侬读小学，[吾拉]阿姊读初中哩噢，难＝么屋里稍微……喏，条件稍微，喏，改善点，因为吾拉经济负担，难＝么有两家头勿是侪要读书么经济负担矮＝蛮严重诶，所以[吾拉]两家头反正矮＝能省吃俭用诶那介。

　　以前，喏，吾侬读六年级格辰光，[吾拉]班主任呢叫吾喊点拿只单子回去要本⁼家长签字。难⁼呢，吾侬拿牢格张单子呢呆瞪瞪，因为[吾拉]爸爸呢勿是上班矮⁼比较忙诶。难⁼哪哈呢？难⁼么吾侬拿回去叫[吾拉]……叫[吾拉]爷写……签好名字呢，[吾拉]爷念喊点……喊点："倷还要开家长会哩啊？"难⁼吾侬念："是诶啊，要么倷要空么，要么阿爸，倷矮⁼去噢！"伊念……[吾拉]阿爸念喊点："吾侬吭没空诶！"喊点，"倷格个，要去么，倷朝老师念声，吾侬吭没空诶。"难⁼么，吾侬心里矮⁼勿开心，难⁼么到学堂里去，学堂里去，吾侬只单子本⁼勒⁼老师，班主任念喊点、喊点，看见格名字，喊点："格个是倷爸爸哦？"难⁼吾念："嗯，是诶，格个是吾拉爷！"伊倷念喊点，倷爷喊点愁⁼养得一个姑娘！喊点，倷……喊点，倷肯定是冒充来，喊点。难⁼么吾侬回去伤心来，吾侬气得格来亿完。难⁼么回到屋里霍起，朝[吾拉]爷念，吾侬念："阿爸，倷明朝点要格个开家长会，倷呆板要是来诶。倷来让伊拉看看喏，吾侬是生来是倷姑娘，伊拉么喊点专门念喊点吾侬勿是倷姑娘，念吾侬喊点是江北人怀来诶，喊点。"难⁼么吾侬气得来亿完。难⁼[吾拉]爷下日天咚咚咚赶到学堂里去。赶到学堂里去么朝格个老师念喊点：格个么是吾拉个小姑娘，喊点吾侬从来，喊点，喏，伊倷开家长会啥东西，吾侬从来勿来诶。难⁼么勿是格个读书么啊远段，格勒⁼，喏，管来矮⁼比较少。嗒，想问问老师拉看，搿毛成绩哪瞎⁼？"喔，倷格个小姑娘，"老师……班主任念哩牢，"倷格个小姑娘成绩还可以诶，喏，乖么矮⁼蛮乖介诶。愁⁼是伊倷……愁⁼是勿响啥诶。难⁼下毛点叫伊喏，闲话那个多讲讲。"难⁼么，吾侬听进去哩。听进来兹以后么，[吾拉]爷回转兹朝吾念："倷么要稍微开朗点，喏，同别人家么接触要多点，难⁼么有得格个呀，有得可以去……以后踏上社会呢矮⁼比较好诶。"难⁼么，吾侬听兹呢矮⁼比较受……受用诶，吾侬觉着。比较好诶，所以吾侬蛮听[吾拉]爷格闲话。

慢慢较噢，难꞊么到了……到了初中以后，[吾拉]阿姊呢勿是……初中毕业正好考牢格个……格种中专，嗯，卫校，难꞊么到外头去读书啦哩。难꞊么，吾侬么独家头介伊登꞊勒꞊屋里霍，读初中有告作业有两时勿懂呢，吾侬矮꞊呒处问噢。呒处问哩么，难꞊么有两时尼问问告同学，难꞊么慢慢较呢吾侬性格矮꞊像勿得比较开朗啦哩。难꞊么等[吾拉]阿姊……每次[吾拉]阿姊嘉兴卫校回转么，矮꞊蛮开心诶。专门同吾……因为记牢格妹妹么，专门同妹妹买吃得物事、买衣裳，虽然告衣裳勿是讲贵来亿完诶，便宜来亿完诶，但是吾侬蛮……蛮喜欢诶，因为毕竟吾拉阿姊还记牢吾侬有起格妹妹霍，吾侬蛮开心诶。

慢慢较呢，难꞊等伊倷勿是读好两年，伊倷勿是难꞊毕业哩，毕业哩实习，实习回转格日天呢是，伊拉大概实习呢矮꞊有格个，医院里实习呢有……大概有一两百块钞票诶，回转格日天呢同吾买兹格亿完告零食，反正，吃得物事，反正叫我吃，叫我……还买告衣裳，矮꞊叫我……叫我穿牢。因为伊觉着以前[吾拉]小时子穷么，勿是呒啥东西来吃，呒啥东西来穿诶牢，难꞊么伊倷格个同吾买来么反正叫吾叫穿新诶，反正。慢慢较[吾拉]个个阿姊难꞊回转来到格个人民医院里上班里呢，难꞊勿是伊倷有工资哩牢，有工资哩么，第一次拿牢工资大概八百多点。八百多点么开心得来亿完，本꞊……本꞊[吾拉]爷一百块，本꞊吾侬一百块，本꞊[吾拉]娘一百块。难꞊么另外点钞票呢，到……请吾拉到外头去吃饭。吃好饭么亿完，亦同[吾拉]买点告水果啊！反正吾侬记得反正常绿桥格塔勒꞊有一只摊头，卖告愁꞊告水果勒꞊。苹果么是一袋十块呢廿块呢，反正格种小苹果。难꞊么亿完，买兹格麻麻袋，伊倷念点："难꞊多吃点，喊点难꞊吾侬寻钞票啦哩么，难꞊倷叫格个稍微……要想吃么叫朝吾念。"吾侬当时矮꞊蛮感动诶，吾侬觉着吾拉阿姊真对吾蛮好诶。

　　还有吾拉阿姊勿是格个，虽然伊倸勿是格个上班啦哩噢，但是伊倸暑假里噢，就是吾侬暑假格辰光，介侬伊倸矮ᵘ每次反正同[吾拉]睏起一团么，伊倸每次夜来回转来看吾，就是有两时……[吾拉]两只鹅念旧每个暑假侪辣ᵘ养诶牢，难ᵘ么伊倸矮ᵘ专门专门相帮吾侬赶。

　　有一次呢，到勒ᵘ告河滩头，愁ᵘ是告……就是水蛮……蛮满诶牢，难ᵘ吾侬勿小心呢亿完卟落脱去□进去啦哩。难ᵘ[吾拉]同[吾拉]阿姊两家头潮ᵘ浴侪潮ᵘ勿来诶，哭……[吾拉]阿姊是哭倒格来亿完，难ᵘ鸭ᵘ末来哭嘛想想看吭没办法，边浪告……告小小人么矮ᵘ勿来喔牢，救勿了吾。难ᵘ么亿完，[吾拉]阿姊亿完乱忙乱忙去拿根告竹头。告竹头勿是长来亿完告大木……大木……大诶竹头牢，难ᵘ么去拿来，伊倸朝吾念："妹妹啊，倸叫抓牢，抓牢反正阿姊有得帮倸同倸拖起来诶！"难ᵘ么，难ᵘ么，当时勿晓得矮ᵘ哪瞎辣ᵘ，反正已经辣ᵘ起河当中辣ᵘ哩啊，因为蛮远啦哩。难ᵘ么根竹头倒还好蛮远诶，倒抓牢，抓牢兹以后么，伊倸反正同吾拎，难ᵘ么后头告小小人么反正矮ᵘ相帮辣ᵘ起后头介侬拖牢兹，同吾拖高来。哇，格次嗒矮ᵘ蛮感动诶。

　　还有一次么是吾拉去赶只鹅，赶来……赶只鹅么勿是矮ᵘ辣起河滩头嘛。难ᵘ么勿是[吾拉]阿姊伊想着快点同吾赶好兹，因为天是暗里嘛，想快点赶好兹么，难ᵘ吾拉只……可以回去哩牢。结果呢，[吾拉]阿姊看吾要掼倒快哩呢，快点快点来抱吾。就是怀牢吾点，结果呢，伊倸自家勿是□落去牢。□落起么脚馒头浪全部是血，因为下头正好有起块玻璃霍，白ᵘ玻璃大概拿伊只格个脚馒头浪划开拉哩，弄开拉哩。弄开啦哩么亿完，侪是血，反正。马上到介大哩噢，格白ᵘ疤念旧辣ᵘ起塔，难ᵘ倸想想看好哩，几呢几呢结棍落霍。当时反正[吾拉]阿姊矮ᵘ熬牢，难ᵘ么伊倸。吾侬估计嗒愁ᵘ是慢慢

较格种事体辣⁼伊倷想起来下毛伊倷当个护士下毛屋里霍告人矮⁼
可以帮得牢点。吾倷矮⁼蛮感动诶。

　　还有一次呢,吾倷同[吾拉]阿姊两家头呢勿是到吾拉大姨拉头
去绞⁼,做客人牢。难⁼么[吾拉]大姨辣⁼呢有起两个阿哥落霍。
难⁼么伊拉呢喜欢夏天宫呢,喜欢去格个钓黄鳝啊、捉鱼啊啥东西。
难⁼么吾拉矮⁼跟牢哩,两家头跟牢伊拉去。难⁼么两个小姑娘呢勿
是专门嗒嗒嗒嗒嗒嗒,勿是跟起后头么。跟起后头么走来慢,难⁼么
到伊拉金塘桥只河浜头呢,大亦大,深亦深,难⁼么呢,亿完吾拉阿姊
呢勿小心,"卟落脱"记□起落霍。□起霍呢矮⁼□湖当中。难⁼[吾
拉]两个阿哥呢侪潮⁼浴侪潮⁼勿来,侪呆瞪瞪看牢哩,难⁼哪瞎呀,
拆烂污啦哩,边浪么啊吭没告大人。难⁼么,吾拉想出个办法来,[吾
拉]一个阿哥亿完,潮⁼浴么矮⁼潮⁼勿来,反正伊倷今朝勿管哪瞎总
归拿个妹妹要拖高来么,矮⁼拉落起么,勿晓得"卟落脱",拉⁼落起
勿晓得哪⁼瞎朝⁼点么矮⁼潮⁼过去啦哩,游到当中勒⁼拿[吾拉]阿姊
介依拖高来。拖高来兹以后么,难⁼么朝[吾拉]念喊点:"倷难⁼下毛
点晓得哩噢,格塔浪河滩头勿好来啦哩噢! 格塔浪海要吃人诶噢!"
难⁼么[吾拉]两家头亿完,反正有过格点经验哩呢,晓得啦哩,侪勿
敢啦哩,反正下毛点离格只浜头啊啥东西侪稍微远点。

　　[吾拉]同[吾拉]阿姊呢,就是喏……因为[吾拉]条件么矮⁼有
限,就是讲困么专门是困起一间里霍。难⁼么蛮滑稽诶呀,两家头有
两时么喏讲讲空头,有两时么讲喊点,诺,喊点今朝上班医院里么有
点啥情况出现,因为吾倷是蛮怕格个血诶喽,啥东西,要晕血个种。
有一毛呢吾倷矮⁼自家身体有点感冒,到医院里去看。到医院里去
看呢,正好是[吾拉]阿姊矮⁼同吾……相帮吾弄,难⁼勿是要挂盐水
哩噢。挂盐水哩么吾倷看见[吾拉]阿姊来同吾叮呢,亿完,吾倷逃
得格来亿完,逃去外头啦哩。难⁼伊拉落霍问喊点:"阿富啊,倷妹姊

呢啦?"格喊点:"格人哩啦哪瞎?"难=么伊拉看看看,喊点,亿完,善=苏=得,喊点,倷妹姊喊点一面子,亿完,跑来,看见喊点倷挂盐水哩么,亿完,跑得来亿完,跑起估计门外头啦哩。难=么亿完,难=[吾拉]爷娘矮=登=起……就是格个……格只以前老诶人民医院外头牢,门口头格塔,看见吾侬跑出来么朝吾念喊点,倷是勿是挂好啦哩?挂米=啦?难=吾侬念,勿曾啦哩!吾侬念:"阿姊同吾挂盐水啊,吾侬勿敢诶。伊倷介=介=点叮起来疼倒格来,吾侬介=介=怕诶,反正。"难=么伊倷……伊拉……伊拉侪笑来亿完。难=么停停点牢,[吾拉]爷娘亦拿吾拖进去。拖进去勒=难=么叫[吾拉]阿姊来同吾挂盐水。挂牢兹勒=,难=吾念:"阿姊倷勠同吾挂哩,倷还是叫格倷告师傅牢,老结点告,倷来同吾挂!"[吾拉]阿姊同吾念:"愁=吾侬来同倷挂,怕点啥,勿怕诶!"难=么,难=么,伊倷同吾介伊叮霍么,好,还好,吾侬觉着[吾拉]阿姊格水平还是蛮高诶,吾侬觉着。因为吾侬觉着蛮怕痛,矮=蛮……看见告血么还要晕血诶。吾侬念完全同伊倷是两种性格。

慢慢较呢,吾侬矮=蛮适应伊倷……蛮晓得伊倷格只辛苦,矮=蛮罪过诶。伊倷上班尼介,愁=是专门每个星期要上两夜夜班,有两时伊倷回转,伊倷只介朝吾念:"妹妹啊,倷今夜么困街浪噢,倷介=介=点陪陪阿姊噢,因为阿姊要上夜班,回转起来大概要十二点多,十二点半回转啦!"

难=呢等勒=夏天宫呢有一夜噢,是格个,外头勿是格种闪电打雷,难=吾侬是亿完,怕得来亿完,告电嘛一下子勿是断脱啦哩,断脱啦兹以后么,亿完,吾侬钻起只台子下底浪,伊倷……反正吾侬等伊,反正,等伊。因为当时辰光罪嘛矮=罪过,手机矮=吭没落霍。难=么吾侬反正看牢只……高头只钟,反正等伊倷数得……数时间,数得大概一点勿到点,凌晨一点勿到点么,[吾拉]阿姊就介扶梯浪介依"踢嗒踢嗒"辣═回转哩格声音。吾侬连忙连忙开开门来看是勿是[吾拉]阿姊回转哩。吾侬朝[吾拉]阿姊念屋里电么矮═吭没啦哩,吾侬念吾侬怕来。难═[吾拉]两家头抱牢兹哭来亿完,格辰光蛮感动诶![吾拉]阿姊念倷勤怕噢,勿要紧诶,倷看,断电么明朝点肯定来电啦哩。难═么,介依么,好,一夜过去哩。慢慢较,吾拉两家头格勒═睏起……格个……蛮开……喏,就是格童年过来蛮开心诶。矮═蛮有……蛮有……格个,意义的,吾侬觉着,[吾拉]两家头。

慢慢较……后来么,吾拉各自就是,嗯,读好……像吾侬么读好大学,[吾拉]阿姊么差勿多工作哩么啊,就是慢慢较尼介,朋友寻好,就是再有两家头告生活,就是各自都有自家告生活。难═马上么,伊倷矮═……喏,就是蛮开心格上班,吾侬么矮═就是在那个社区里面哦,介依,上班。吾侬觉着就是蛮开心诶,反正。

难═么,登勒═社区里呢,吾侬矮═是喏……是考进去来诶。当时个辰光……以前呢,辣═起格个教育分中心,当时呢只便是格种……就是马上讲起来格种合同工。合同工呢就勿是像伊拉告正式工噢,当时吾侬登霍,心情啊,就是矮═是勿一样诶,吾侬觉着别人家么侪是正式工噢,吾侬么是格种合同工,就是发钞紧勒═做啥么矮═两样诶。吾侬心里愁═是想吾侬勿……勿管哪瞎,吾侬总归呆板要考出去,吾侬专门登═浪塔矮═勿是长久之计。吾侬愁═是介依想诶。

格勒═吾侬反正养好小人么,吾侬反正自家反正看书看得格来,难═么真诶,拿格小人掼开算账诶。登═勒═屋里霍,反正,嗯,登═勒书房里霍,反正,专门看书。反正有机会考哩,反正愁═看,有机会考哩愁═看。倒还好,嗯,第一次喏考牢,考牢喏笔试辣═起前头,但是面试呢勿经过别人家告指点呢矮═真勿来诶。要……真要叫别人家来,喏,稍微指点指点,同倷看看看。因为第一次去面试噢,同别人家真推扳得零点零三分,当时为……跑出来格辰光兹矮⁼哭倒了来兹亿完。因为吾侬晓得自家面试噢因为总归有点欠缺,勿像别人家那介可能指点过哩,总归两样诶。难⁼么第二年,吾侬再继续考,考格只社区格只岗位。难⁼么吾侬考来……喏,笔试呢,矮⁼相……倒还好,就是可能心态矮⁼两样噢,心态矮⁼放松兹哩从后考呢,考来矮⁼比较可以诶。难⁼呢面试呢,吾侬格次呢,就是去叫个老师来同吾指点指点。指点好兹以后呢,吾侬觉着就是自家格个面试个水平噢,越来越高哩。吾侬觉着,喏,勿是讲越来越高呢,肯定有待……喏,提高亿完。难⁼么格次面试成绩矮⁼达到八十几分,噢。难⁼么矮⁼终于进……进行了……进入了社区,噢。难⁼么考进去哩呢,勿管哪瞎呢,矮⁼是一只正式格只饭碗。难⁼么吾侬觉着蛮开心,难⁼[吾拉]爷娘矮⁼蛮开心,喏,两个姑娘么事体么矮⁼做好,难⁼么勿是工作么矮⁼寻好,格勒⁼蛮开心。

大家好,我叫富晓燕,住在海盐县武原镇的大雷村。现在讲个我小时候的故事给你们听听。

我家小时候条件比较差,生活比较艰苦。我和我姐两个人,从小,每个周末,都到我大姨家去。我们大姨对我们很好,我们都想着到大姨那里去吃饭,大姨会给我们买点好东西。每次我们都去,每个礼拜都去。去了,我们外公知道我们两个小女孩可怜,每次我们回家的时候都把我们送到金塘桥,在那里给我们买点小东西,然后再给我们每个人五毛钱。当时五毛钱和现在是不一样的,大概和现在的 50 元差不多。(外公会)买点糖给我们吃,然后我们两个人就自己走回家。

后来要读幼儿园了,读幼儿园之后呢,我们就觉得经常去很难为情,于是我就和我姐商量,暑假里我们就不要去了。我们两个养两只鹅。养两只鹅来交学费。以前交书费学费还要钱的。于是我们两个人就养鹅。养鹅么,每天很早就要放到后面的河塘里,就去放养在那里。到了晚上两个人再去赶回家。当时家里剩饭也很少,于是我和我姐两个人就去钓青蛙。两个人拿着那种塑料袋,不管是天晴还是下雨,都出去,天天去钓青蛙。钓了很多给两只鹅吃。鹅吃了,两个月,两只鹅就很大了。大了我们就把它们卖了。卖了给我们交书费学费。我们也很开心的,因为我们自己养大了鹅,很大了,可以交(学费)了。

这个事情以后,我们很开心,觉得能帮父母稍微出点力了,因为他们每次出去卖泥啊,挑砖啊,是很可怜的。我们两个从小就看到父母这样辛苦,所以我们两个人很懂事的。家里种田呢,我和我姐两个人基本上都会去帮忙的,虽然种得不长,一段一段的,但是种掉一些对父母来说总是好一点。傍晚时,基本上是我姐姐回家烧菜,我烧饭,两个人配合得很好。等我父母回来了就可以一家子一起吃饭了。等到我读小学,我姐姐读初中了,家里条件稍微改善点了,但因为我们两个人读书,经济负担很重,我们两个人也是省吃俭用。

我读六年级的时候,班主任让我拿张单子回去让家长签字。我拿着单子就发呆了,因为我爸爸上班很忙的。怎么办呢？我拿回去让我爸爸签字以后,我爸爸说:“你们还要开家长会的啊？”我说:“是啊！你有空吗,有空要去的!”我爸爸说:“我没空的！这样,如果要去么,你和老师说一声,我没空。”我心里很不开心,到学校里去,我把这单子给老师,班主任看见这个名字说:“这是你爸爸吗?”我说:“是的,这是我爸爸!”他说:“你爸爸只生了一个女儿啊！你肯定是冒充的!”我回家很伤心,非常生气。回家后对我爸爸说:“爸爸,明天要开家长会,你一定要来的。你来让他们看看,我就是你女儿,他们说我不是你女儿,他们说我是从江北人那里抱来的。”我很生气。

于是我爸第二天就到学校去了。到学校里去和老师说:"这个是我的小女儿,她开家长会什么的我从来不来。她读书地方有点远,所以我管得比较少。我想问问老师,最近成绩怎么样?""哦,这个是你的小女儿啊,"班主任说,"这个小姑娘成绩还好的,也比较聪明的。就是不怎么说话,以后让她多说说话。"于是,我听进去了。听进去以后呢,我爸爸回来和我说:"你以后要开朗一些,和别人多接触,这样以后踏上社会比较好。"我听了以后也觉得很有道理,就记住了我爸爸说的话。

慢慢地,到了初中以后,我姐初中毕业考上了中专,是卫校,就到外面去读书了。然后就只有我一个人在家了,读初中时有些作业不懂也没地方问。有时候就去问同学,慢慢地我的性格也就变得比较开朗了。每次我姐姐从嘉兴卫校回来,我很开心的。她记得我这个妹妹的,给我买吃的、买衣服,虽然这些衣服不是很贵,是很便宜的,但是我很开心,因为毕竟说明我姐姐总是记得我这个妹妹的,我很高兴。

慢慢地,等她读好两年书,她不是毕业了嘛,(就在)毕业实习。大概他们实习医院也给他们一两百元钱,实习回来那天给我买了很多零食,反正是吃的东西,就叫我吃,还给我买衣服让我穿。因为她觉得我们小时候穷,没什么东西吃,没什么新衣服穿,所以她给我买来让我穿新的。慢慢地,我姐姐回到人民医院来上班了,她就有工资了,第一次拿了八百多元钱工资。拿了八百多元工资么特别高兴,给我爸爸一百元,给我一百元,给我妈一百元。其他的钱呢,就请我们到外面去吃饭。吃了饭之后,还给我们买水果啊!反正我记得常绿桥那里有一个卖水果的摊子。苹果是一袋十元二十元,是那种小苹果。不得了,买了很多袋,她说:"多吃点,我挣钱了,你们想吃什么就和我说。"我很感动,觉得我姐姐对我真好。

我姐姐虽然上班了,但是暑假里,就是我放暑假的时候,她每次都和我一起睡,她每天晚上都回来看我。我们还是在养鹅,她回来就帮我赶。

有一次在河边,河里水很满,我不小心扑通一下掉进河里去了。我和我姐姐两个人都不会游泳,我姐姐哭得很厉害,后来想想哭也没有用,旁边的小孩子也没有办法救我。于是,我姐姐急忙去找了根竹竿。这是根很长很长的大竹竿。她对我说:"妹妹啊,你只管抓住,反正姐姐会把你拖上来的!"于是,当时也不知道是怎么回事,反正已经在河中间了,因为已经很远了。幸好这竹竿还挺长的,抓住后,拼命拖,后面的小孩子也帮忙拖牢,把我拖起来。哇,这次也很感动。

还有一次我们去赶鹅,赶鹅不是也在河边嘛。我姐姐想着快点帮我赶好,因为天黑了,快点赶好,我们就可以回去了。结果呢,我姐姐看我要摔跤了,赶紧过来抱着我。就是想抱着我点,结果,她自己掉下去了。掉下去后膝盖上全是血,因为下面正好有块玻璃,那块玻璃把她膝盖划破了。可不得了,全是血。直到现在,那块疤还在,你们想想好了,这是多么厉害。当时我姐姐也是忍着。我想也正是这些事情让她渐渐有了当个护士可以照顾点家里人的想法。我也是很感动的。

还有一次,我和我姐到我大姨家去玩。我大姨家有两个哥哥。他们到了夏天就喜欢去钓黄鳝、捉鱼之类。于是我们两个人也跟着他们去。两个小姑娘就跟在后面。两个小姑娘跟在后面走得慢,到了金塘桥的石渡口,河又大又深,我姐姐不小心扑通掉下去了。掉下去还掉在河中央。我两个哥哥都不会游泳,一下子就傻掉了,怎么办啊,闯祸了,旁边又没有大人。于是我们就想出一个办法,我们有一个哥哥虽然不会游泳,但他觉得不管怎么样要把这个妹妹拉起来,就下去了,下去以后不知道怎么也游过去了,到了河中央把妹妹拖回来了。拖上来了以后对我们说:"你们下次要记住了,河边上不能来的! 河水要吃人的!"我们有了这些经历就知道了,再不敢了,下次离河啊什么的远一点。

我和我姐,因为条件也有限,所以一直睡在一个房间里。也很有趣的,两个人有时候聊聊天,说说今天上班在医院里有点什么情况,因为我很怕血,是要晕血的那种人。有一次我感冒了,到医院里去看病。在医院里,正好是我姐姐帮我弄。要挂盐水了,我看见我姐姐要来给我打,不得了,我马上逃了,逃到外面去了。他们在那问:"阿富啊,你妹妹呢? 这人跑哪里去了?"他们看看说,不得了了,你妹妹刚才看见你挂盐水跑得很快,跑到门外去了。我爸妈等在老的人民医院门口,看见我出来就冲我喊:"你是不是挂好了? 挂了没?"我说:"还没呢! 我姐姐给我挂盐水,我不敢了。她扎起来很痛的,我很害怕!"他们听了都笑了。过了一会儿,我爸妈又把我拖进去了。拖进去后叫我姐姐来给我挂盐水。我说:"姐姐你不要给我挂,你还是叫你的师傅来,熟练点的来给我挂!"我姐姐和我说:"就我来给你挂,怕什么,不用怕!"于是,她就给我扎上了。还好,还好,我觉得我姐姐的水平还是很高的。因为我很怕痛,看见血还要晕血。我和她完全是两种性格。

慢慢地,我也很习惯她了,知道她的辛苦。她每个星期都要上两个夜班,有时候她回来就会和我说:"妹妹啊,你今天晚上睡街上吧,来陪陪姐姐,因为姐姐要上夜班,回家要十二点多,十二点半了!"

有一个夏天的晚上,外面电闪雷鸣,我很害怕,电也一下子断了。不得了,我钻到了桌子底下,就等她回来。当时可怜得很,手机也没有的。我就看着上面的钟,数着时间等着我姐。数到大约一点不到,子夜一点不到,听到我姐姐在楼梯上"踢嗒踢嗒"回来的声音。

我急忙打开门来看是不是我姐姐回来了。我和我姐姐说屋子里没有电了,我怕得很。我们两个抱头痛哭,那时候也很感动的!我姐姐说不要怕,没关系的,断了的电明天肯定会来的。这样一个晚上过去了。我们两个人的童年过得挺开心的,也很有意义。

慢慢地,后来我大学读好,我姐姐也差不多工作(好几年)了,慢慢地朋友也找好了,各自有了自己的生活。现在,她很高兴地上班,我在社区里面上班。我觉得挺高兴的。

在社区里的工作,我也是考进去的。那时候,以前在教育分中心,当时只是那种合同工。合同工不像正式工,当时我在那里心情也是不一样的,我觉得人家都是正式工,我是合同工,就是发钱啥的都不一样的。我心里就想不管怎么样,我就是要考出去的,我一直在这里也不是长久之计。我就是这么想的。

所以我生好孩子以后就拼命看书,真的,把孩子都扔一边了。在家里,就在书房里看书。反正只要有机会考就看,有机会考就看。还好,第一次考上了,笔试排名靠前的,但是面试没有人指点呢还真不行。真要请别人来帮忙指点指点、看看的。因为第一次去面试,和别人就差了 0.03 分。当时出来的时候哭得不行。因为我知道自己面试是有欠缺的,没经过别人指点还是不一样的。于是到了第二年,我又继续考,考社区的岗位。我考笔试倒还好,可能是心态不一样了,心态放松了以后考,考得比较好的。面试呢,我这次就请了老师来指点指点。指点好了以后,我觉得我的面试水平越来越高了。我觉得不能说越来越高,至少是提高许多。这次面试成绩达到了 80 多分。终于进了社区。考进来了,不管怎么样,总是一个正式的饭碗。我觉得很开心,我爹妈也觉得很开心,两个女儿事情做好,工作找好,很开心。

(2016 年 7 月 17 日,海盐,发音人:富晓燕)

二、对　话

对话人：

王——王国翼，方言老男

张——张圣英，方言老女

朱——朱垸熠，方言青男

王：好，吾拉今朝蛮开心噢，同吾拉年轻有为格小朱噢，吾拉老太婆一道，辣⁼勒⁼浪塔举行一个用海盐格土话一起来讲讲吾拉海盐格变化。

张：嗯，那么勿是小朱伊倷大学毕业回来，倷海滨公园去过哦？

朱：去兹去过哩。

张：海滨公园现在建来好来噢！原来是农药厂，哦哟，臭得格来亿完。现在格爿靖海门矮⁼勒起格塔。倷进去过哦，看见里厢游乐园勒⁼啥？

朱：看见过。

张：噢，马上只……勿是诶，白洋河湿地矮⁼好诶。

王：夜快钓鱼人矮⁼蛮多诶。

张：嗳，夜快……

朱：上毛子吾侬去看过哩。

张：钓鱼，倷格里塔钓过哦？

朱：勿曾钓过。勿是，吾侬辣⁼起……吾侬辣⁼起还有到白洋河还南面点。南面头，勿是辣⁼起北面。勿是辣⁼起湿地公园。

张：噢，勿是只湿地公园。实质浪现在……

朱：就是往老沪杭公路边浪，格塔白⁼勿是矮是白洋河。

王:格里头格加气加油站勒‖,愁‖愁是格个小梅拉塔,煤气站格塔,
  嗳……老沪杭公路。

朱:煤气站格塔,煤气站格塔。

张:噢,格塔告鱼大哦? 噢,钓起来……

朱:顶大格根吾侬钓牢廿二斤花鲢。

张:哇,结棍煞里啊! 格兹下趟矮‖跟傺去钓鱼。

朱:好诶。

张:那么傺个告鱼食侪用啥诶?

朱:鱼食么自家屋里拿点烧酒泡泡格种粟米,烧熟以后,拿烧酒
  泡泡。

王:哦哟,勿是蛐蟮了啥噢!

张:噢,格告呢啥,勿是鲢鱼要吃诶? 以前吾拉像勿得……

朱:伊傺格种吃告侪是发酵告东西。

张:要介伊诶啊!

朱:发酵过,告大鱼……

张:哦哟,吾拉以前厂里啊,矮‖去有个钓鱼诶啊,学诶。吾侬矮‖去
  钓过哩! 钓来,总归钓得两根格告小猫鱼。侪是用啥,伊拉是笑
  来,还用啥个一滴香,一滴香拌油饼。勿是要打团诶是哦? 傺马
  上打团哦?

朱:油饼,马上用油饼告蛮少啦哩!

张:蛮少啦哩啊?

朱:勿用啥! 基本勿用啥!

张:哦哟,格是下趟真要跟傺去钓! 原来吾拉矮‖有点告钓鱼钩子,
  但是……喏,格告竿子勒‖啥,现在告可能侪好来亿完,抛竿
  了啥。

朱:一样诶。

张:一样诶?

朱:竿子么一样诶,要看倷哪⁼瞎钓点。

王:钓鱼格装备矮⁼蛮结棍诶。

张:噢……格要竿子亿完,格伊拉有格种到海里……

朱:拿钞票来笃⁼出来。

张:诶,勿是诶,格从倷海里去钓。

朱:海里勿钓。格毛海里鱼少倒个来。

张:嗳,伊拉有格种海钩。

王:今年海里厢,挂⁼歇讲格点蟹鳗勒⁼啥多来亿完。

朱:嗯,今年蟹灾。

王:为啥道理啊?

朱:反正格个贩子从第一日八十块开始收,第二日下昼四点钟开始,变三块一斤。

张:哦哟,多勿过,亿完。多勿过哩,伊拉勿卖脱么啊白落落。噢,格勒⁼伊倷好哩收勒⁼勿收一道去卖[伊拉]。

王:难⁼倷念倷屋里只池塘里还养起霍啊?

朱:嗯,养兹总归两三万霍。

张:哦哟,结棍来,下趟到倷屋里来吃蟹,哈哈哈……

朱:覅完,覅完,呒没用场,覅完!

王:满院子……整个屋里院子里侪河蟹。

朱:死完为止,老早侪覅完。

张:真式!真式!毕过现在格只海塘矮⁼做来好来亿完。海塘倷去哦?去过哦?

朱:海塘蛮少去。

张:哇,现在去看看只海塘,做来格种全部是钢化玻璃,双层头。亦然,亦然真光是……原来只老海滨公园一直现在是要筑到格面

头五团里。格只跨……跨海大桥啊,喏,倷开车子矮⸗去过哩,小

朱噢! 哦哟,马上登⸗勒⸗海塘浪吾侬估计真式好得个来!

张:格倒正式是诶! 马上海盐建设来么真快来。格塔绮园倷专门去

　哦? 绮园,原来只洪家花园。

朱:去过哩!

张:哦,只洪家花园里么,小么小诶,真式小巧玲珑。

王:难⸗现在绮园旁边再配上绮园商业街,商业街勒⸗啥么小青年有

　两时去转转。

朱:看电影,饭吃吃。

张:看电影勒⸗啥倒正式……正式蛮好诶。

王:外头个点新华书店门底个点小广场,现在真的是很时尚的噢,都

　是一些小……小女孩在那么摆了一些小木屋的个那些零售的,

　很时尚的小商品。个点小朋友拉矮⸗蛮喜欢。

张:现在反正全国勒⸗浪……

王:吹泡泡,夜来个个……个个……

朱:大岁数诶么登⸗街浪么矮⸗有地方别相,排舞跳跳。

张:是诶,是诶! 那么勿是诶养狗告么侪养。倷屋里狗养哦? 吾拉

　倒还养起只狗落霍,小太大,柴非犬。有么蛮有趣,养兹五年哩,

　仍旧小来,蛮小诶,个勒⸗喏勿怕养告狗噢。

朱:要伊小点,吾侬屋里养只金毛,大倒个来!

张:哦哟。

朱:老早送去乡下。

王:街浪……要小巧精美!

张:勿是诶,汏起来么啊……汏起来拨⸗什得个来。

朱:同吾侬个分量推扳一半,要将近八十斤。

张:哦哟,个是[吾拉]个孙姑娘喜欢来勿得了。哦哟,伊倷,传⸗虽待

自家只狗，念么念去遛狗，结果自家只狗勿管诶，伊奈亦苏⁼去看别人家只狗，啥个萨摩耶啊，啥啊，哦哟，有只萨摩耶么矮⁼趣来总归。

朱：太大哩，同伊关……关只棚棚里从来勿放出来，养猪猡一样。

张：嗯，嗯，嗯，伊倸蛮凶呢啥？勿凶诶。

朱：勿凶诶，善来亿完。

张：唉，唉，唉，像勿得听伊拉念……

朱：个倸放出去以后么，老早被伊拉药掉没，冇没用，勿要得放得。

张：喔，格倒是真诶，真诶，真诶。

朱：偷狗告多得格来！倸格只狗格只皮剥脱来倸去卖几许钞票！

张：嗳，是诶！偷狗告么真式勿好！吾拉每年养两只草狗……

王：就到过年哩……

张：嗳，老早冇没啦哩！一来到过年哩冇没啦哩！

王：所以杨家弄里厢格勒⁼狗矮⁼特别多，一个么起到家庭格保安作用，第二个……

朱：马上倸看吾拉单位里养狗，大型犬……勿管大型犬小型犬必须要做证，做证有嘛个好处。一个好处呢，只狗跑脱，伊倸头颈里头同伊打起只芯片落霍，好定位；第二只呢，就等于说，倸只狗如果说本⁼啥人轧杀啦哩，格只保险公司会得赔诶，到格塔查出来只证件呢，有得赔诶。格个两个好处。第三个好处呢，人家捉牢，淌⁼比倸只狗跑脱，本⁼人家捉牢，人家到格白⁼头去，等于说到狗格头……一查么，蛮省力。

王：寻找失去了啥矮⁼寻得着。

张：哦，是打起皮里，勿是箍勒⁼外头。

朱：侪打起头颈浪，蛮方便。

张：亦便箍勒⁼外头兹，念旧白落落。

朱:难=么马上矮=免费诶。

张:哦,格么吾拉告小……小狗勿得去打得?

朱:小狗么啊,傺,顶好去打打,万一得傺跑出去……

张:唉,本=伊拉,是诶呀! 上毛捉掉过哩呀! 捉掉过哩勒,后来碰
  着一个,吾侬念起来拉只小狗呒没。难=伊傺倒问问我看,傺只
  么哪瞎诶,啥啥。明朝点朝吾念,哦哟,傺只狗头毛辣=外头,吾
  侬同傺捉来拉哩。哦哟,善=虽么伊拉捉起啦哩,难=么,吾侬
  矮=:好哩啊,谢谢傺,谢谢傺! 好哩! 真式!

王:打针倒矮=蛮好! 一看小狗伊傺矮=有个身份,安全……

朱:伊拉同人一样,有身份证。

张:哎,格么到阿里? 是兽医站啊?

朱:辣=起……勿是兽医站。辣=起格个……办证中心斜对过,稍微
  东面点,东面对过,门面朝北诶。

张:哦,哦,办证中心。好诶,好诶,吾拉难=真式啥辰光……啥辰光
  要去弄来做只。

王:是蛮好。小朱矮=工作忙来亿完噢,真式海盐街浪真式像介依格
  告才=外可能紫金山傺矮=勿曾去过……呵呵。紫金山……海
  盐格个美丽个五味村……

朱:勿曾,傺报报看! 吾侬倒勿晓得。

王:喏,澉浦六里格紫金山,紫金山么前两年么大概几百亩水架浪厢
  全部种勒=向日葵。

张:向日葵!

王:格个辰光跑过去一片葵海啊! 那么,老百姓,街浪格种小诶同兹
  一家门,囡囡牢兴一道去。那么向日葵么黄颜色诶,拍出照么有
  两个么拿把伞么是七彩格,蛮趣诶,同囡囡勒=啥一家门老老小
  小拍点照片。难=格两年么紫金山落霍建造一种老百姓们所向

往诶、蛮怀念格一种传统建筑,嗯,一种传统格,老百姓塔叫龙门客栈啊……

朱:蛮好诶!

张:民居……民宿呀!伊倸侪是造来才＝外告诶。

王:一种体验。包括吾拉……乡下头自家种格点辣椒番茄落苏＝,格两日栽树勒＝格种,蛮具有农村风格格,依山傍水格夜来格风光亦蛮……小桥流水,上海客人勒＝啥矮＝蛮闹诶。介一塔。还一塔么就是辣＝起再过来点,勒＝起澉东村凤凰山下十姑娘格塔白＝。

朱:格塔啊!

王:澉东村,有一只……一只戏台!哎,格里厢么墙头浪么还有美好格回忆,"人民公社"。下底么有个木匠落霍箍木桶。哎,那么格里厢两个人家尼介么现在建设来矮＝蛮好,八月份么要,侪要筑到自家门底来。所以河水里厢点水么矮＝蛮清爽。还一个么辣＝起秦山。秦山么还格个文溪,文溪坞。文溪坞么蛮……蛮有文化特色诶。

朱:文溪坞吾侬听伊拉讲过哩。

张:哈哈,伊倸上毛拍只照片来矮＝……矮＝得牢格奖辣＝。只文溪坞拍来是蛮好看。

王:嘉……嘉……嘉兴日报举行摄影比赛,美丽……

张:乡村。

王:田园风光,那么吾拉就到文溪坞里,格里厢有几个老伯伯落霍走棋,点民宿呢矮＝侪是两层楼,水里厢格倒影,叫"秀水人家",矮＝获得哩两等奖。

朱:蛮好!

王:所以美丽乡村现在矮＝吸引勒＝较关人来别相,特别现在吾拉绿色自行车,小格车队,大家侪……

张:难ᵈ么小朱,倷女朋友难ᵈ辣ᵈ起啊里?

朱:金星村。

张:星星勒ᵈ啥……

朱:金星。

王:金星村矮ᵈ建设来好来不得了,武原街道。

张:武原街道。

王:难ᵈ倷倒讲讲看。

朱:富亭稍微……

张:勿到点。

朱:西面点。

张:噢,格塔坞荡倒真式好诶。

王:格个村里个风光……

朱:矮ᵈ勿好诶,等于讲格面头马上基本上侪辣ᵈ霍拆房子,建设还
   勿曾建设。

王:规划侪开始落霍。

张:已经规划,难ᵈ来全部是介伊矮ᵈ成片勤ᵈ。

朱:哎,成片,拆牢成片格个……

王:还有亭台楼阁勒ᵈ,小桥流水勒ᵈ……

张:越造越好哩,吾拉海盐现在发展来真当……农村……现在农村
   比街浪好亿完,噢,好来……

朱:总归农村好。

张:好得格来,真式。

王:吃格点新鲜,对哦,吸格点空气矮ᵈ新鲜。现在道路交通一方便
   么省力来!

朱:嗯,澉浦羊肉去吃碗。

张:哎,澉浦羊肉倒真光是……日常开兹……真式到冬天开兹车子
　　去吃过两满哩!

王:只吃兹从早晨开始从羊血开始吃兹,羊脚勒﹦,啥个啥个……

朱:吾侬四点钟屋里开出去,吃过,等诶……

张:等伊杀好!

王:噢,愁﹦澉浦街浪只小弄堂里进去啊!

朱:唉,对诶,愁﹦是菜场隔壁!

张:对! 对! 对! 对!

王:唉,格个叫……叫啥个金良! 金良,伊俫跑进去么门口……

朱:周金良!

王:哎! 周金良! 周金良! 是! 是! 是!

朱:周金良! 周金良格个羊肉店!

张:难﹦马上贵!

朱:贵! 马上么一碗羊肉面顶起码35块左右。

张:早,总归五年呢十年前头,伊俫吃兹,再难﹦为﹦一百块洋钿买,
　　买兹亿完回来呀! 告羊零散、羊脚、羊肝诶么,亿完,买兹总归
　　交关!

朱:羊肚!

王:然后再叫伊配点芋艿!

张:配点芋艿么真式! 吃来真式! 海盐格点真式……真式……名气
　　是有!

王:色香味噢!

张:外头尼侪是告烧白烧告,实质浪吾拉侪吃勿惯,噢!

王:喏,吾拉上海华东医院有个连医师尼介,伊俫每年总归要到……
　　冬天么要记得格点羊肉哩!

朱:羊肉么肯定诶!

王:所以要专门要开车子去！

朱:CCTV报……报澉浦羊肉。

张:来报道过哩噢！

王:中央电视台！

张:格勒每年勿是南北湖格只旅游节,勿是勒‗起分格塔……格只蝴蝶岛格塔烧羊肉,烧来,烧诶呀！

王:对诶,格个两年,格个三年当中旅游节格基本上属于是"舌尖浪格美食格第一台好戏",就是辣‗起蝴蝶岛旁边,大把羊肉串,所有个来客侪勒‗格里厢。吃两个芋芳勒‗尝两白‗羊肉。味道蛮好！

张:格点倒真诶！吾拉,喏,海盐只南北湖真蛮好。上满‗烟火节倷看哦? 格辰光倷可能还小哩！ 南北湖烟火！

朱:勿看诶！

王:噢,格是早哩噢！

张:嗯,矮‗勿是……

王:靠……靠十年前头哩,应该是！ 格只……格只烟火节,开幕式,勒‗起南北湖。吾拉南北湖曾经放过烟火。

张:真式,吾拉齐巧辣‗只蝴蝶岛边浪看来,格满‗格点烟火真式看来蛮过瘾诶,好得格来！ 真！

王:难‗么后来贯彻节约办节哩么,相对于有关格种项目就取消辣‗哩！ 马上侪搞一点民间格种,对哦,五味村走访啊！ 羊肉尝尝啊！ 对哦！

朱:橘子！

王:橘子！

张:橘子,橘子,采橘子！

朱:茶叶！

张：嗯，实盾浪厢海盐只茶叶矮ˉ真蛮好！

王：那么现在秦山格只，格只……格只……啥，每年，一年四季到格里起采草莓啊，格里厢种来蛮好诶，万……万红农庄！

朱：万红农庄！

王：万红农庄以格只芦苇，哎，以芦苇为品牌产品，然后引出一大批格名特优惠。

张：格日子勿是吾拉去采格点葡萄甜倒格来！只万红农庄点葡萄真光甜！喏，贵么稍许贵点！

王：习主席辣ˉ浙江当省委书记格辰光，来过……算过感受过吾拉海盐名特农……农业发展。

张：格种，海盐格白ˉ地方蛮好，噢，小么小！倷现在勿得啊里啊里，格近来！现在到上海、到杭州么样式近。格白ˉ中心地方，又安静，好来！

王：小朱，倷囡囡读几年级勒ˉ？

张：伊倷还小哩诶！

朱：吾侬还勿曾结婚！

王：啊，哈哈，要祝你心想事成！

朱：谢谢！

张：总归……倷爸爸妈妈侪身体好诶噢！侪还年轻来亿完，倷还介小啦哩！小来！

朱：年轻，一个五十，一个五十一。

张：哦哟，比吾拉小起亿完霍，还……侪还落上班。

王：真当辰光！

朱：[吾拉]娘明年退休哩！

张：倷姆妈是哦？格么伊倷矮ˉ小月生，今年五……五十……

王：格么伊倷可以搞第二次创业。选择一个吾拉海盐……

张：创业！

朱：惬意点！惬意点！别相别相！

张：到辰节反正自家想着做点啥做啥，真式……真式老板大哩么矮＝侪辛苦！

朱：［吾爷］么矮＝蛮辛苦！

王：倷爷单位现在蛮……吾拉海盐蛮……蛮蛮好格一个发展势头，青少年宫现在发展来好来勿得了，跑过去第一条标语就是"梦想从这里启航"！海盐告图因拉梦想侪从格里厢开出。多多培养一些自家格兴趣爱好，发展蛮好。难＝倷只新诶母校去哦？现在倷格只海盐第二高级中学造来好得格来！

朱：勿曾去过，吾侬就是登＝边浪打过一满＝篮球，管伊看看。

王：哦，去看看，胡校长领导来好来，年年倷看个两年一本要考出五个去啦，所以海盐吾拉个点……

朱：格点结棍啦！格塔看看读格辰光只学堂……

张：呵呵，读格辰光一面开始。

王：伊倷矮＝培养倷树立一种信心，所以呢，二高里格办学理念六个字，吾侬努力，吾侬肯定出山诶！普通话讲"我努力，我能行"。所以讲一届一届格学生子确实是相当优秀，海盐老百姓矮＝确实蛮满意诶，对海盐格教育。
难＝倷倒再讲点倷屋里厢格两只蟹，小蟹，要褪七次壳，伊倷哪瞎＝格过程，现在便格点点大。

朱：褪七次壳么，伊倷是褪一毛颜色变一毛。从一开始格白诶，褪兹变稍微有……伊倷等于说褪兹壳就有适应淡水格只环境，亦然伊倷是盐水里。第二毛褪壳褪脱兹以后是稍微有点白诶上登稍微有点红。再褪一毛呢，就是等于讲兹像河里捉高来只颜色一样。

张：噢，倽实介自家养养倒矮⁼蛮好。

朱：越褪，越褪，越褪，越褪，褪到后头来，褪毛，褪毛，褪毛，褪毛……

王：格么格点么吾侬真活到老学到老，长知识啦哩。噢，蟹苗是盐水
　　里，海里诶啊？

朱：伊倽是到长江里繁殖后代，开始，伊倽格点养出来格种……格种
　　籽，跟牢长江格点水，一直到杭州湾口，到浪塔啦，基本上……基
　　本上已经发育成形啦哩，变成小蟹啦哩。

王：嗯，小蟹，小蟹！

朱：那么伊倽全部回转涨潮，只潮水涨进来以后呢，侪登起海边，格
　　白⁼石渡琴⁼格塔。

王：哦，是从……从海水开始慢慢较养，一次壳，两次壳，一直到淡水
　　里成长。

朱：勿是，勿是，伊倽……哎，对诶！

王：到最后，吾拉买来吃格辰光，所以叫湖蟹、湖蟹，是湖里厢，是
　　淡水。

朱：伊倽一段时间，伊倽登⁼海里，过段时间呆板蹔高，必须要蹔高，
　　勿蹔高愁⁼要死诶。格只伊倽生长格只规律，呒没办法。但是倽
　　格点蟹苗倽买来以后，回到淡水里，伊倽是一下子勿会得成长。
　　浮勒⁼面牢，勿习惯。伊倽要顶起码要过两到三日天，只壳褪脱，
　　难⁼开始沉落起。

张：哦，倒稀奇诶。难⁼以前么侪是野诶。

朱：吾侬矮⁼勿懂。一开始吾侬矮⁼勿懂。

张：难⁼倽格满倒慢慢较、慢慢较，格个倒矮⁼是蛮好！

朱：听……听别人家！听别人家讲来！

王：看别人家矮⁼慢慢较……

张：以前……侪野生诶，侪……亦苏⁼念起来西北风起哩么笑来么，

吾拉……伊拉侪啥,去拔根棉花姆,棉花……棉花姆浪么去捉只癞丝⁼,难⁼么去苏⁼牢,苏⁼牢兹么去摆勒⁼只湖里,摆湖里么到夜来,到夜来么担个电筒,伊侪有两兹拖牢只癞丝⁼捡高来是只蟹。

王:倷矮⁼捉得牢蟹诶!

张:哎,吾拉原来城河里。城河里格辰光……吾拉小格辰光专门去捉诶呀!

朱:六月里么,吾拉顶小格辰光么愁⁼是一个洞,看见一个洞,边浪看得出一个蟹洞。

王:好,我们今天很开心啊,和我们年轻有为的小朱、我老婆一起,在这里用海盐的土话来说说我们海盐的变化。

张:嗯,小朱,你大学毕业回来,到海滨公园去过吗?

朱:去过了。

张:海滨公园现在建设得很好! 原来是农药厂,哦哟,臭得不得了。现在那个靖海门也在那里。你进去过吗,看见过里面游乐园什么的?

朱:看见过。

张:噢,现在白洋河湿地也好的。

王:晚上钓鱼的人很多。

张:哦,晚上……

朱:上次我去看过了。

张:钓鱼,你到那里钓过吗?

朱:还没有钓过。不是,我在白洋河还要南面一点。南面,不是在北面。不是在湿地公园。

张:噢,不是湿地公园。实际上现在……

朱：就是在老沪杭公路边上，那里也是白洋河。

王：那里的加气加油站，就是小梅那里，煤气站那里，哦……老沪杭
　　公路。

朱：煤气站那里，煤气站那里。

张：噢，那里的鱼大吗？噢，钓起来……

朱：我钓到最大的是 22 斤的花鲢。

张：哇，这么厉害啊！那下次是要跟你去钓鱼。

朱：好的。

张：那你用什么鱼食的？

朱：鱼食么就是自己家里用烧酒泡点玉米，烧熟以后，用烧酒泡泡。

王：哦哟，不是蚯蚓之类噢！

张：噢，鲢鱼不是要吃那些吗？以前我们好像……

朱：它们要吃那些发酵过的东西。

张：是这样的啊！

朱：发酵过，那些大鱼……

张：哦哟，我们以前厂里也有个钓鱼的，学过的。我也去钓过！就钓
　　上几条小猫鱼。都是用什么呢？说起来好笑，用什么一滴香，一
　　滴香拌油饼。不是要打团的吗？现在打团吗？

朱：油饼，现在用油饼很少了！

张：很少了啊？

朱：不太用！基本不太用！

张：哦哟，那下次真是要跟你去钓！原来我也有钓鱼钩子、竿子啥
　　的，现在可能都用得很好了，抛竿什么的。

朱：一样的。

张：一样的？

朱：竿子是一样的，要看你怎么钓。

王:钓鱼的装备也很厉害的。

张:噢……竿子就好多,他们有种到海里……

朱:用钱砸出来的。

张:不是哦,到海里去钓。

朱:海里不钓。现在海里的鱼很少。

张:嗳,他们有种海钩。

王:今年海里,刚才说的蟹鳗之类很多。

朱:嗯,今年蟹灾。

王:为什么啊?

朱:反正那些贩子从第一天 80 元开始收,第二天下午四点钟,变成 3 元钱一斤。

张:哦哟,太多了,不得了。太多了,他们不卖掉也白白浪费。只能 不管他们收不收一起卖给他们。

王:你说家里的池塘还养着啊?

朱:嗯,总共养了两三万。

张:哦哟,厉害,下次去你家里吃蟹,哈哈哈……

朱:爬光了,爬光了,没有什么用,都爬光了!

王:满院子……整个家里都是河蟹。

朱:死光为止,早就爬光了。

张:是的! 是的! 不过现在海塘也做得很好。海塘你去过吗? 去 过吗?

朱:海塘很少去。

张:哇,现在去看看海塘,做的都是钢化玻璃,双层。原来那个老的 海滨公园一直修到五团那里。那个跨海大桥啊,你车子也去过 了,小朱噢! 哦哟,现在海塘真的是很好的!

张:这倒是真的! 现在海盐建设得真是快。绮园你经常去吗? 绮园,原来那个洪家花园。

朱:去过哩!

张:哦,这个洪家花园,小是小了点,但小巧玲珑。

王:现在绮园旁边再配上了绮园商业街,商业街上有时候小青年去逛逛。

朱:看看电影,吃吃饭。

张:看电影什么的倒是很好的。

王:新华书店门口的小广场,现在是很时尚的,都是一些小女孩在那里的小木屋里零售一些时尚的小商品。小孩子很喜欢的。

张:现在反正全国在这里……

王:吹泡泡,晚上那个……

朱:年纪大的在这里也有地方玩,跳跳排舞。

张:是的,是的!还都养着狗。你家里养狗吗?我们倒是还养着条狗,不是很大,柴非犬。很可爱的,养了五年了,还是很小很小的,所以不怕养的狗。

朱:就要小一点,我家里养了只金毛,很大!

张:哦哟。

朱:很早送去乡下了。

王:街上……要小巧精美!

张:不是啊,洗起来……洗起来太麻烦。

朱:和我的分量差一半,将近 80 斤。

张:哦哟,我孙女是喜欢得不得了。哦哟,她对自己家的狗,说说去遛狗,结果自己家的狗不管,她就是去看别人家的狗,什么萨摩耶啊,什么的,哦哟,有只萨摩耶么很有趣。

朱:太大了,把它关在棚里从来不放出来的,跟养猪一样。

张:嗯,嗯,嗯,它很凶吗?不凶的。

朱:不凶的,很温柔的。

张:唉,唉,唉,好像听他们说……

朱:你放出去以后,马上就被人家药死了,没用的,不能放出去。

张:喔,这倒是真的,真的,真的。

朱:偷狗的很多！你这只狗的皮剥下来能卖很多钱！

张:嗳,是的！偷狗的真不好！我们每年养两只草狗……

王:就到过年哩……

张:嗳,老早没有了！一到过年就没有了！

王:所以杨家弄里狗特别多,一是起到家庭的保安作用,二是……

朱:现在你们看我们单位养的狗,大型犬……不管大型犬还是小型犬都要做证,做证有很多好处。一个好处呢,这只狗跑掉,它的脖子里给它打着芯片,可以定位;第二个呢,就是说,你的狗如果被车轧死了,保险公司会赔的,到那里查出证件来,会赔的。这是两个好处。第三个好处,人家抓住,比如这只狗跑了,被人抓住,人家到那里去,就是到给狗办证的那里去……一查,很方便。

王:走失了还找得回来。

张:哦,是打在皮肤里,不是勒在外面。

朱:都打在脖子里,很方便。

张:如果勒在外面,还是没有用的。

朱:现在也是免费的。

张:哦,那我们的小狗不用去打吧?

朱:小狗么,你最好去打,万一跑出去……

张:唉,是的啊！上次被他们抓走过！抓走了,后来碰到一个人,我说我家小狗没有了。他就问我,你的狗怎么样的。第二天对我说,哦哟,刚才你的狗在外面,我帮你抓回来了。哦哟,其实么就是他们抓走的。然后我也就说:好的啊,谢谢你,谢谢你！好了！

真是的!

王:打针倒很好! 小狗也有个身份,安全……

朱:它们和人一样,有身份证。

张:哎,那去哪里啊? 是兽医站吗?

朱:在……不是兽医站。在那个办证中心斜对面,稍微东面一点,东面对面,门朝北的。

张:哦,哦,办证中心。好的,好的,我们什么时候真的要去做一个。

王:是很好。小朱工作很忙啊,海盐附近的紫金山啥的你都没去过吧,呵呵。紫金山……海盐的美丽的五味村……

朱:还没有,你说说看! 我倒是不知道。

王:喏,澉浦六里的紫金山,前两年紫金山种了几百亩向日葵。

张:向日葵!

王:这个时候去一片葵海啊! 那么,老百姓,街上的一家子,宝宝也一起去。向日葵颜色黄的,拍照的时候有的拿把伞是七彩的,很有趣,和宝宝什么的一家老小拍些照片。这两年紫金山在建造一种老百姓很向往的、很怀念的传统建筑,一种传统的,老百姓叫龙门客栈……

朱:挺好的!

张:民居……民宿呀! 他们都是造在其他地方。

王:一种体验。包括我们自己在乡下种点辣椒、番茄、茄子,这几天种树,很具有农村风味,依山傍水,晚上的风光……小桥流水,上海的客人挺多的。这是一处。还有一处再过来一点,在澉东村凤凰山下十姑娘那里。

朱:那里啊!

王:澉东村,有一个戏台! 哎,那里的墙上还有美好的回忆,"人民公社"下面还有个木匠在箍木桶。哎,那里的人家建设得很好,今

年8月都要修到自己家门前。所以河里的水很清。还有一个在
秦山。秦山还有一个文溪坞。文溪坞很有文化特色。

朱：文溪坞我听他们说起过。

张：哈哈，他上次拍的照片还得奖了。文溪坞拍出来很好看。

王：嘉兴日报举行摄影比赛，美丽……

张：乡村。

王：田园风光，那么我就到文溪坞，那里有几个老伯伯在下棋，那些
民宿是两层楼，水里的倒影，叫"秀水人家"，也获得了二等奖。

朱：很好！

王：所以美丽乡村现在也吸引了很多人来玩，特别是现在我们的绿
色自行车，小的车队，大家都……

张：小朱，你女朋友在哪里啊？

朱：金星村。

张：星星啥……

朱：金星。

王：金星村也建设得很好，武原街道。

张：武原街道。

王：你倒是说说看。

朱：富亭稍微……

张：不到一点。

朱：西面一点。

张：噢，这个地方倒是真的好。

王：那村里的风光……

朱：也不好的，那边基本上都在拆房子，还没建设好。

王：规划都开始了。

张：已经规划，将来都是成片的。

朱:哎,成片,拆成片……

王:还有亭台楼阁啊,小桥流水啊……

张:越造越好了,我们海盐现在发展得……农村……现在比城镇都
　　好很多,噢,很好……

朱:总归农村好。

张:很好,真的。

王:吃的新鲜,对吧,空气新鲜。现在交通也很方便!

朱:嗯,去吃碗澉浦羊肉。

张:哎,澉浦羊肉真的是……到了冬天开车去吃过两次了!

王:从早上就开始吃,羊血、羊脚啊,什么什么……

朱:我四点从家里出去,吃过,要等的……

张:等他杀好!

王:噢,就是澉浦镇上一个小弄堂进去的!

朱:唉,对的,就在菜场隔壁!

张:对!对!对!对!

王:唉,那个叫啥金良!金良,门口么……

朱:周金良!

王:哎!周金良!周金良!是!是!是!

朱:周金良!周金良的羊肉店!

张:现在贵了!

朱:贵!现在么一碗羊肉面最起码 35 元左右。

张:早些年,总归五年呢十年前,先吃了,再花 100 元买,买了很多回
　　来!那些羊杂碎、羊脚、羊肝之类,很多,买了很多!

朱:羊肚!

王:然后再让他配点芋艿!

张:配点芋艿么真的好!吃起来真的好!海盐这点名气很大!

王:色香味噢!

张:外面都是白烧的,我们吃不惯,噢!

王:喏,我们上海华东医院有个连医生,他每年总是……到了冬天就要记得这个羊肉了!

朱:羊肉么肯定的!

王:所以要专门开车子去!

朱:中央电视台报道过澉浦羊肉。

张:来报道过啦!

王:中央电视台!

张:每年南北湖不是有旅游节么,在蝴蝶岛那里烧羊肉,烧啊,烧啊!

王:对啊,这几年,这三年当中旅游节基本上属于是"舌尖上的美食的第一台好戏",就是在蝴蝶岛旁边,大把的羊肉串,所有的来客都在那里。吃几个芋艿,尝几块羊肉,味道很好!

张:这倒是真的! 我们,喏,海盐的南北湖真的很好。上次烟花节看了吗? 那时候你还小呢! 南北湖烟花!

朱:没看啊!

王:噢,那是很早的事情了!

张:嗯,也不是……

王:大概十年前了,应该是! 这个烟火节,开幕式,在南北湖。我们南北湖曾经放过烟火。

张:真的,我们刚好在蝴蝶岛边上看的,那次的烟花看得真是过瘾,很好! 真的!

王:后来贯彻节约办节了,这类项目就取消了! 现在就搞些民间的这些,对吧,走访五味村啊! 尝尝羊肉啊! 对吧!

朱:橘子!

王:橘子!

张:橘子,橘子,采橘子!

朱:茶叶!

张:嗯,其实海盐的茶叶很好的!

王:现在秦山那个……什么,每年,一年四季到那里采草莓啊,那里种得很好的,万红农庄!

朱:万红农庄!

王:万红农庄以那个芦苇,哎,以芦苇为品牌产品,然后引出一大批名特优惠。

张:那天不是我们去采葡萄了啊,很甜啊!那个万红农庄的葡萄真是甜!喏,贵是稍微贵点!

王:习主席在浙江省当省委书记的时候,来过……算是感受过我们海盐名特农业的发展。

张:海盐这地方很好,虽然小了一点!你们现在不管说到哪里,都很近!现在到上海、杭州都近的。这是中心点,又安静,很好!

王:小朱,你宝宝上几年级了?

张:他还小呢!

朱:我还没结婚呢!

王:啊,哈哈,要祝你心想事成!

朱:谢谢!

张:你爸爸妈妈身体都好的吧!他们还很年轻,你还这么小呢!小啊!

朱:年轻,一个50岁,一个51岁。

张:哦哟,比我们小很多,都还在上班。

王:正当壮年!

朱:我妈妈明年退休了!

张:你妈妈是吗?那她也是小月生,今年50……

王:那她可以搞第二次创业。选择一个我们海盐……

张:创业！

朱:舒服点！舒服点！玩玩！

张:到时候自己家里想干点什么干点什么,真的做大老板也很辛苦!

朱:我爸爸现在也很辛苦!

王:你爸爸单位现在很……我们海盐很好的一个发展势头,青少年
宫现在发展很好,那边的第一条标语就是"梦想从这里启航"！
海盐的宝宝的梦想都从这里开始,多培养一些自己的兴趣爱好,
发展很好。你的母校新址去过吗？现在海盐第二高级中学造得
很好！

朱:没去过,我就在那旁边打过一次篮球,随便看看。

王:哦,去看看,胡校长领导得很好,每年,你看这两年一本要考上5
个呢,所以我们海盐这点……

朱:那厉害了! 看看读书时候的学校……

张:呵呵,读的时候才刚开始。

王:他培养你们树立一种信心,所以呢,二高的办学理念是六个字,
我只要努力,我肯定有出息的! 普通话说"我努力,我能行"。所
以说一届一届的学生确实相当优秀,海盐老百姓对海盐的教育
确实很满意的。
那再说说你家里的那些蟹,小蟹,要褪七次壳,它是怎么个过程,
现在只有这么点大。

朱:褪七次壳么,它是褪一次颜色变一次。从一开始的白的,变得稍
微有点……就是说褪了就适应淡水的环境,要不然是在盐水里。
第二次褪壳以后是白的,上面稍微有点红的。再褪一次呢,就和
河里抓起来一样了。

张:噢,你这样自己养倒也挺好。

朱：越褪，越褪，越褪，越褪，褪到后面，褪次，褪次，褪次，褪次……

王：我真是活到老学到老，长知识了。噢，蟹苗是盐水里，海里的啊？

朱：它们是在长江里繁殖后代，开始，它们生出来的那种籽，跟着长江的水一直到杭州湾口，到这里基本上已经发育成形了，变成小蟹了。

王：嗯，小蟹，小蟹！

朱：它们全部回来等涨潮，潮水涨进来后呢，都在海边，都在台阶那里。

王：哦，是从海水里开始慢慢长大，褪一次壳，两次壳，一直到淡水里长大。

朱：不是，不是，它们……哎，对的！

王：到最后，我们买来吃的时候，所以叫湖蟹、湖蟹，是在湖里，是淡水。

朱：它们有一段时间在海里，过段时间肯定会爬上来，必须爬上来，不爬上来要死的。这是它们生长的规律，没有办法。但是你把这些蟹苗买来以后，回到淡水里，它们一下子是不会长大的。浮在水面，不习惯。它们最起码要过两三天，才会褪壳，开始沉下去。

张：哦，这倒是稀奇。以前都是野的。

朱：我也不懂。一开始我也不懂。

张：你这样慢慢地、慢慢地学知识，这个倒也挺好。

朱：听别人说的！听别人说的！

王：看别人也慢慢地……

张：以前都是野生的，西北风起来了么，我们都去拔根棉花秆，抓只癞蛤蟆系在棉花秆上，系上后放在湖里，到晚上拿个手电筒去看，有时候拉起来，癞蛤蟆上是只蟹。

王:你也抓得到蟹的啊!

张:哎,我们原来在城河里的时候……我们小时候经常去抓的啊!

朱:夏天,我们最小的时候就是一个洞,看见一个洞,边上看得见一个蟹洞的。

第六章　口头文化

一、歌　谣

吱吱叫

5652 吱吱叫，	sɔ⁵⁵ lɑ³³ sɔ⁵⁵ lɛ³³ tsɿ⁵⁵ tsɿ⁵³ tɕiɔ³³⁴，
姑娘眉毛弯弯叫，	ku⁵⁵ ȵiɛ̃²¹ mi²⁴ mɔ⁵³ uɛ²⁴ uɛ⁵³ tɕiɔ²¹，
剪脱头发穿旗袍，	tɕiɛ⁵³ tʰəʔ²³ de²⁴ faʔ²¹ tsʰɤ⁵³ dʑi⁵³ bɔ³¹，
金戒指带手表，	tɕin⁵⁵ ɡa⁵⁵ tsɿ²¹ tɑ³³⁴ se⁵³ piɔ⁵³，
金牙齿嵌老宝，	tɕin⁵⁵ a²⁴ tɕʰy⁵³ kʰɛ³³⁴ lɔ¹³ pɔ²¹，
丝光洋袜脚来套，	sɿ⁵⁵ kuɑ̃⁵³ iɛ̃²⁴ maʔ²¹ tɕiaʔ⁵ lɛ³¹ tʰɔ²¹³，
皮底鞋子呱呱叫，	bi²⁴ ti⁵³ a²⁴ tsɿ⁵³ kuaʔ²³ kuaʔ⁵ tɕiɔ³³⁴，
走落岸浪扭两扭，	tse⁴²³ ləʔ²¹ɤ⁵⁵ lɑ̃²¹ ȵiɔ²¹³ li ɛ̃¹³ ȵiɔ²¹，
前头扭来唱小调，	tɕiɛ⁵⁵ de²¹ ȵiɔ²¹³ lɛ²¹ tsʰɑ̃³³⁴ ɕiɔ⁵³ tiɔ⁵³，
后头扭来吹簧箫，	e⁵⁵ de²¹ ȵiɔ²¹³ lɛ²¹ tsʰɿ⁵³ uɑ̃²⁴ ɕiɔ⁵³，
地主拉姑娘真时髦，	ti⁵⁵ tɕy²¹ laʔ²³ ku⁵⁵ ȵiɛ̃⁵³ tsən⁵³ zɿ²⁴ mɔ⁵³，

徐点时髦啊里来，　　　　　ne⁴²³tiɛ²¹zɿ²⁴mɔ⁵³ɑ⁵⁵li²¹lɛ³¹，

穷人头浪剥削来，　　　　　dʑioŋ²⁴n̦in⁵³de²⁴lɑ̃⁵³pɔʔ⁵ɕiaʔ⁵lɛ³¹，

徐点时髦啊里来，　　　　　ne⁴²³tiɛ²¹zɿ²⁴mɔ⁵³ɑ⁵⁵li²¹lɛ³¹，

穷人头浪剥削来。　　　　　dʑioŋ²⁴n̦in⁵³de²⁴lɑ⁵³pɔʔ⁵ɕiaʔ⁵lɛ³¹。

（2016 年 7 月 18 日，海盐，发音人：徐玉英）

姊妹两个学踏车

姊妹两个学踏车，　　　　　tɕi⁵³me³³⁴liɛ̃²¹³kəʔ⁵ɔʔ²³daʔ²³tsʰo⁵³，

妹妹踏来团团转，　　　　　me¹³me²¹daʔ²³lɛ³¹tɤ²⁴tɤ⁵³tsɤ⁴²³，

姊姊踏来敲蒲桃，　　　　　tɕi⁵³tɕi⁵³daʔ²³lɛ³¹kʰɔ⁵³bu²⁴dɔ⁵³，

蒲桃栗子做山枣。　　　　　bu²⁴dɔ⁵³liəʔ⁵tsɿ⁴²³tsu³³⁴sɛ⁵³tsɔ²¹。

养个囝来害世宝，　　　　　iɛ̃²¹³kəʔ⁵nɤ²⁴lɛ⁵³ɛ²⁴sɿ²¹pɔ²¹，

本꞊来本꞊去本꞊勿了，　　　pən⁴²³lɛ³¹pən⁵³tɕʰi³³⁴pən⁴²³vəʔ²³liɔ³¹，

本꞊了河南张三宝，　　　　pən⁴²³ləʔ²³u²⁴nɤ⁵³tsɛ̃⁵⁵sɛ³³pɔ³¹，

张三宝命勿好，　　　　　　tsɛ̃⁵⁵sɛ³³pɔ³¹min²¹³vəʔ⁵xɔ⁴²³，

买鱼买个烂菜条，　　　　　mɑ⁵⁵n²¹mɑ²¹³kəʔ⁵lɛ²⁴tsʰɛ⁵⁵tiɔ³¹，

买肉买只猪八鸟，　　　　　mɑ²¹n̦iɔʔ⁵mɑ²¹tsaʔ⁵tsɿ⁵⁵paʔ⁵tiɔ³³⁴，

蹲了娘娘房里隔壁烧，　　　tən⁵³lɤ²¹n̦iɛ̃²⁴n̦iɛ̃⁵³vɑ̃²⁴li⁵³kaʔ²³piəʔ⁵sɔ⁵³，

娘娘看见发火跳，　　　　　n̦iɛ̃²⁴n̦iɛ̃⁵³kʰɤ⁵⁵tɕiɛ²¹faʔ²³fu²¹³tiɔ⁵³，

一发发到刘王庙，　　　　　iəʔ⁵faʔ²³faʔ²³tɔ⁵³le²⁴uɑ̃⁵³miɔ²¹³，

香炉蜡扦侪看꞊倒。　　　　ɕiɛ̃⁵⁵lu³¹laʔ²³tɕʰiɛ⁵³zɤ³¹kʰɤ⁵³tɔ³³⁴。

（2016 年 7 月 18 日，海盐，发音人：徐玉英）

二、谚　语

气象谚

1. 东线日头西线……西线雨。

toŋ⁵³ ɕiɛ²¹ n̠iəʔ²³ de³¹ ɕi⁵³ ɕiɛ³³⁴……ɕi⁵³ ɕiɛ³³⁴ y²¹³。

2. 南线火门开，北线有雨来。

nɤ²⁴ ɕiɛ⁵³ fu⁵⁵ mən³¹ kʰɛ²¹，pɔʔ⁵ ɕiɛ³³⁴ io¹³ y²¹ lɛ³¹。

（2016 年 7 月 18 日，海盐，发音人：张圣英）

生活谚

1. 正月蒲忙踢毽子，二月长线放鹞子。

tsən⁵⁵ yɔʔ⁵ bu²⁴ mã̃⁵³ tʰiəʔ²³ tɕiɛ⁵⁵ tsʅ²¹，

n̠i²¹³ yɔʔ⁵ zɛ̃⁴²³ ɕiɛ⁵³ fã̃³³⁴ iɔ⁵⁵ tsʅ²¹。

2. 三月清明做团子，四月养蚕采茧子。

sɛ⁵⁵ yɔʔ⁵ tɕʰin⁵⁵ min³¹ tsu³³⁴ dɤ²⁴ tsʅ⁵³，

sʅ²¹ yɔʔ²³ iɛ̃⁵⁵ zɤ²¹ tsʰɛ⁴²³ tɕiɛ⁵³ tsʅ³⁴⁴。

3. 五月端午裹粽子，六月双暑拍蚊子。

n̠²¹ yɔʔ⁵ tɤ⁵³ n̠²¹ ku⁵⁵ tsoŋ⁵⁵ tsʅ²¹，

lɔʔ⁵ yɔʔ⁵ sã̃⁵³ ɕy²¹ paʔ²³ mən²⁴ tsʅ⁵³。

4. 七月馄饨裹馅子，八月桂花勿结子。

tɕʰiəʔ²³ yɔʔ⁵ uən²⁴ dən⁵³ ku⁴²³ ɛ¹³ tsʅ²¹，

paʔ⁵ yɔʔ⁵ kue⁵⁵ xuo²¹ vəʔ²³ tɕiəʔ⁵ tsʅ⁴²³。

5. 九月竹竿敲枣子，十月在田穿袜子。

tɕio⁵³ yɔʔ⁵ tsɔʔ²³ kɤ⁵³ kʰɔ⁵³ tsɔ⁵³ tsʅ²¹³，

zəʔ²³ yɔʔ⁵ ze⁵⁵tiɛ²¹tsʰɤ⁵³maʔ²³tsʅ²¹³。

6. 十一月绣花做鞋子,十二月打糕杀年猪。

zəʔ²³iə⁵ yɔʔ⁵ ɕio⁵³xuo⁵³tsu⁴²³ɑ²⁴tsʅ⁵³,

zəʔ²³n̠i²¹ yɔʔ⁵ t ɛ̃⁵³kɔ⁵³saʔ⁵n̠iɛ²⁴tsʅ⁵³。

（2016 年 7 月 18 日,海盐,发音人:沈永康）

三、谜　语

一只瘪湖羊,尾巴攀着梁,　　　　iəʔ⁵ tsaʔ⁵ piəʔ⁵ u²⁴i ɛ̃³¹,

　　　　　　　　　　　　　　　mi²¹ pɔʔ⁵ pʰɛ⁵³zaʔ²³li ɛ̃³¹,

只见吃枯草,勿见养小羊。　　　tsəʔ⁵ tɕiɛ³³⁴tsʰəʔ²³kʰu⁵³tsʰɔ²¹,

　　　　　　　　　　　　　　　vəʔ²³tɕiɛ²¹³i ɛ̃²¹³ɕio⁵³i ɛ̃³¹。

——灶头　　　　　　　　　　——tsɔ³³⁴de³¹

（2016 年 7 月 18 日,海盐,发音人:徐玉英）

四、故　事

做魇殃

我诺ᐩ今朝来讲只我拉海盐大家侪家喻户晓格一只小故事,叫"做魇殃"。因为大家以前侪造房子,请泥师木匠,大家呢对泥师木匠呢侪非常尊重,㧅个尊重呢,勿仅仅是伊倈因为同倈造房子,大家尼侪敬畏啥——泥师木匠要做魇殃。哪哈做魇殃呢? 我诺ᐩ愁ᐩ讲一家人家。

ɔʔ²³ nɔ²³tsən⁵⁵tsɔ⁵³lɛ²¹ku ɑ̃⁴²³tsaʔ⁵ ɔʔ²³la²¹³xɛ⁵⁵iɛ³¹dɑ¹³gɑ²¹zɛ³¹tɕia⁵⁵

y⁵³ u¹³ ɕiɔ²¹ kəʔ⁵ iəʔ⁵ tsaʔ⁵ kəʔ⁵ tsoŋ²¹ ɕiɔ⁴²³ ku⁵⁵ zʅ²¹ , tɕiɔ³³⁴ tsu⁴²³ iɛ²⁴ i ɛ̃⁵³ 。
in⁵⁵ ue⁵³ dɑ¹³ ka²¹ i⁵⁵ tɕie²¹ zɛ³¹ zɔ²¹³ vɑ̃²⁴ tsʅ⁵³ , tɕʰin⁴²³ ȵi²⁴ sʅ⁵³ mɔʔ²³ dʑi ɛ̃²¹³ ,
dɑ¹³ ka²¹ ȵi²¹ te³³⁴ ȵi²⁴ sʅ⁵³³ mɔʔ²³ dʑi ɛ̃²¹³ ȵi²¹ zɛ³¹ fi⁵⁵ z ɛ̃²¹ tsən⁵³ tsoŋ²¹ , gəʔ²³
kəʔ⁵ tsən⁵³ tsoŋ²¹ ȵi²¹ , vəʔ⁵ tɕin⁵⁵ tɕin²¹ zʅ²¹³ e²¹ neʔ²³ in²⁴ ue⁵³ doŋ³¹ ne⁴²³ zɔ²¹³
vɑ̃²⁴ tsʅ⁵³ , dɑ¹³ ka²¹ ȵi²¹ zɛ³¹ tɕin²⁴ ue⁵³ sɑ³³⁴——ȵi²⁴ sʅ⁵³ mɔʔ²³ dʑi ɛ̃²¹³ iɔ⁵⁵
tsu³³⁴ iɛ²⁴ i ɛ̃⁵³ 。 naʔ²³ xaʔ⁵ tsu³³⁴ iɛ²⁴ i ɛ̃⁵³ ȵi²¹ ? ɔʔ²³ nɔʔ²³ zɛ³¹ ku ɑ̃⁴²³ iəʔ⁵ kɑ⁵³
ȵin²⁴ kɑ⁵³ 。

我今天给大家讲一个家喻户晓的小故事，叫"做魔殃"。以前造房子都要请泥水匠和木匠，大家对他们很尊重，这个尊重不仅仅是因为他们帮忙造房子，还因为他们会做魔殃。怎么做魔殃呢？我就来讲一家人家的故事。

羇家呢陈家村浪有个陈老太，伊倷呢有个儿子，伊拉屋里呢虽然过来勿是哪哈富裕，但是矮═平平安安蛮好。伊拉呢有三间房子，伊倷想再翻翻新。格日呢请兹泥师木匠到伊拉屋里做生活。造房子呢，要吃饭诶，格了羇个老太呢平常人好来勿得了诶，屋里厢有点啥呢，总归村浪总归样样式式伊倷帮忙，再大家有样啥侪分拨大家吃诶，格了人家呢侪对伊啊，格个陈老太呢侪好来勿得了，个陈婆婆，噢。

gəʔ²³ kɑ⁵³ ȵi²¹ zən²⁴ ka⁵³ tsʰən⁵³ lɑ̃²¹³ io²¹³ kəʔ⁵ zən³¹ lɔ²¹ tʰɑ³³⁴ , e²¹ nəʔ²³
ȵi²¹ io²¹³ kəʔ⁵ n²⁴ tsʅ⁵³ , e²¹ la²¹³ ɔʔ⁵ li³³⁴ ȵi²¹ se³³ zɤ²¹ ku³³ lɛ³¹ vəʔ²³ zʅ²¹³ naʔ²³
xaʔ⁵ fu³³ y³¹ , tɛ⁵³ zʅ³¹ ɑ³³⁴ pin⁵⁵ pin⁵³ɤ³³ɤ²¹ mɛ²⁴ xɔ⁵³ 。 e²¹ la²¹³ ȵi²¹ io²¹³ sɛ⁵⁵
gɛ²¹ vɑ̃²⁴ tsʅ⁵³ , e²¹ neʔ²³ ɕi ɛ̃⁴²³ zɛ³³⁴ fɛ⁵³ fɛ³¹ ɕin⁵³ 。 gəʔ²³ ȵiəʔ⁵ ȵi²¹ tɕin⁴²³ zʅ²¹
ȵi²⁴ sʅ⁵³ mɔʔ²³ dʑi ɛ̃²¹³ tɔ⁴²³ e²¹ la²¹³ ɔʔ⁵ li³¹ tsu⁴²³ s ɛ⁵⁵ ɔʔ⁵ zɔ²¹³ vɑ̃²⁴ tsʅ⁵³ ȵi²¹ ,
iɔ³³⁴ tsʰəʔ²³ vɛ²¹³ e²¹ , kəʔ⁵ ləʔ⁵ gəʔ²³ lɔ²¹ tʰɑ³³⁴ ȵi²¹ bin²⁴ z ɛ̃⁵³ ȵin³¹ xɔ²⁴ lɛ⁵³
vəʔ²³ təʔ²¹ liɔ²¹³ e²¹ , ɔʔ⁵ li³³⁴ ɕi ɛ̃⁵³ io⁵⁵ tiɛ²¹ sɑ³³⁴ ȵi²¹ , tsoŋ⁵³ kue⁵³ tsʰən⁵³ lɑ̃²¹

tsoŋ⁵³ kue⁵³ i ɛ̃¹³ i ɛ̃²¹ səʔ⁵ səʔ⁵ e²¹ neʔ²³ p ɑ̃⁵³ m ɑ̃³¹ , tsɛ³³⁴ dɑ¹³ kɑ²¹ io¹³ i ɛ̃²¹ sɑ³³⁴ zɛ³¹ fən⁵⁵ pəʔ⁵ dɑ¹³ kɑ²¹ tsʰəʔ²³ e²¹ , kəʔ⁵ ləʔ⁵ n̩in²⁴ kɑ⁵³ zɛ³¹ te⁵³ i⁵³ ɑ²¹ , kəʔ⁵ kəʔ⁵ zən³¹ lɔ²¹ tʰɑ³³⁴ xɔ²⁴ le⁵³ vəʔ²³ tə²¹ liɔ²¹³ , kəʔ⁵ zən³¹ bu²⁴ bu⁵³ , ɔ²¹ 。

　　陈家村上有个陈老太,她有个儿子。他们家虽然不是很富裕,但是也平平安安过得挺好。他们有三间房子,想再翻翻新。那天请了泥水师傅和木匠到家里干活。造房子要吃饭的,这个老太人平时很好,家里面有点什么呢,总是都帮忙的,有什么东西都分给大家吃,所以大家对陈老太都很好。

　　那么,今朝泥师木匠来兹以后呢,伊倷总归总归拣好诶买,拣好诶拨伊拉吃。猗天呢,伊倷买根黄鱼,那么伊倷想啊,黄鱼么刺虽然少,我诺拆拆矮゠省力,那么耽烧好黄鱼呢刺拆脱兹拨伊拉吃。结果呢泥师木匠一上台子一看么,一看根鱼么:"喔唷娘,猗家人家勿成名堂,烧根鱼来么糊哒哒,好哩哦,我拉难゠有数拉哩。"伊倷格个有数呢,愁゠是好哩,算过得要报复哩,介伊格意思。介伊对陈老太呢误会哩。那么房子一造好呢看看家房子矮゠造来蛮好。陈老师……陈老……陈老婆婆呢,哦唷开心来勿得了,哦唷泥师木匠,倷总归谢谢倷,谢谢倷,千恩万谢。

naʔ²³ məʔ⁵ , tsən⁵⁵ tsɔ⁵³ n̩i²⁴ sʅ⁵³ məʔ²³ dʑi ɛ̃²¹³ lɛ³¹ zʅ²¹ i¹³ e²¹ n̩i²¹ , e²¹ neʔ²³ tsoŋ⁵⁵ kue²⁴ tsoŋ⁵⁵ kue²⁴ gɛ²¹³ xɔ⁴²³ e²¹ mɑ²¹³ , gɛ²¹³ xɔ⁴²³ e²¹ pəʔ⁵ e²¹ lɑ²¹³ tsʰəʔ²³ 。 gəʔ²³ tʰiɛ⁵³ n̩i²¹ , e²¹ neʔ²³ mɑ²⁴ kən⁵³ u ɑ̃²⁴ n⁵³ 。 naʔ²³ məʔ⁵ e²¹ neʔ²³ ɕi ɛ̃⁴²³ ɑ²¹ , u ɑ̃²⁴ n⁵³ tsʰʅ³³⁴ se³³ zɤ²¹ sɔ⁴²³ , ɔʔ²³ nɔʔ²³ tsʰaʔ²³ tsʰaʔ⁵ ɑ²¹ s ɛ̃⁵³ liəʔ⁵ , naʔ²³ məʔ⁵ tɛ⁵³ sɔ⁵³ xɔ²¹ u ɑ̃²⁴ n⁵³ n̩i²¹ tsʰʅ³³⁴ tsʰaʔ²³ tʰəʔ⁵ tsʅ²¹ pəʔ⁵ e²¹ lɑ²¹³ tsʰəʔ²³ 。 tɕiəʔ⁵ ku³³⁴ n̩i²¹ , n̩i²⁴ sʅ⁵³ məʔ²³ dʑi ɛ̃²¹³ iəʔ⁵ z ɑ̃²¹³ dɛ²⁴ tsʅ⁵³ iəʔ⁵ kʰɤ³³⁴ məʔ²³ , iəʔ⁵ kʰɤ³³⁴ kən⁵³ n³¹ məʔ²³ : "ɔʔ⁵ io³³⁴ n̩i ɛ̃³¹ , gəʔ²³ kɑ²⁴ n̩in²⁴ kɑ⁵³ vəʔ²³ zən³¹ min²⁴ t ɑ̃⁵³ , sɔ⁵³ kən⁵⁵ n²⁴ lɛ³¹ məʔ⁵ u²³ daʔ²¹ daʔ²³ , xɔ⁴²³ li³¹ ɔ²¹ , ɔʔ²³ lɑ²¹³ io⁵⁵ su²¹ laʔ²¹ li²¹。" e²¹ ne²³ kə²⁵ kəʔ²⁵ io⁵⁵ su²¹ ȵi²¹，ze³¹ zɿ²¹ xɔ⁵⁵ li³³⁴，sɤ⁵⁵ ku³³⁴ t ɤ²¹ iɕ²¹³ pɔ⁵⁵ fɔʔ²¹ li²¹，kɑ³³⁴ i³¹ kəʔ²⁵ i⁵⁵ siȵ²¹。kɑ³³⁴ i³¹ t ɤ²⁴ zən³¹ lɔ²¹ tʰa³³⁴ ȵi²¹ u⁵⁵ ue²¹ li²¹ naʔ²³ məʔ²³ v ɑ̃²⁴ tsɿ⁵³ iəʔ²⁵ zɔ⁵³ xɔ⁴²³ ȵi²¹ k ɤ⁵⁵ k ɤ²¹ kɑ²¹ v ɑ̃²⁴ tsɿ⁵³ ɑ²¹ zɔ⁵⁵ lɛ²¹ mɛ²⁴ xɔ⁵³。zən³¹ lɔ⁵⁵ sɿ²¹……zən³¹ lɔ²¹……zən³¹ lɔ⁵⁵ pu²¹ pu²¹ ȵi²¹，ɔʔ⁵ io³³⁴ kʰɛ⁵⁵ ɕin⁵³ lɛ²³ vəʔ²³ tə²¹ liɕ²¹³，ɔʔ⁵ io³³⁴ ȵi²⁴ sɿ⁵³ məʔ²³ dʑiɛ̃²¹³，na³¹ tsoŋ⁵³ kue⁵³ dʑiɑ¹³ dʑiɑ²¹ nɑ⁴²³，dʑiɑ¹³ dʑiɑ²¹ nɑ⁴²³，tɕʰiɛ⁵³ ən³¹ vɛ¹³dʑiɑ²¹。

　　泥水师傅和木匠来了以后呢，她总是挑好的买，挑好的给他们吃。那天她买了条黄鱼，想着鱼刺少一些，等烧好了就拆了鱼刺给他们吃。结果泥水师傅和木匠上桌一看就想："啊呀，这家人家不上台面，把鱼烧得这样烂糟糟。好了，我们心里有数了！"他们这个有数呢就是打算报复了，对陈老太产生误会了。等房子造好，看起来造得很好。陈老太很开心，对泥水师傅和木匠千恩万谢。

　　等到房子造好过兹五年以后呢，搿个木匠呢，伊倷走过伊拉，齐巧路过伊拉屋里，伊倷想倷五年过去哩，去看看搿家人家看。结果跑到伊拉屋里呢鬼冷冰清，房子里一样东西矮ᵉ哾没，只听得一把揉纱机落霍嗯硬ᵉ嗯硬ᵉ摇。跑进去一看呢，个老太落霍摇纱，伊倷一看呢正式愁ᵉ是搿个陈老太。那么伊倷愁ᵉ问，念："婆婆啊！"念："我诺ᵉ外头过来诶，天热来呀，同倷讨口茶来吃！"婆婆念："好诶呀，毕过我拉屋里呀，现在屋里穷来勿得了，茶是哾没诶，我诺要么舀口水倷吃好哩！"那伊念好诶。陈老太呢愁ᵉ从纺车浪厢呢立起来，跑到呢灶边头，拿只碗呢同伊舀口水来拿过去。结果木匠师傅拿牢一看么，心里厢火啊愁ᵉ大起来："我诺ᵉ同倷讨口水来吃么，倷同我着ᵉ兹一把砻糖，赖ᵉ西来介，倷要吃死煞我啊！"那么陈老太愁同伊念："客人啊，勿是我诺ᵉ要吃煞倷，我诺ᵉ是看倷，外头太阳大来微ᵉ

完，满身格汗，我诺ᵁ呒没茶来拨侬吃，拨得侬吃口冷水。格么同侬着ᵁ把砻糠霍呢，侬吃口吹吹，吃口吹吹，介伊慢慢较吃落起呢勿会得生病诶。我诺ᵁ个人心好来微ᵁ完诶！"那么格木匠师傅一听么晓得误会兹…误会拉哩，心里矮ᵁ蛮惭愧。那么坐倒来同伊讲空头。

tən⁵³ tɔ⁵³ v ɑ̃²⁴ tsʅ⁵³ zɔ⁵⁵ xɔ²¹ ku³³⁴ zʅ²¹ n⁵⁵ ȵiɛ²¹ i¹³ e²¹ ȵi²¹ , gəʔ²³ kəʔ⁵ mɔʔ²³ dʑi ɛ̃²¹³ ȵi²¹ , e²¹ neʔ²³ tse⁵³ ku³³⁴ e²¹ la²¹³ , dʑi²⁴ tɕʰiɔ⁵³ lu³³ ku⁵³ e²¹ la²¹³ ɔʔ⁵ li³³⁴ , e²¹ neʔ²³ ɕi ɛ̃⁴²³ nɛ³¹ n⁵⁵ ȵiɛ²¹ ku⁵⁵ tɕʰi²¹ li²¹ , tɕʰi²⁴ kʰ ɤ⁵⁵ kɤ²¹ gəʔ²³ kɑ²⁴ ȵin²⁴ kɑ⁵³ kɤ²¹ 。 tɕiəʔ⁵ ku³³⁴ pɔ⁵³ tɔ²¹ e²¹ la²¹³ ɔʔ⁵ li³³⁴ ȵi²¹ tɕy¹³ l ɛ̃²¹ pin⁵⁵ tɕin⁵³ , vɑ̃²⁴ tsʅ⁵³ li²¹ iəʔ⁵ i ɛ̃³³⁴ toŋ⁵⁵ ɕi²¹ ɑ²¹ m⁵⁵ məʔ²¹ 。 tsəʔ⁵ tʰin⁵⁵ t ɤ²¹ iəʔ⁵ po⁴²³ iɔ²⁴ so⁵³ tɕi²¹ lɔʔ²³ xɔʔ⁵ n⁵⁵ ɛ̃⁵³ n⁵⁵ ɛ̃⁵³ iɔ³¹ 。 pɔ²⁴ tɕin⁵⁵ tɕʰi²¹ iəʔ⁵ kʰ ɤ³³⁴ ȵi²¹ , kəʔ⁵ lɔ⁵⁵ tʰɑ²¹ lɔʔ²³ xɔʔ⁵ iɔ²⁴ so⁵³ , e²¹ neʔ²³ iəʔ⁵ kʰ ɤ³³⁴ ȵi²¹ tsən²¹ səʔ⁵ ze³¹ zʅ²¹ kəʔ⁵ zən³¹ lɔ²¹ tʰa³³⁴ 。 nɛ²¹³ mə²¹ e²¹ neʔ²³ ze³¹ mən²¹³ , ȵiɛ²¹³ : "pu⁵⁵ pu⁵³ ɑ²¹ !" ȵiɛ²¹³ "ɔʔ²³ nɔʔ²³ ɑ²⁴ de⁵³ ku³³ lɛ³¹ e²¹ , tʰiɛ⁵³ ȵiəʔ⁵ lɛ³¹ iɑ²¹ , doŋ³¹ ne⁴²³ tʰɔ⁴²³ kʰe²¹ zo³¹ lɛ²¹ tsʰ əʔ²³ ?" pu⁵⁵ pu⁵³ ȵiɛ : "xɔ⁴²³ e²¹ iɑ²¹ , piəʔ⁵ ku³³⁴ ɔʔ²³ lɑ²¹³ ɔʔ⁵ li³³⁴ iɑ²¹ , iɛ¹³ tsɛ²¹ ɔʔ⁵ li³³⁴ dʑioŋ³¹ lɛ²¹ vəʔ²³ tə²¹ liɔ²¹³ , zo³¹ zʅ²¹ m⁵⁵ mə²¹ e²¹ , ɔʔ²³ nɔ²³ iɔ³³⁴ mə²¹ iɔ²¹³ kʰe⁵³ sʅ⁴²³ ne⁴²³ tsʰ əʔ²³ xɔ²¹ li²¹ !" n ɛ̃²¹ i⁵³ ȵiɛ²¹³ xɔ⁴²³ e²¹ 。 zən³¹ lɔ²¹ tʰa³³⁴ ȵi²¹ ze³¹ tsoŋ⁵³ f ɑ̃⁵³ tsʰo⁵³ l ɑ̃²⁴ ɕi ɛ̃⁵³ ȵi²¹ liəʔ⁵ tɕʰi³³⁴ lɛ³¹ , pɔ⁵³ tɔ²¹ ȵi²¹ tsɔ⁵⁵ piɛ²¹ de²¹ , nɛ³¹ tsaʔ⁵ uə²¹³ ȵi²¹ doŋ³¹ i⁵³ iɔ²¹³ kʰe⁵³ sʅ⁴²³ lɛ²¹ tɛ⁵³ ku⁵⁵ tɕʰi²¹ 。 tɕiəʔ⁵ ku³³⁴ məʔ²³ dʑi ɛ̃²¹³ sʅ⁵⁵ vu²¹ ne⁵³ lɔ²¹ iəʔ⁵ kɤ³³⁴ mɤ²¹ , ɕin⁵³ li²¹ ɕi ɛ̃²¹ fu⁴²³ ɑ²¹ ze³¹ du²⁴ tɕʰi⁵³ lɛ³¹ : "ɔʔ²³ nɔ²³ doŋ³¹ ne⁴²³ tʰɔ⁴²³ kʰe²¹ sʅ⁴²³ lɛ²¹ tsʰ əʔ²³ mɤ²¹ , ne⁴²³ doŋ³¹ u³¹ tsaʔ⁵ zʅ²¹ iəʔ⁵ po³³⁴ loŋ²⁴ k ɑ̃⁵³ , lɑ⁵⁵ ɕi²¹ lɛ³¹ kɑ³³⁴ , ne⁴²³ iɔ³³⁴ tsʰ əʔ²³ saʔ⁵ u³¹ ɑ²¹ !" naʔ²³ məʔ⁵ zən³¹ lɔ²¹ tʰa³³⁴ doŋ³¹ i³¹ ȵiɛ²¹³ : "kaʔ²³ ȵin³¹ ɑ²¹ , vəʔ⁵ zʅ²¹³ ɔʔ²³ nɔ²³ iɔ³³⁴ tsʰ əʔ²³ saʔ⁵ ne⁴²³ , ɔʔ²³ nɔʔ²³ zʅ²¹ kʰ ɤ⁵⁵ ne²¹ ɑ²⁴ de⁵³ tʰɑ²⁴ i ɛ̃⁵³ du²⁴ lɛ⁵³ vi²⁴ v ɤ⁵³ , mɤ⁴²³ sən³¹ kəʔ⁵ ɤ²¹³ , ɔʔ²³ nɔʔ²³ m²³ məʔ⁵ zo³¹ lɛ²¹ pəʔ⁵ ne⁴²³ tsʰ əʔ²³ , pəʔ⁵ t ɤ²¹ ne⁴²³ tsʰ əʔ²³ kʰ ɤ²¹³ l ɛ̃¹³ sʅ²¹ , kəʔ⁵ mɤ²¹ doŋ³¹ ne⁴²³ tsaʔ⁵ po³³⁴ loŋ²⁴ k ɑ̃⁵³ xɔʔ²³ ȵi²¹ , ne⁴²³ tsʰ əʔ²³ kʰ ɤ²¹³ tsʰʅ⁵³ tsʰ˩⁵³,tsʰəʔ²³kʰɤ²¹³tsʰ˩⁵³tsʰ˩⁵³,kɑ³³i⁵³mɛ¹³mɛ²¹ tɕiɔ⁵³tsʰəʔ²³lɔʔ⁵tɕʰi⁵³n̠i²¹vəʔ⁵ue²¹³təʔ⁵sɛ̃⁵³bin²¹³e²¹。ɔʔ²³nɔʔ²³kəʔ⁵n̠in³¹ɕin⁵³xɔ⁴²³lɛ²¹vi²⁴vɤ⁵³e²¹!"naʔ²³məʔ²³kəʔ⁵mɔ²³dʑiɛ̃²¹³s˩⁵⁵vu²¹iəʔ⁵tʰin⁵³mɤ²¹ɕiɔ⁵⁵tɤ²¹u⁵⁵ue²¹z˩²¹……u⁵⁵ue²¹laʔ⁵li²¹,ɕin⁵³li²¹ɑ²¹mɛ³¹zɛ²⁴kʰue⁵³。naʔ²³məʔ²³zu²¹tɔ³³⁴lɛ³¹doŋ³¹i⁵³kuɑ̃⁴²³kʰoŋ⁵⁵de²¹。

　　房子造好五年之后,这个木匠路过这户人家,想:五年过去了,我去看看这户人家。结果到她家一看,发现房子里什么东西都没有,只有一台摇纱机在摇,一个老太太在摇,一看正是陈老太。于是他就说:"婆婆啊,我是外面来的,天很热,向你要口水来喝!"婆婆说:"好的啊,不过我家现在很穷,没有茶,我要不就弄口水给你喝。"他就说好的。陈老太就从纺车上站起来,到厨房去拿只碗盛了水给他送过去。结果木匠拿到水一看,心里就火起来了:"我向你要口水来喝,你撒了一把砻糠,这么脏,你要喝死我啊!"于是,陈老太就对他说:"客人啊,不是我要喝死你,外面太阳很大,你满身是汗,我没有茶来给你喝,只能给你喝口冷水,我撒把砻糠呢,你边喝边吹,慢慢喝不会生病的。我心很善良的!"木匠一听知道误会陈老太了,心里很惭愧。于是坐下来和她说话。

　　那么陈老太愁゠同伊讲:"喔唷,我诺゠个人么总归盼别人家好诶,结果呢恰介命苦来么,格儿子么现在赌博赌来么屋里一样倒吭啥啥,那侪矮゠看见,我诺゠矮゠做人做来怨来,勿晓得为点啥。"那么格木匠师傅心里惭愧来微゠完,朝伊念:"倷猗人介好法子啊,下趟要会有好报诶!我诺゠啊,拿把箱梯,同倷啊,愁゠兹屋浪去看看看噢!"那么伊倷拿把箱梯呢,爬到了屋浪。蚕゠守゠得呢伊倷当时格辰光因为伊倷格根鱼啊同伊拆脱兹骨头以后呢,总归心里勿开心哩,同伊屋浪做起只魇殃霍,摆三只头子。摆三只头子呢是一二三,算过得侪是败诶。那么伊傸呢拿只头子来同伊翻个身,变四五六。好,拉脱来以后呢同格陈家婆婆念:"婆婆啊,那傸叫放心好里噢,傸屋里呢,儿子呢会得回来诶,傸屋里呢会得好诶,慢慢较有得兴头起来!"

naʔ²³ məʔ²³ zən³¹ lɔ²¹ tʰa³³⁴ ze³¹ doŋ³¹ i³¹ ku ã⁴²³ : "ɔʔ²³ io²¹³ , ɔʔ²³ nɔʔ²³ kəʔ⁵ n̠in³¹ məʔ²³ tsoŋ⁵⁵ kue⁵³ pʰɛ²⁴ biəʔ²³ n̠in²⁴ kɑ⁵³ xɔ⁴²³ e²¹ , tɕiəʔ⁵ ku³³⁴ n̠i²¹ tɕʰia²³ kɑ²¹³ min¹³ kʰu²¹ lɛ²¹ mɤ²¹ , kəʔ⁵ n²⁴ tsʅ⁵³ mɤ²¹ iɛ¹³ zɛ²¹ tu²¹ pɔʔ⁵ tu⁴²³ lɛ³¹ mɤ²¹ ɔʔ⁵ li³³⁴ iəʔ⁵ i ɛ̃³³⁴ tɔ²¹ m³¹ sɑ²¹ s ã²⁴ , n ɛ̃³¹ ne²³ ɑ²¹ kʰ ɤ²¹ tɕiɛ³³⁴ , ɔʔ²³ nɔʔ²³ ɑ²¹ tsu⁵⁵ n̠in²¹ tsu³³⁴ lɛ²¹ yɤ²¹³ lɛ²¹ , vəʔ⁵ ɕiɔ³³⁴ tɤ²¹ ue²¹³ tiɛ²¹ sa³³⁴ 。" naʔ²³ məʔ²³ kəʔ⁵ məʔ²³ dʑi ɛ̃²¹³ sʅ⁵⁵ vu²¹ ɕin⁵³ li²¹ zɛ²⁴ kʰue⁵³ lɛ³¹ vi²⁴ v ɤ⁵³ , zɔ²⁴ i⁵³ n̠iɛ²¹³ : "ne⁴²³ kəʔ⁵ kəʔ⁵ n̠in³¹ kɑ³³⁴ xɔ⁴²³ faʔ⁵ tsʅ²¹ ɑ²¹ , o²¹ tʰ ã³³⁴ iɔ³³⁴ ue¹³ io²¹ xɔ⁵³ pɔ³³⁴ e²¹ 。 ɔʔ²³ nɔʔ²³ ɑ²¹ , nɛ³¹ po⁴²³ ɕi ɛ̃⁵⁵ tʰi⁵³ , doŋ³¹ ne⁴²³ ɑ²¹ , ze³¹ zʅ²¹ ɔʔ⁵ l ã³³⁴ tɕʰi³³⁴ kʰ ɤ⁵³ kʰ ɤ³³⁴ kʰ ɤ²¹ ɔ²¹ 。" naʔ²³ məʔ²³ e²¹ ne²³ nɛ³¹ po⁴²³ ɕi ɛ̃⁵⁵ tʰi⁵³ n̠i²¹ , bɛ²⁴ tɔ⁵³ li²¹ ɔʔ⁵ l ã³³⁴ 。 z ɤ⁵³ se²¹ t ɤ²¹ n̠i²¹ e²¹ ne²³ tɑ⁵³ zʅ³¹ kəʔ⁵ zən²⁴ ku ã̃⁵³ in⁵⁵ ue⁵³ e²¹ nəʔ²³ kəʔ⁵ kən⁵³ n³¹ ɑ²¹ doŋ³¹ i³¹ tsʰaʔ²³ tʰəʔ⁵ zʅ²¹ kəʔ⁵ de³¹ i¹³ e²¹ n̠i²¹ , tsoŋ⁵³ kue⁵³ ɕin⁵³ li²¹ vəʔ⁵ kʰɛ⁵⁵ ɕin⁵³ li²¹ 。 doŋ²⁴ i⁵³ ɔʔ⁵ li³³⁴ tsu⁵⁵ tɕʰi⁴²³ tsaʔ⁵ iɛ²⁴ i ã̃⁵³ xɔʔ²¹ , pɑ⁴²³ sɛ⁵⁵ tsaʔ⁵ de²⁴ tsʅ⁵³ 。 pɑ⁴²³ sɛ⁵⁵ tsaʔ⁵ de²⁴ tsʅ⁵³ n̠i²¹ zʅ²¹³ iəʔ⁵ n̠i²¹³ sɛ⁵³ , s ɤ⁵⁵ ku³³⁴ t ɤ²¹ zʅ²¹ bɑ²¹³ e²¹ 。 naʔ²³ məʔ⁵ e²¹ ne²³ n̠i²¹ nɛ³¹ tsaʔ⁵ de²⁴ tsʅ⁵³ lɛ²¹ doŋ²⁴ i⁵³ fɛ⁵³ kəʔ⁵ sən⁵³ , piɛ³³⁴ sʅ³³⁴ n³¹ lɔʔ²³ 。 xɔ⁴²³ , lɑ²¹³ tʰəʔ⁵ lɛ³¹ i¹³ e²¹ n̠i²¹ doŋ²⁴ kəʔ⁵ zən²⁴ kɑ⁵³ pu⁵⁵ pu²¹ n̠iɛ²¹³ : "pu⁵⁵ pu⁵³ ɑ²¹ , n ɛ̃³¹ ne⁴²³ tɕiɔ³³⁴ f ã̃³³ ɕin⁵³ xɔ⁴²³ li²¹ ɔ³¹ , ne⁴²³ ɔʔ⁵ li³³⁴ n̠i²¹ , n²⁴ tsʅ⁵³ ue¹³ t ɤ²¹ ue²⁴ lɛ⁵³ e²¹ , ne⁴²³ ɔʔ⁵ li³³⁴ n̠i²¹ io¹³ t ɤ²¹ xɔ⁴²³ e²¹ , me¹³ mɛ²¹ tɕiɔ²¹ io¹³ t ɤ²¹ ɕin³³ de³¹ tɕʰi⁵³ lɛ³¹ !"

于是陈老太就说:"哦哟,我这个人总希望别人好,结果命这么苦,儿子么赌博赌得家里什么都没有,我做人做得很失败,不知道为什么!"木匠心里很惭愧,对他说:"你人这么好,会有好报的,我拿把梯子到房子上去帮你看看!"于是他拿了把梯子爬到了屋子上。其实是因为当时她把鱼骨头拆了,木匠心里不开心,给她做了魇殃,放了三个头子,是一二三,无论怎么样这个家是要破败的。于是他把头子翻个身,变成四五六。下来后,木匠对陈婆婆说:"婆婆啊,放心好了,你儿子会回来的,家里会好的,慢慢会好起来的!"

好,那么从此以后呢,到慢慢较呢伊拉儿子呢,赌博矮⁼勿赌哩,做来呢越来越兴头。格个,格了呢掇个愁⁼叫"做魇殃"。

xɔ⁴²³ , naʔ²³ məʔ⁵ tsoŋ⁵⁵ tsʰ1²¹ i¹³ e²¹ n̩i²¹ , tɔ³³⁴ mɛ¹³ mɛ²¹ tɕiɔ²¹ n̩i²¹ , e²¹ lɑ²¹³ n²⁴ ts1⁵³ n̩i²¹ tu²¹ pɔʔ⁵ ɑ²¹ vəʔ⁵ tu⁴²³ li²¹ , tsu²⁴ lɛ³¹ n̩i²¹ yɔʔ²³ lɛ⁵³ yɔʔ²³ ɕin⁵⁵ de²¹ 。 kəʔ⁵ , kəʔ⁵ ləʔ²³ n̩i²¹ gəʔ²³ kəʔ⁵ ze³¹ tɕiɔ³³⁴ tsu⁴²³ iɛ²⁴ iɛ̃⁵³ 。

从此以后,她儿子也不赌博了,家里越来越好。这个就叫"做魇殃"。

(2016 年 7 月 17 日,海盐,发音人:张圣英)

参考文献

胡明扬. 海盐方言志[M]. 杭州:浙江人民出版社,1992.

教育部语言文字信息管理司,中国语言资源保护研究中心. 中国语言资源调查手册·汉语方言[M]. 北京:商务印书馆,2015.

后　记

　　整理调查材料是一个漫长而琐碎的工作,但在一遍遍聆听发音人的录音时,我仿佛又回到了 2016 年那个炎热的夏天。2016 年是我第一次独立承担语保点的调查,我选择了我的家乡海盐,选择了我的母语海盐话。虽然我外出求学工作多年,但我仍然能讲一口非常地道,甚至可以说非常土的海盐话。对于家乡,我充满了眷恋;对于海盐话我更是有着一种根植于血液的情感,那些绵软的发音让我感受到故乡的气息,那些独特的词汇总能最为妥帖地表达我的情感,那些深刻的俗语谚语给予了我无尽的人生哲理。因此,调查记录海盐话,于我而言不仅仅是一个项目、一个工作,更是一种责任、一种使命、一种情怀。

　　回到家乡调查总有许多的便利之处,无论是当地的政府部门,还是我的亲朋好友,他们都以异乎寻常的热情来对待这项工作,因为我们都有一个共同的目标——"留住乡音,记住乡愁"。海盐县教育局的叶惠玉局长从启动会开始就非常积极地帮我们联系发音人、寻找录音场地,每次见面她都非常关心课题进展,对于海盐话她也一样充满深情。海盐县教育局陈建忠书记一直默默地支持着我们的调查工作,从 2016 年初次调查开始,直到本书出版前夕,我们多次赴海盐补充调查,每次都是陈建忠书记不厌其烦地为我们安排各项事宜。

　　调查场地最终选定在海盐高级中学,具体负责对接的竟然是我曾经的师长汤雪民老师和多年好友吴建华老师,他们俩尽心尽力地陪伴了我们的整个调查过程。只要调查场地任何设备出了状况,汤雪民老师永远会在第一时间为我们解决好问题。吴建华老师不但为我们联系了舒适的宾馆,还每天帮我们定好新鲜的瓜果放在传达室,这样的情谊让我永远铭记。

　　整个调查过程是在我的诸多亲朋好友的支持之下完成的,我的同学李靖、王浩、胡仲芳、徐青轶……我的堂弟张立,我的邻居王海滨,他们都热情地帮助我解决了调查中碰到的各种困难。

　　我还要特别感谢我的好友黄晓东老师,海盐材料的出版与他的支持是密不可分的。海盐调查期间正值酷暑,他工作繁忙,但仍然挤出时间两次来调查现场指导,从音系的记录到摄录,他给予了我非常专业的指导。出版前,他又非常认真仔细地审核了全部书稿,指出了许多不当之处。他严谨踏实的治学之风让我深深敬佩!

　　项目的完成离不开我们的研究生团队,肖潇、董丽丽、周磊、程舒雯等同学,帮我承担了大量音像剪辑和材料录入工作。真心感谢他们的付出和努力!

　　一次成功的方言调查一半是基于调查者,另一般则是基于优秀的发音人。在海盐,我就找到了这样一群对母语充满深情的优秀的发音人!老男王国翼老师和老女张圣英阿姨是夫妇俩,他们生活在海盐最古老的小巷杨家弄里,讲着最地道的海盐话,过着最传统的生活。在他们精致的小院里,我们闲话家常,竟让我找回了童年的感觉。王国翼老师是一位热心公益事业的退休教师,他不但做公益,还要做精做好,他一直强调"工匠精神",还把这种精神也发扬到了我们的语保工作中。为了保证摄录质量，我们在摄录时关闭了空调，几个小时录下来，他浑身湿透，可从来无怨无悔，只求高质量完成调查工作。张圣英阿姨和蔼可亲，她永远默默地做好各种准备工作，以最佳的状态进入摄录调查工作，她甚至为了配合我们的背景布颜色赶做了红色的连衣裙。青男朱垸熠善良直爽，还透着一点可爱。他是一名城管执法队员，经常在清晨去管理集市，然后急急忙忙赶来配合调查。每次他的到来都给我们带来许多的欢乐。青女富晓燕温婉美丽，但又有着一种坚强与执着，调查期间刚好赶上她工作最忙的一段时间，她百忙之中赶来录了话语讲述，可看了摄录材料，自己觉得不满意，又主动要求再次重录。她还把她的父母富胜祥和徐玉英夫妇介绍给我们做口头文化发音人。他们为我们带来了丰富的民间故事、俗语谚语和民间小调，内容的丰富让我这个自诩为"老海盐人"的调查者惊诧不已。还有口头文化发音人沈永康老师，他积极主动地担当起海盐腔的传承人，立志要把这一非物质文化遗产传承下去。在转写过程中，我反复聆听沈老师唱的海盐腔，的确是妙不可言！真心感谢这些发音人，他们让我们的海盐话、海盐文化得以永久地传承下去！

我还要感谢杭州市社科联，在调查期间，我欣喜地得知自己被纳入了"杭州市社科优秀青年人才培育计划"，于是我自然地把语保课题和该项目合并研究。在此期间，我也得到了市社科联和市社科规划办有关领导的关心和支持，在此一并表示谢意！

最后，我还要特别感谢我就职的杭州师范大学，我们的院系领导对我们这项工作给予了最大的支持。洪治纲院长在项目定级等方面给予了最有力的支持，科研秘书江素君老师永远不厌其烦地帮我处理各种杂事。这些都让我永远铭记于心。

方言调查的道路还很漫长，在这个过程中，我们可以找寻到来自我们祖先的声音,可以触摸到自己潜在的民族文化的质感,这或许是一个可以告诉我们"我们从哪里来,到哪里去"的过程。路漫漫其修远兮,吾将上下而求索!

张 薇

2018 年 10 月 24 日

凌晨于孩儿巷寓所

图书在版编目(CIP)数据

浙江方言资源典藏. 海盐 / 张薇著. — 杭州 : 浙
江大学出版社,2019.1
ISBN 978-7-308-19155-5

Ⅰ. ①浙⋯ Ⅱ. ①张⋯ Ⅲ. ①吴语—海盐县
Ⅳ. ①H173

中国版本图书馆 CIP 数据核字(2019)第 095971 号

浙江方言资源典藏·海盐

张　薇著

策　　划	张　琛　包灵灵	
丛书主持	包灵灵	
责任编辑	张颖琪	
责任校对	黄娟琴	
封面设计	周　灵	
出版发行	浙江大学出版社	
	(杭州市天目山路 148 号　邮政编码 310007)	
	(网址:http://www.zjupress.com)	
排　　版	杭州朝曦图文设计有限公司	
印　　刷	浙江省邮电印刷股份有限公司	
开　　本	710mm×1000mm　1/16	
印　　张	14.5	
插　　页	4	
字　　数	172 千	
版 印 次	2019 年 1 月第 1 版　2019 年 1 月第 1 次印刷	
书　　号	ISBN 978-7-308-19155-5	
定　　价	48.00 元	